논술반 학생과 교사가 함께하는

통합 교과
논술
100시간

논술반 학생과 교사가 함께하는

통합 교과
논술
100 시간

박종석
정호식
박종두
이성일
최미진
최인숙
윤한증
정인균

글누림

기획 및 집필자

박종석 __ 언어 영역, chpark650@hanmail.net
동아대 대학원 박사과정 졸업(문학박사), 울산대 강사
대수능 출제 위원, <대성모의논술고사> 출제 위원
『정상으로 통하는 논술』, 『작가연구방법론』 외

정호식 __ 언어 영역, dolbbeej@hanmail.net
경북대 국어교육학과 및 울산대 대학원 수료
울산광역시 교육청 영재학급 논술 강사

박종두 __ 사회 영역, pjd9035@hanmail.net
한국교원대 대학원 졸업 및 동 대학원 박사과정
대수능 출제위원, 영재학급 논술 강사

이성일 __ 사회 영역, lsi16@hanmail.net
경상대 윤리교육학과 및 동 대학원 졸업
울산광역시 교육청 영재학급 논술 강사

최미진 __ 수리 영역, jinmaru@dreamwiz.com
이화여대 수학교육과 및 한국교원대 대학원 졸업
울산광역시 교육청 영재학급 논술 강사

최인숙 __ 수리 영역, toipy@hanmail.net
부산대 수학교육과 및 동 대학원 박사과정 수료
울산광역시 교육청 영재교육원 수학반 강사

윤한증 __ 과학 영역, yhj2100@paran.com
경상대 과학교육학과 및 울산대 대학원 졸업
울산광역시 교육청 영재교육원 과학반 강사

정인균 __ 과학 영역, jeong8132@hanmail.net
경상대 과학교육학과 및 울산대 대학원 졸업
울산광역시 교육청 영재학급 논술 강사

논술반 학생과 교사가 함께하는
통합 교과 논술 100시간

초판 인쇄 2008년 6월 12일 | **초판 발행** 2008년 6월 25일
지은이 박종석 정호식 박종두 이성일 최미진 최인숙 윤한증 정인균
펴낸이 최종숙 | **편 집** 양지숙 | **펴낸곳** 도서출판 글누림
주 소 서울시 서초구 반포4동 577-25 문창빌딩 2층
전 화 3409-2055 | FAX 3409-2059 | **이메일** nurim3888@hanmail.net
등 록 2005년 10월 5일 제303-2005-000038호
ISBN 978-89-91990-96-8 53370

정 가 12,000원

* 잘못된 책은 교환해 드립니다.

논쟁에서 이기는 기술 25.
맞받아친다

상대가 자신을 옹호하기 위해 사용한 논거를 맞받아쳐서
그를 반대하는 데 쓰는 탁월한 기술이다.
예를 들어 상대가 "어린아이니까 조금 봐 주어야지"라고 말하면 이렇게 맞받아친다.
"어린아이니까, 나쁜 습관이 굳어지지 않도록 버릇을 들여야지."

[예문]
미국 컬럼비아 대학 레이먼드 위버 교수에게
어느 여학생이 한 권의 책을 내놓고 물었다.
"선생님, 이 책 읽으셨어요?"
"아니, 아직 못 읽었는데……"
"아이 선생님두, 아직 이 베스트셀러를 못 읽으셨다니요…….
나온 지가 벌써 3개월이나 됐는데."
이번엔 레이먼드 위버 교수가 물었다.
"학생은 단테의 『신곡(神曲)』을 읽었는가?"
"아니요, 아직……."
"그 유명한 『신곡(神曲)』을 아직 못 읽었다니…….
책 나온 지가 벌써 600년이나 되는데."

―쇼펜하우어 / 김혜령 편역, 『논쟁에서 이기는 37가지 기술』

통합 교과 논술로 아이들과 이야기하다

논리적 사고의 현장은 논술 수업이다. 논술 수업은 학생, 교사, 학교의 삼위일체(三位一體)에서 이루어진다. 학생의 논리적, 창의적 사고력의 증진과 교사의 폭넓은 통합 교과 지식과 열정, 그리고 학교의 행정적 지원이 뒷받침되어야 가능하다. 이 책은 이러한 삼위일체의 결과물이다.

이 책의 내용은 교사들이 학생들과 논술 수업을 하면서 '어떻게 할 것인가'와 '어떤 내용으로 할 것인가?'에 대한 고민을 담았다. 대개의 논술 관련 책들은 실제 수업보다는 제시문과 논제에만 치중하고 있어 논술 수업을 '어떻게 할 것인가'와 '어떤 내용으로 할 것인가'에 대한 고민은 빠져있다. 따라서 이 책은 이러한 두 가지를 고민하면서 만들었다. 내용의 문제는 교사들의 통합 교과 논의를 거쳐 교과(敎科), 시사성(時事性), 고전(古典)을 축에 두고 제시문과 논제를 만들었고, 수업 시수는 100시간을 정하고 실제 수업을 하였다.

실제 논술 수업의 내용은 교과 논술, 계열 논술, 통합 논술, 입시 논술로 나누어 진행했다. 교과 논술은 크게 네 영역(언어, 사회, 수리, 과학)으로 나누었고, 계열 논술은 두 개 영역(인문사회, 수리과학)으로, 통합 논술은 인문사회와 수리과학의 교차로 구성하였다.

논술 수업에 필요한 논술의 제시문과 논제는 여러 교과 교사들의 노력으로 만들었다. 실제 수업 진행 시에는 논술 수업 시수는 4시간을 기준으로 다양하게 전개하였으며, 적게는 1인 교사 혹은 4인 교사가 한꺼번에 들어가서 수업을 하였다. 그리고 계열과 통합 논술 수업의 모형(과정화 / 집중화)을 만들어 제시하였다. 모형을 시현(示現)하는 과정에서 생긴 여러 가지 장단점들도 함께 분석하여 이 책에 실었다. 이는 교사들의 학생 지도에 참고가 되었으면 하는 바람에서이다. 그리고 실제 학생들의 논술문 작성 후, 그 첨삭(添削)의 실제를 실어 교사들에게는 첨삭의 실제, 학생들에게는 또래 학생들의 논술문 읽기를 통해 자신의 글과 비교해 볼 수 있는 기회를 가질 수 있도록 하였다.

이러한 일련의 내용들을 이 책에 담았다. 책의 내용 구성 및 집필자들은 다음과 같다.

<제 1 장. 논술과 통합 교과 논술>은 논술과 통합 교과 논술에 대한 내용을 담았다. 그리고 박종석은 계열 및 통합 교과 논술의 모형 설정(집중화 / 과정화)과 수업 운용 방안 등을 기획했다.

<제 2 장. 교과 논술>은 국어과 논술은 정호식, 사회과는 박종두, 윤리과는 이성일, 수학과는 최인숙·최미진, 과학과는 정인균·윤한중 교사가 각각 1) 특징, 2) 교과 논술 수업, 3) 학생 논술문 순으로 정리 및 검토했다.

<제 3 장. 계열 논술>은 인문사회계열은 정호식, 박종석, 이성일, 박종두 등이, 수리과학계열은 최인숙, 최미진, 정인균, 윤한중 등이 정리 및 검토했다.

<제 4 장. 통합 교과 논술>은 모든 교사들이 참여했다. 이 장의 구체적인 것은 교과 논술의 내용과 같다.

<제 5 장. 입시 논술의 해결>은 이성일, 정인균, 최인숙, 최미진 교사가 수고를 아끼지 않았다. 그 내용은 인문, 수리로 나누어 대학 모의 논술 문제를 분석하였다.

그리고 영재 학급의 논술 교실을 꾸미는 데 김형찬 선생님의 아낌없는 노력이 있었기에 가능했다. 이에 대한 고마움을 기억하고 싶고, 또 영재 학급의 논술 교실을 제공하고 도움을 주신 관계자에게도 감사의 말을 전한다.

이 결과물을 놓고 논술의 실천적 수업과 논술 수업의 한 모형을 제시하고자 노력했다고 한다면 너무 지나친 과찬(過讚)일 듯싶다. 그러나 논술 수업 참여 교사들 간의 인간적 유대와 통합적 교과 이해는 교사들이 논술 수업에서 얻을 수 있는 정신적 이득(利得)이었다. 그리고 현장에서 이루어지는 논술 교육의 가치를 발견한 것도 교육적 가치라고 생각한다.

무더운 여름으로 접어들고 있다. 계절의 변화처럼 우리의 교육 현장도 변화가 있어야 한다. 이 변화의 한 징후가 논술 교육이기를 바라면서……

2008년 6월 10일　박종석 씀.

차례

제1부 논술의 특징과 논제편

제1장 논술과 통합 교과 논술 ·· 13

01 | 논술의 이상과 현실 ·· 13

02 | 논술 교육의 방향 ·· 14

제2장 교과 논술 ·· 17

01 | 국어과 논술 ·· 17

(1) 국어과 논술의 특징 ·· 17

(2) 국어과 논술 수업 (1) ·· 20

(3) 국어과 논술 수업 (2) ·· 23

02 | 사회과 논술 ·· 29

(1) 사회과 논술의 특징 ·· 29

(2) 사회과 논술 수업 ·· 34

03 | 윤리과 논술 ·· 39

(1) 윤리과 논술의 특징 ·· 39

(2) 윤리과 논술 수업 ·· 43

04 | 수학과 논술 ·· 47

(1) 수학과 논술의 특징 ·· 47

(2) 수학과 논술 수업 ·· 49

05 | 과학과 논술 ···································· 58

   (1) 과학과 논술의 특징 ···················· 58
   (2) 과학과 논술 수업 (1) ·················· 60
   (3) 과학과 논술 수업 (2) ·················· 65
   (4) 과학과 논술 수업 (3) ·················· 69

제3장　계열 논술 ·· 73

01 | 인문사회계열 ······························· 73

   (1) 인문사회계열 논술의 특징 ············· 73
   (2) 인문사회계열 논술 수업 ··············· 74

02 | 수리과학계열 ······························· 81

   (1) 수리과학계열 논술의 특징 ············· 81
   (2) 수리과학계열 논술 수업 ··············· 83

제4장　통합 교과 논술 ·································· 89

01 | 통합 교과 논술의 특징 ···················· 90
02 | 통합 교과 논술 수업 ······················ 91

제5장　입시 논술의 해결 ······························ 108

제 2 부　예시 답안과 첨삭편

제 2 장　교과 논술 ··· 123

1. 국어과 논술 (1) ··· 123

2. 국어과 논술 (2) ··· 125

3. 사회과 논술 ··· 132

4. 윤리과 논술 ··· 139

5. 수학과 논술 ··· 143

6. 과학과 논술 (1) ··· 153

7. 과학과 논술 (2) ··· 158

8. 과학과 논술 (3) ··· 165

제 3 장　계열 논술 ··· 170

1. 인문사회계열 ··· 170

2. 수리과학계열 ··· 179

제 4 장　통합 교과 논술 ··· 188

1. 통합 교과 논술 (1) ··· 188

2. 통합 교과 논술 (2) ··· 197

제 5 장　입시 논술의 해결 ··· 207

참고 문헌 • 232

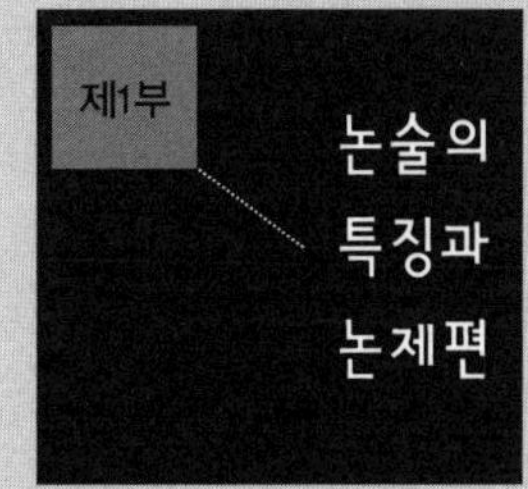

제1부
논술의
특징과
논제편

제1장

논술과 통합 교과 논술

01. 논술의 이상과 현실

논술은 과연은 필요한가? 이제는 논술의 당위성에 대한 논란은 다소 사라진 느낌이 든다. 하지만 여전히 그 논란의 불씨는 남아 있는 분위기이다. 이는 논술에 대한 교육 전반적인 관심과 동시에 그 실효성(實效性)의 의문 때문이다. 그럼에도 불구하고 논술은 그 학문성과 함께 사고력이라는 측면에서 인간교육을 확고히 하는 가치가 있는 것이다. 동시에 입시라는 현실성도 아울러 잠복해 있다는 사실 때문에 논술은 현실적으로 여전히 유효한 것이다.

기본적으로 논술에 필요한 것은 교과와 독서(讀書), 그리고 토론(討論) 등이다. 교과와 관련해서는 교과별 논술의 기초가 있어야 한다. 교과별 논술의 기초는 각 정규 교과 시간에 교사의 노력으로 가능한 수업이다. 이는 단순한 글쓰기가 아니라 논술에 필요한 사전 연습이라고 해야 할 것이다. 그리고 교과 논술에서 얻어지는 지식과 분석력은 계열, 통합 논술의 시각의 전제가 된다.

아직도 논술의 체계가 중구난방(衆口難防)의 현실 속에 있다. 어쩌면 대학은 나름대로 체계를 갖고 있다고 할 수 있지만 현장 교육은 제대로 체계화되지 못한 실정이다. 대학은 선발이라는 현실의 명분에 충실할 수 있지만 교육 현장은 대학 선발에 발맞추고 동시에 교육 본래의 목적인 사고력과 창의력을 배양해야 한다는 전제가 또한 깔려 있다. 교육 본래의 목적에 충실하자면 적어도 논술 교육이 체계를 갖추고 논술 교육이 현장에서 이루어져야만 한다. 그러나 현장 교육보다는 사교육 시장에서 이 기능을 담당하고 있는 것이 사실이다. 이는 바람직한 논술 교육의 모양새는 아닌 것 같다.

논술 교육은 적어도 사고력과 창의력을 배양할 수 있다는 것을 부인할 수 없다. 뿐만 아니라 논리적, 논증적 태도의 논술 교육은 사회 질서의 합리성과 논리성으로 연결되어 사회의 관계를 바람직한 방향으로 이끌 수 있다는 사실이다. 그러나 논술 교육의 현실은 현장 수업에서는 이루어지 않고, 사교육만의 팽창과 함께 입시 논리로만 전개되고 있는 실정이다. 따라서 이의 현실적 조화만이 해결책이라고 생각한다. 그 현실적 조화란 결국 교과 교육과 연결한 교과 논술에서 계열, 통합, 입시 논술까지 일직선상으로 연결되는 것을 말한다.

02. 논술 교육의 방향

논술 교육이 좀 더 체계적이려면 교사들의 노력과 열정, 그리고 교육 당국의 적극적 의지가 있어야 한다. 이들 일들을 모두 갖추고 논술 교육을 할 수는 없지만 적어도 논술 교육이 실제 이루어질 수 있는 참신(斬新)한 논술 교육의 모형이 있어야 한다. 그래서 한 눈에 볼 수 있도록 '논술 교육의 모형'을 설정할 필요성이 있다. 모든 교과는 논술 수업의 기초이며, 심지어 입시 논술의 토대가 된다는 점에서 교과 논술은 중요하다. 따라서 각 교과 논술의 특징과 실제 논술 수업을 통해서 논술 교육의 방향을 잡을 수 있다. 이 같은 방향에서 논술 교육은 자연히 계열 논술로 진행되어야 한다.

계열 논술에 대한 이해를 높이기 위해 다음과 같은 순서로 구성하였다. 우선 계열별로 논술의 특징을 정리하고, 이를 바탕으로 하여 각 계열별 논술의 실제를 들어 수업할 수 있는 실례를 검토하였다. 그리고 이를 바탕으로 학생들의 실제 논술문 작성한 예를 실어 어떤 방향으로 쓰기가 진행되었는지를 검토할 수 있도록 하였다.

마찬가지로 통합 논술도 계열 논술의 절차와 실례를 따랐다. 그리하여 현실적으로 필요한 대학 입시 논술의 방향으로 접근하는 것이다. 이 논술의 교육 방향을 정리하면, 교과 논술 교육—계열 논술 교육—통합 논술 교육—입시 논술 교육 순으로 진행한다. 여기서 교사의 논술 교육의 안내와 열정, 학생들의 이해와 논술문 작성, 교사들의 첨삭 지도 등이 이루어져야 한다. 이러한 논술 교육 활동에서 각각 파생되는 효과는 학생들의 사고력·창의력의 신장이며, 교사들의 인간적 유대와 폭 넓은 교양이 쌓인다. 교사들의 폭넓은 교양은 교육 현장에 피드—백되는 교육 효과를 가져 온다.

　교과 논술은 각 교과별로 교사가 교과서의 연장선에서 이루어지는 논술 수업이기 때문에 교과별 특징과 결부해서 수업을 진행하였다. 문제는 여러 교과의 교사가 함께하는 수업인 계열, 통합 논술 수업의 경우이다. 이에 나아가 입시 논술의 문제가 고려의 대상이 된다. 계열 논술, 통합 논술 수업에 대한 이해를 높이기 위해 다음과 같은 순서로 구성하였다. 우선 계열별로 논술의 특징을 정리하고, 이를 바탕으로 하여 각 계열별 논술의 실제를 들어 수업할 수 있는 실례를 검토하였다. 그리고 이를 바탕으로 학생들의 실제 논술문 작성한 예를 실어 어떤 방향으로 쓰기가 진행되었는지를 검토할 수 있도록 하였다.

　위와 같은 장점들과 논술 교육이 제대로 실현되도록 <논술 교실 100시간>의 실제 수업 모형을 제시하면 다음과 같다.

논술 영역	시간 운용(100시간)		교사(단위 : 명)
논술 기초	10		1
교과 논술	언어 영역	4	2
	사회 영역	4	2
	수리 영역	4	2
	과학 영역	4	2
계열 논술	인문 사회 계열	16	4
	수리 과학 계열	16	4
통합 논술	인문 사회 계열+ 수리 과학 계열	20	4
입시 논술	대학별 기출 문제	10	4
첨삭 지도	학생 첨삭 지도	12	2
계		100	8명의 교사 순환

만일 아직 학문에 입문하지 못한 상태라면 다그쳐 공부해서도 안 되고 쉬엄쉬엄 공부해서도 안 된다. 이 도리를 알았다면 모름지기 중단하지 말고 공부해야 한다. 만일 중단한다면 공부를 이루지 못하나니, 다시 시작하자면 또 얼마나 힘이 들겠는가. 이는 비유컨대 닭이 알을 품는 것과 같다. 닭이 알을 품고 있지만 뭐 그리 따뜻하겠는가. 그러나 늘 품고 있기 때문에 알이 부화되는 것이다. 만일 끓는 물로 알을 뜨겁게 한다면 알은 죽고 말 것이며, 품는 것을 잠시라도 멈춘다면 알은 식고 말 것이다.

— 주자 / 박희병 편역, 「선인들의 공부법」

제2장

교과 논술

01. 국어과 논술

(1) 국어과 논술의 특징

① 논술과 국어 교과

대학 입학시험에 논술 시험이 처음으로 도입되어, 국어 교사로서 논술 지도를 할 때였다. 처음에는 맞춤법이나 문장 연결, 문단 구성, 내용 전개 등 논술의 형식적인 면들을 주로 지도했다. 지도하다 보니 이런 형식적인 면과 내용적인 면들이 분리되어 있는 것이 아니라는 것을 느꼈다. 내용 없이 형식이 제대로 갖춰질 수가 없었다. 설령 논제와 제대로 부합하지 않거나 불필요한 내용을 끌어와서 형식적으로는 잘 꾸며 놓았다 하더라도 말이 통하지 않으니 평가를 잘 받을 리가 없는 것이다. 차라리 형식적인 면은 무시하고 내용만 보는 것이 낫다는 생각도 들었다. 내용과 형식을 분리해서 생각하는 것 자체가 잘못인 것 같다. 형식적인 면만 지도하는 데 한계를 느껴 논제를 가만히 보다가 이런 문제들을 수업 시간에 배운다면 어느 교과에서 배우게 되는가를 생각했다. 그래서 사회와 윤리 교과서를 들춰 보았다. 논술 시험에 빈번하게 나오는 주제는 거의 모두 사회나 윤리 교과서의 학습 활동에서 다뤄지는 문제들이었다. 그럼에도 불구하고 사회나 윤리 교과에서 논술 지도를 하지 않은 데는 글쓰기 지도에 대한 부담감 때문이었다고 생각한다.

　논술은 모든 교과에서 지도해야 한다고 생각한다. 논술 시험의 답안지에 담기는 내용에 대해서는 모든 교과에서 그 책임감을 느껴야 한다. 최근의 논술은 통합 교과적이기 때문에 더욱 그렇다. 국어, 사회, 수학, 과학뿐만 아니라 음악, 미술, 기술, 가정, 체육, 외국어 등의 과목에서 배우는 내용까지도 논술에는 모두 관련이 된다. 그리고 교과서의 학습 활동에는 과목마다 특정한 문제들에 대해서 '생각해 보자'·'조사해 보자'·'써 보자'는 활동들이 있다. 이러한 활동 중에 절반 정도라도 실제로 성실하게 해 보게 하고 발표를 시킨다면 논술 준비를 별도로 할 필요가 없게 될 것이다. 음악이나 미술은 작품에 대한 감상문이나 그 효능에 대해서, 기술 가정에서는 자동차·음식과 생활 문화에 대해서 한 편의 글로 써 보게 한다면, 그리고 그렇게 쓰는 것이 일상적인 학습 활동이고, 수행 평가로 이어진다면 논술에 대한 사교육은 저절로 없어질 것이라고 생각한다.

　국어 교과에서 논술 지도를 할 때 어려움을 느끼는 것은 아무래도 내용적인 부분이다. 그러나 국어 교사라고 해서 논술의 글쓰기 부분 즉 형식적인 부분만 지도할 수 있다는 생각도 버려야 한다. 사실 국어 교과에서 학습 자료로 다루고 있는 것에는 온갖 사회 현상과 자연 현상, 심리, 철학, 윤리, 예술이 망라되어 있기 때문이다. 교과 통합형의 논술을 지도할 때는 자신의 교과 내용뿐만 아니라 다른 교과의 내용에 대해서 최대한 이해하여 교사 자신부터 통합적인 사고를 하려고 노력해야 한다. 국어 교과서의 학습 활동에도 이미 이러한 교과 통합적인 문제들이 있다.

　고등학교 국어(하)의 5단원 준비 학습에 다음과 같은 활동이 나온다. 김기창의 「강호정담(江湖情談)」이라는 그림과 정지상의 시 「송인(送人)」을 자료로 제시하고, 두 작품의 아름다움과 그 정서에 대해 설명해 보라는 것이다. 국어 교사니까 그림의 아름다움에 대해서는 모르겠다고 할 것인가? 미술을 전공한 사람보다야 못하겠지만, 한 사람의 교양인으로서 그림 감상에 대한 기본적인 식견을 바탕으로 감상을 정리할 수 있을 것이다. 정지상의 시에 대해서도 그가 살았던 시대 상황과 문화 등에 대해서는 물론이고, 시 속에 묘사된 자연 현상 등을 고려하여 이해해야 한다. 그런 다음에 이 두 가지를 통합하여 아름다움과 정서에 대하어 설명해야 좋은 답안을 작성할 수 있다.

② 논술의 논증 재구성과 국어의 요약하기

논술에서 제시문에 대한 이해는 반드시 필요하다. 제시문을 이해했다면, 요약할 수 있다. 반대로 요약할 수 있다면, 제시문을 제대로 이해했다고 볼 수 있다. 요약하기는 국어 교과에서 일상적으로 하는 기본적인 학습 활동이다. '독서'는 읽기 능력을 심화시키기 위한 별도의 과목이다. 읽기의 요체는 이해와 요약이다. 따라서 논술의 제시문에 대한 이해와 요약에 대해서 국어 교과에서 책임감을 가지고 지도를 해야 한다.

제시문이 논증적인 글이라면 필자의 논증을 재구성할 필요가 있다. 논증을 재구성해야 필자의 주장과 근거가 선명하게 드러나기 때문이다. 주장과 근거가 분명해야 이에 대해 평가를 하고 그 정당성의 정도를 논하기가 쉽다. 요약하기와 논증의 재구성은 모두 글의 요지를 간추린다는 점에서 같다. 요약하기는 전체 내용을 포괄하여 정리하는 데 초점이 있는데 비해, 논증의 재구성은 논리적 증명 즉 전제에서 결론으로 이어지는 추론의 과정을 드러내는 데 그 목적이 있다.

요약한 글을 보면, 답안 작성자가 제시문의 내용을 어느 정도 이해하고 있는지 적나라하게 드러난다. 그런데 논증을 평가하는 데는 이러한 요약보다 논증을 재구성해 보는 것이 더 선명하다.

③ 자신의 논증 구성하기와 개요 작성하기

제시문의 논증을 재구성해보고 이에 대한 이해와 평가가 끝난 다음에는 논제에서 요구하는 바에 따라 자신의 주장을 세워야 한다. 이것은 대체로 제시문의 논증에 대해서 비판하면서 자신의 논증을 세워나가는 과정이다. 이 과정은 제시문 읽기의 역순으로 진행된다. 즉 먼저 자신의 논증을 세우고, 여기에 근거가 되는 내용들을 붙여 나가서 문단을 만들고 그 문단들을 모아서 한 편의 논술문이 만드는 것이다. 논증의 뼈대는 제시문 읽기에서 요약한 결과에 해당하며 작문 과목의 개요 작성하기에 해당한다. 개요 작성하기는 습관화되어 있어야 한다. 이런 점은 국어 교과의 작문 수업에서 꾸준히 연습해야 한다.

글을 잘 쓰기 위해서는 개요 작성하기가 반드시 필요하다. 그런데 개요 작성하기가 습관화되어 있지 않으면 생각처럼 잘 되지 않는다. 그래서 훈련이 필요하다. 우선 개요 쓰기의 기본적인 원리에 충실하여 연습해야 한다. 주제나 소재에 관련된 항목들을 나열을 하고 난 다음에는 그것들의 관계를 살펴봐야 한다. 관계를 살핀다는 것은 항목들을 서로 비교한다는 것이고, 서로의 포함 관계 즉 상위 개념, 하위 개념을 밝혀 정리하는 것이다. 이런 식으로 개요를 짜 나갈 때, 논증의 형식 즉 추론의 과정을 적용해야 한다. 논술은 논증적인 글이기 때문이다. 논증의 형식에 따라 자신의 주장을 세우면, 주장과 그 근거들이 훨씬 더 선명하게 보인다.

개요 쓰기는 일반적인 형식에 따라 익숙해질 때까지 충분히 연습을 해야 한다. 그러나 익숙해지고 난 다음에는 그러한 형식에 지나치게 얽매이지 않아야 한다. 절대적으로 좋은 순서나 형식은 없기 때문이다. 설득력이 있고 감동적인 글을 쓰는 데 정해진 개요 짜기의 틀은 없다. 문제에 핵심을 건드리는 것이 중요하다. 기본적인 원리에 충실하고 난 다음에는 자신의 관심과 생각들을 가장 잘 드러낼 수 있는 방식으로 접근해 가야 한다. 개요 짜기의 왕도는 없다. 문제에서 요구하는 바에 충실해야 하고, 그러기 위해서는 개요 짜기의 일반적인 틀을 얼마든지 변형시킬 수 있다. 논술의 경우에도 서론, 본론, 결론의 형식을 완전히 숙달할 필요는 있다. 그러나 그러한 형식에 반드시 따라야 항상 좋은 것은 아니다.

(2) 국어과 논술 수업 (1)

다음 제시문을 읽고 논제에 답하시오.

[논제 ❶] 제시문 (가)를 읽고 중국측 주장과 필자의 반박을 요약하시오.
[논제 ❷] 제시문 (나)를 읽고 필자의 주장을 요약하시오.

가 흔히 줄여 '동북공정(東北工程)'이라 불리는 프로젝트를 추진하고 있는 중국측 주장의 핵심은 고구려족(高句麗族)은 중국 변방(邊方)의 소수 민족의 하나이므로, 고구려사(高句麗史)는 중국 역사의 일부분이라는 것이다. 우선 중국측은 고구려가 중국에 보낸 조공(租貢)이 중국과 고구려의 신속 관계(臣屬關係)를 의미한다고 주장한다. 중국과 그 주변 국가 간에는 한대(漢代) 이후 책봉 관계가 형성되어 있었다. 그러나 전근대 시대에는 중국의 책봉을 거부할 권한이 없었다는 것에서 조공이 동아시아의 의례적인 외교의 한 형태임을 알 수 있다. 즉, 조공은 중국의 정치적 우위를 인정한 형식적 절차일 뿐, 조공국의 정체성과 자주권은 훼손되지 않았던 것이다. 당시 고구려가 독자적으로 제천 행사를 치르고 재판을 진행하는 등 독립적인 권한을 가지고 있었던 것에서도 이를 확인할 수 있다.

또한 그들은 고구려가 기원전 3세기에는 연(燕)나라, 진(秦)이 6국을 통일한 후에는 요동외요(遼東外邀), 한대(漢代)에는 현도군에 위치해 있었는데, 이는 모두 중국의 영토 안에서 성립·발전된 지방 정권이므로, 우리나라와는 아무런 관계가 없다고 주장한다. 이는 근대 국가나 영토 개념을 외면하고 고대의 영역(frontier)과 근대의 영토(territory)를 구분하지 못한 오류에서 출발한 것이다. 고대 이래 근대에 이르기까지 자국 영토에 포함시키려면 지속적으로 정치(행정적 지배), 군사(백성의 징용), 경제적 의무(조세 징수)가 필수적으로 수반되어야 하며, 동시에 군대적 의미에서 국경(border)이 전제되어야 한다. 그러므로 고구려가 중국을 위해 세금을 낸 일도 없었고, 외국 정벌에 고구려의 군대가 동원된 일도 없었다는 데서 고구려는 중국 영토에 속한 것이 아님을 알 수 있다.

중국측은 고구려와 수·당 간의 전쟁 역시 국가와 국가 간의 전쟁이 아닌 옛 영토를 회복하고 천하 주인의 위엄을 되찾으려는 정벌인 중국의 내전으로 보고 있다. 그러나 『신당서』에서 당 태종은 고구려 정벌 이유를 '지금 천하가 다 평정되었으나 오직 요동(고구려)만 복종치 않고 있다. 그들이 군사적 강성함을 믿고 신하들과 모의하여 정벌(당의 침입)을 유도했으므로 힘든 난리(전쟁)가 바야흐로 시작되었다'고 하였다. 이미 당은 고구려를 국가와 국가 간의 관계로 보고 고구려가 당의 주변국임을 인정하고 있었던 것이다.

끝으로 중국측은 고구려 멸망 후 대부분의 고구려 유민이 중국에 유입되거나 동화되었다고 한다. 멸망 당시 고구려 인국 70만여 명이었는데, 그중에 30만 명이 중원으로 이주했으며, 나머지는 신라에 대략 10만, 발해에 10만 이상 이주했고, 북방 돌궐 등으로 도망한 사람 만여 명, 기타 전쟁 중에 죽은 사람 등을 고려해 넣으면 대략 고구려 원래 인구와 일치한다는 것이다. 그러나 기록을 보면, 고구려의 인구는 멸망 당시인 668년에 69만 7천 호였는데, 이듬해 669년 5월에 당(唐)이 2만 8천200호를 옮겼으며, 연개소문의 아들 남생의 묘지에는 연남생이 국내성 등 6성의 10만 호를 이끌고 당에 망명했다고 나와 있다. 결국, 69만 호 가운데 56만 호는 발해의 주민이 되었고, 발해 멸망 후에는 상당수 고려로 투항해 왔던 것이다. 따라서, 중국측에서 제시하는 수치는 설득력이 없다.

이와 같은 중국측 주장은 개인의 견해와 주장이 허용되지 않는 사회주의 국가의 특성과 예부터 중국식으로 그들의 세계를 보아 온 중화사상(中華思想)에서 기인한 결과가 아닐까 한다. 중국은 1980년대 이후 동구권의 몰락에 대응하여 중국적 사회주의의 우월성과 강화를 위해 주도면밀하게 준비를 해 왔다. 동북공정 프로젝트를 통해 고구려사를 자국의 역사로 편입시켜, 남북한 통일 이후 영토 분쟁에 대비하려는 움직임을 보이고 있는 것이다. 중국이 상고 이래 자기중심의 문헌을 가지고 있고, 그것을 기준으로 동아시아를 설명할 수 있는 입장에 있기 때문에 가능한 일이다. 반면 우리는 12세기의 『삼국사기』가 최고(最古)의 기록이기 때문에 자국의 역사를 중국 문헌이나 일본 문헌 등 타국의 기록으로 설명해야 하는 한계를 가지고 있다.

—신형식 편저/『고구려사는 중국사인가』

나 대지와 그것에 속하는 모든 것은 인간의 부양과 안락을 위해서 모든 인간에게 주어진 것이다. 그리고 대지에서 자연적으로 산출되는 모든 과실과 거기서 자라는 짐승들은 자연발생적인 작용에 의해서 생산되기 때문에 인류에게 공동으로 속한다. 따라서 그러한 것들에 대해서는 그것들이 자연적인 상태에 남아 있는 한, 어느 누구도 처음부터 다른 사람을 배제하는 사적인 지배권을 가지지 않았다. 하지만 사람들에게 이용하도록 주어진 이상, 그것들을 특정한 사람이 일정한 용도에 맞게 사용하거나 그것으로부터 이득을 얻기 위해서는 이러저러한 방법으로 그것들을 수취할 수 있는 수단이 있어야 마땅하다. (중략)

비록 대지와 모든 열등한 피조물은 만인의 공유물이지만, 그러나 모든 사람은 자신의 인신(人身)에 대해서는 소유권을 가지고 있다. 이것에 관해서는 그 사람 자신을 제외한 어느 누구도 권리를 가지고 있지 않다. 그의 신체의 노동과 손의 작업은 당연히 그의 것이라고 말할 수 있다. 그렇다면 그가 자연이 제공하고 그 안에 놓아 둔 것을 그 상태에서 꺼내어 거기에 자신의 노동을 섞고 무언가 그 자신의 것을 보태면, 그럼으로써 그것은 그의 소유가 된다. 그것은 그에 의해서 자연이 놓아둔 공유의 상태에서 벗어나, 그의 노동이 부가한 무언가를 가지게 되며, 그 부가된 것으로 인해 그것에 대한 타인의 공통된 권리가 배제된다. (중략)

이러한 견해에 대해서는 아마도 다음과 같은 반론이 제기될 법하다. 만약 대지의 도토리나 다른 과실 등을 주워 모으는 것이 그것들에 대한 권리를 준다면, 누구든지 그가 원하는 만큼 많은 양을 독점하게 될 것이라는 반론이 그것이다. 이에 대해서 나는 그렇지 않다고 답변하겠다. 우리에게 이런 수단을 통해서 소유권을 부여하는 동일한 자연법이 또한 그 소유권을 제한하기 때문이다. "하나님은 우리에게 모든 것을 풍성히 주셔서 즐기게 해주시는 분이십니다."("디모테오에게 보낸 첫째 편지", 6 : 17)라는 구절은 영감에 의해 확인된 이성의 목소리이다. 그러나 하느님은 우리에게 얼마나 주셨는가? 즐길 수 있는 만큼. 어느 누구든지 그것이 썩기 전에 삶에 이득이 되도록 사용할 수 있는 만큼 주셨다. 곧 그가 자신의 노동에 의해 자신의 소유로 확정할 수 있는 만큼 주셨던 것이다. 그것보다 많은 것은 그의 몫을 넘어서며, 다른 사람의 몫에 속한다. 하느님은 그 어떤 것도 인간이 썩히거나 파괴해버리도록 만들지는 않았다. (중략)

이런 식으로 토지를 개량함으로써 그 일부를 수취하는 것은 그 밖의 다른 사람에게 아무런 피해가 되지 않는다. 왜냐하면 여전히 많은 토지가 남아 있고, 아직 토지를 가지지 못한 자가 사용할 수 있는 것보다 더 많은 토지가 남아 있기 때문이다. 그리하여 결과적으로 어떤 사람이 울타리를 치는 행위로 인해 다른 사람에게 토지가 적게 남아 있는 일이란 있을 수 없다. 왜냐하면 다른 사람이 사용할 수 있을 만큼 많이 남겨놓은 사람은 전혀 아무 것도 취하지 않은 것이나 마찬가지이기 때문이다. 어떤 사람도 다른 사람이 물을 잔뜩 퍼마셨다고 해서 피해를 입는다고 생각할 수 없다. 왜냐하면 그에게는 갈증을 충분히 만족시킬 수 있는 전과 다름없는 강물이 남아 있기 때문이다. 따라서 토지든 물이든 둘 다 충분히 남아 있는 경우라면 사정은 전적으로 동일하다.

— 존 로크, 『통치론』

(3) 국어과 논술 수업 (2)

다음 제시문을 읽고 논제에 답하시오.

[논제 ❶] (가)를 바탕으로 (나)에서 말하고 있는 불평등의 원인을 설명하고, 그러한 설명이 갖는 한계를 지적하시오.
[논제 ❷] (가)를 바탕으로 불평등에 대한 (다)와 (라)의 입장을 정리하고, 자신이 생각하는 바람직한 해결 방안을 논술하시오.

가 루소는 불평등을 자연적 불평등과 사회적(혹은 정치적) 불평등으로 나누었다. 자연적 불평등이란 선천적으로 가지고 태어나는 불평등의 속성을 가리킨다. 루소는 이 두 가지 불평등 사이에 필연적인 연관성이 없다고 하였다.

한편 플라톤, 아리스토텔레스 등 고대 그리스 철학자들은 선천적 소질의 차이에 따라 불평등이 발생한다고 보면서, 타고난 성질과 재능에 따라 각각 다른 지위를 맡아 일하는 것이 마땅하다고 하였다.

반면에 루소, 맑스, 엥겔스 등 서양근대의 사상가나 학자들은 자연적 불평등보다 사회적 불평등을 더 중시하였고, 자연적 불평등도 상당히 큰 부분이 사후적·사회적으로 평가

되고 규정된 것이며 사회가 만들어낸 것이라고 보았다. 이들은 불평등 발생의 주요 원인으로 '분업'과 기술의 발달, '사유재산제도'의 생성과 발달, '신분제도'와 차별, '계급'적 지배 갈등 관계의 생성 및 변화 등을 들었다.

불평등은 또한 '소유(재산)의 불평등'과 '기회의 불평등'으로 나눌 수 있다. 전자는 돈과 재산을 비롯한 경제적 부나 권력, 명예, 지위, 재능, 미모 등 희소한 자원을 얼마나 가지고 있느냐에 따른 불평등을 말하며, 후자는 어떤 활동이나 일할 수 있는 권리, 자격, 기회가 차별적으로 주어지는 것을 말한다.

"빵이 아니면 죽음을 달라"고 할 때는 소유의 불평등을 말하는 것이고, "나도 일 좀 하게 해 달라"고 할 때는 기회의 불평등을 말하는 것이다. 그러나 일할 수 있고 돈 벌 수 있는 기회가 주어지는 것과 소망하는 돈을 실제로 벌어 소유하는 것과는 다르다. 동일한 기회가 주어져도 개인의 능력이나 노력에 따라 그 결과가 달라질 수 있기 때문이다. 그래서 기회에 있어서의 평등/불평등은 형식적(절차적) 평등/불평등이라고 하며, 다양한 소유에 있어서의 평등/불평등은 실질적(내용적) 평등/불평등이라고 한다.

— 한국산업사회학회, 『사회학』

나 아버지가 철거 계고장을 마루 끝에 놓고 책을 읽었다. 우리는 아버지에게서 무엇을 바라지는 않았다. 아버지는 그동안 충분히 일했다. 고생도 충분히 했다. 아버지만 고생을 한 것이 아니다. 아버지의 아버지, 아버지의 할아버지, 할아버지의 아버지, 그 아버지의 할아버지 — 또 — 대대로 거슬러 올라간다. 그들은 아버지보다 더 심한 고생을 했을 수도 있다. 나는 공장에서 이상한 매매 문서가 든 원고를 조판한 적이 있다. 그 내용의 일부를 짜기 위해 나는 열심히 손을 놀렸다. <婢 金伊德의 한 소생, 奴 今同 庚寅生, 奴 今同의 양처 소생 奴 金今伊 丁卯生, 奴 今同의 양처 소생, 奴 德水 己巳生, 奴 今同의 양처 소생 奴 存世 辛未生, 丙戌生, 奴 金今伊의 양처 소생 奴 鐵壽 丙戌生, 奴 金今伊의 양처 소생 奴 금산 戊子生> 나는 그때 이것이 무엇인지 몰랐다. 그 판을 짜고 다음 짜나가다가 겨우 알았다. 노비 매매 문서의 한 부분이었다. 나는 열흘 동안 같은 책을 조판했다. 그 열흘 동안 나는 아버지와 아무 말도 하지 않았다. 어머니하고도 이야기를 하지 않았다. 나는 어머니의 어머니, 어머니의 할머니, 할머니의 어머니, 그 어머니의 할머니들이 최하층의 천인으로서 무슨 일을 해 왔는지 알고 있었다. 어머니라고 달라진 것은 없었다. 마음 편할 날 없고, 몸으로 치러야 하는 노역은 같았다. 우리의 조상은 세습하여 신역을 바쳤다. 우리의 조상은 상속, 매매, 기증, 공출의 대상이었다. 어느 날 어머니는 나에게 말했다.

"너희들은 엄마를 잘못 두어 이 고생이다. 아버지하고는 상관이 없단다."

　　어머니는 장남인 나에게만 말했다. 외할머니에게 들은 말을 나에게 전한 것이다. 천 년을 두고 우리의 조상은 자손들에게 이 말을 남겼다. 그러나 나는 알고 있었다. 아버지도 씨종의 자식이었다.

　　할아버지의 아버지대에 노비제는 사라졌다. 증조부 내외분은 아무 것도 몰랐다. 나중에서야 해방을 맞았다는 것을 알았으나 두 분이 한 말은 오히려 ‘저희들을 내쫓지 마십시오’였다. 할아버지는 달랐다. 늙은 주인은 할아버지에게 집과 땅을 주었다. 그러나 쓸데없는 일이었다. 모르는 면에서는 할아버지나 증조부나 같았다. 증조부대까지는 선조들이 살아온 경험이 도움이 되었으나 할아버지대에는 그것이 도움을 주지 못했다. 할아버지에게는 어떤 교육도 없었고 경험도 없었다. 할아버지는 집과 땅을 잃었다.

— 조세희,『난장이가 쏘아 올린 작은 공』

다

오늘 아침을 다소 행복하다고 생각하는 것은
한 잔 커피와 갑 속의 두둑한 담배
해장을 하고도 버스값이 남았다는 것
오늘 아침을 다소 서럽다고 생각하는 것은
잔돈 몇 푼에 조금도 부족이 없어도
내일 아침 일도 걱정해야 하기 때문이다.

가난은 내 직업이지만
비쳐오는 이 햇빛에 떳떳할 수가 있는 것은
이 햇빛에도 예금통장은 없을 테니까 ……

나의 과거와 미래
사랑하는 내 아들딸들아,
내 무덤가 무성한 풀섶으로 때론 와서
괴로웠을 그런대로 산 인생, 여기 잠들다. 라고,
씽씽 바람 불어라 ……

— 천상병,『나의 가난은』

 간디는 산업화의 확대, 또는 경제 성장이 참다운 인간의 행복에 기여한다고는 결코 생각할 수 없었다. 간디가 구상했던 이상적인 사회는 자기 충족적인 소농촌 공동체를 기본 단위로 하면서 궁극적으로는 중앙 집권적인 국가 기구의 소멸과 더불어 마을 민주주의에 의한 자치가 실현되는 공간이다. 거기에서는 인간을 도외시한 이윤을 위한 이윤의 추구도 물질과 권력에 대한 맹목적인 탐욕도 있을 수가 없다. 이것은 비폭력과 사랑과 유대 속에 어울려 살 때에 사람은 가장 행복하고 자기 완성이 가능하다고 믿는 사상에 매우 적합한 정치 공동체라 할 수 있다.

물레는 간디에게 그러한 공동체의 건설에 필요한 인간 심성의 교육에 알맞은 수단이기도 하였다. 물레질과 같은 단순하기만 생산적인 작업의 경험은 정신 노동과 육체 노동의 분리 위에 기초하는 모든 불평등 사상의 문화적·심리적 토대의 소멸에 기여할 것이다. 뿐만 아니라, '자기 먹을 빵을 손수 마련해 먹는 창조적 노동'에의 참여와 거기서 얻는 기쁨은 소박한 삶의 가치를 진정으로 긍정할 수 있게 하는 토대를 제공해 줄 것이라고 간디는 생각하였다. 결국, 간디의 사상은 욕망을 억지로 참아야 하는 금욕주의를 말하는 것이 아니라, 우리가 진정한 행복에 이르기 위해서 지금까지와는 근본적으로 다른 것을 욕망할 줄 알아야 한다는 것이다.

간디의 주장은 경제 성장의 논리에 대한 무비판적인 순종과 편의주의적인 생활의 안이성에 깊숙이 젖어 있는 우리들에게 헛소리처럼 들릴지도 모른다. 그러나 온갖 생명에 이해를 가해 온 산업 문명이 인간 생존의 자연적·생물학적 기초 자체를 파괴하는 데까지 도달한 지금, 그것이 정말 헛소리로 남는다면 우리의 장래는 어떻게 될 것인가?

— 김종철, 「간디의 물레」, 『고등학교 국어 (하)』

• 직접 써보세요.

Broken Window

1969년 스탠포드 대학의 심리학자 필립 짐바르도 교수는 매우 흥미 있는 실험을 하였다. 그는 우선 치안이 비교적 허술한 골목을 고르고, 거기에 보존 상태가 동일한 두 대의 자동차를 보닛을 열어놓은 채로 1주일간 방치해 두었다. 다만 그중 한대는 보닛만 열어놓고, 다른 한 대는 고의적으로 창문을 조금 깬 상태로 놓았다. 약간의 차이만이 있었을 뿐인데, 1주일 후, 두 자동차에는 확연한 차이가 나타났다. 보닛만 열어둔 자동차는 1주일간 특별히 그 어떤 변화도 일어나지 않았다. 하지만 보닛을 열어 놓고 차의 유리창을 깬 상태로 놓아둔 자동차는 그 상태로 방치된 지 겨우 10분 만에 배터리가 없어지고 연이어 타이어도 전부 없어졌다. 그리고 계속해서 낙서나 투기, 파괴가 일어났고 1주일 후에는 완전히 고철 상태가 될 정도로 파손되고 말았던 것이다.

단지 유리창을 조금 파손시켜 놓은 것뿐인데도, 그것이 없던 상태와 비교해서 약탈이 생기거나, 파괴될 가능성이 매우 높아진 것이다. 게다가 투기나 약탈, 파괴 활동은 단기간에 급격히 상승하게 된다는 것을 알 수 있었다. 이 실험에서 사용된 '깨진 유리창'이라는 단어로 인해 'Broken Window'라는 새로운 법칙이 만들어 졌다.

—김영모, 『빵굽는 CEO』

02. 사회과 논술

(1) 사회과 논술의 특징

① 논술과 사회과

사회과 교육의 목표를 합리적이고 바람직한 민주 시민의 자질 육성이라는 것에는 대부분의 사람들이 동의한다. 여기서 시민성은 시민 사회의 문제를 파악하여 문제를 해결하는 과정에서 길러진다. 시민성 교육이 의사결정과 문제해결의 과정에서 반성적 사고와 사회 참여를 중시하는 것도 이러한 맥락에서 해석할 수 있다. 이러한 사회과의 본질 목표와 논술은 그 맥을 같이 하고 있다. 서울대에서 밝힌 논술 고사의 성격에도 이러한 면이 아주 잘 포함되어 있다. "논술고사는 비판적으로 글을 읽는 능력과 창의적으로 문제를 설정하고 해결하는 능력 그리고 논리적으로 서술하는 능력을 종합적으로 평가하는 시험이다. 비판적으로 글을 읽는다는 것은 반성적으로 생각하면서 능동적으로 글을 읽는 것을 말하며 (……)"에서 나타난 것과 같이 논술의 목표는 문제 상황에서 비판적, 논리적, 종합적 사고의 과정을 통해 문제 상황을 해결하는 것이다. 이는 사회과에서 반성적 탐구의 과정을 통해 민주시민의 자질을 육성하고자 하는 것과 그 맥을 같이 하고 있다.

이는 최근 사회과에서 강조하는 고급 사고력 교육과도 직접적으로 연관되어 있다. '쟁점중심교육과정'에서 학생들이 스스로 문제 사태를 인지하고 이를 다양한 자료와 정보의 탐구를 통해 해결하는 과정이 곧 고급 사고력을 향상시키는 과정이다. 고급 사고력에는 비판적 사고, 분석적 사고, 종합적 사고, 메타인지, 반성적 사고, 창의적 사고 등을 들 수 있다. 이러한 사고력은 학습자들의 의문, 문제, 논쟁점, 당혹함, 관심에 의해 촉진되고 향상될 수 있다.

하지만 그 동안 사회과에서는 주로 지식 전수와 사회과학적 방법론 교육의 방향에 중심을 두어 민주 시민교육으로서 사고력 교육에 소홀했던 것이 사실이다. 시민성 교육보다 교과 내용 중심의 교육이 주를 이룬 것이다. 논술은 이러한 사회과의 현실에서 새로운 방향 모색으로서 그 의미가 크다. 논술에서 강조하는 문제해결과 창의력은 사회과의 본질 목표라는 점에서 사회과 논술 교육은 사회과의 교육목표를 추구하는 것이다. 또한 통합논술은 사회과에서 분과 중심의 학문 영역별 접근이 아닌 문제 중심의 간학문적 접근과 그 맥을 같이한다. 시민성 교육이 한 학문 분과 차원을 넘어 사회문제에 대한 다학문적 접근이 필요한 것과 같이 논술에서도 교과의 영역을 넘어 교과 전이적인 내용을 다루고 있다. 이러한 면에서 사회과 교육은 논술과 그 근본적인 목표를 같이 하고 있다.

물론 사회과 교육에서 글쓰기로서 논술을 직접 도입하는 것은 조금 더 심도 있는 논의가 필요하다. 하지만 사회과의 '비판적 글쓰기' 또는 '사회과 글쓰기'라는 형식으로는 도입 가능성이 충분하다. 현재의 논술은 초기의 작문 수준을 넘어 고급 사고력을 표현하는 비판적이고 창의적인 글쓰기이다. 그리고 주제도 한 교과 수준에서 다루는 교과적 내용을 넘어 우리 사회 문제를 범교과적 차원에서 다루는 내용이다. 즉 사회문제에 대한 범교과적인 수준에서 교과 내용에 대한 합리적이고 종합적인 사고를 통한 문제 해결이 필요하다. 여기서 글쓰기는 사고의 표현 형식에 다름 아닌 것이다. 따라서 사회과에서 요구하는 합리적이고 바람직한 민주 시민들의 고급 사고력을 배양하기 위해 글쓰기 교육이 필요한 것이다.

사회과에서 글쓰기는 그 동안 소홀히 다루어져 왔다. 사회과학에 대한 글쓰기는 전문가의 영역으로 생각하고 특별하게 내용으로 제시하지 않았다. 하지만 교육과정과 교과서들에는 글쓰기의 내용들이 다양한 형태로 주어져 있었다. 제7차 교육과정의 교과서에 제시된 '탐구활동'과 '자료실' 그리고 '심화학습'에서는 글쓰기의 재료들은 수없이 많이 제시되어 있다. 예를 들어 탐구활동에는 "<과제 1> 자료 1의 계몽사상이 자료 2, 3, 4에 어떻게 표현되어 있는지 조사해 보자. <과제 2> 민주주의와 국민 주권의 관점에서 자료 2, 3, 4에 나타난 이론을 평가해 보자. <과제 3> 사회 계약설이 시민 계층에게 끼친 영향을 추론해 보자"의 형식으로 글쓰기의 주제들이 제시되어 있었다. 하지만 교과 내용에 중심을 둔 시간 배정으로 이러한 활동은 거의 이루어지지 않았던 것이 사실이다. 물론 교과서에 제시된 수많은 학문적 내용을 교과 내용으로 변환하여 다인수 학급에서 학생 개개인의 수준에 맞추어 전달하기에도 벅찬 시간에 이러한 활동을 한다는 것이 현실적으로 어려운 것이 사실이다. 하지만 학문적 내용을 중심으로 한 교실 수업은 결국 학습자들의 지적 부담감만 증대시키고 교과 수업에 유리된 학생들을 양산하는 것 또한 사실이다.

이러한 현실의 어려움 속에서 새로운 대안으로 제시될 수 있는 것이 글쓰기를 병행하는 사회과이다. 즉 학생들이 주어진 자료나 또는 생생한 현실적 이슈에 대해 토의와 토론을 통해 자신의 생각을 논리적이고 비판적으로 표현하고 이에 대해 반박과 재반박의 과정들을 거쳐 글쓰기로 생각을 마무리하는 것이다. 물론 실제 수업 현장에서는 이러한 과정이 모든 시간을 통해 이루어지기는 어렵다. 그렇다면 위의 많은 활동 중에서 하나의 활동에 집중하여 이러한 과정을 수행한다면 논술 수업으로서 그 가능성이 있을 것이다.

또한 논술에서 제시하는 문제해결 과정은 사회과에서 본질적인 내용을 다루고 있다. 사회적 쟁점에 대한 해결 과정으로 제시된 '1. 문제제기, 2. 사실문제와 가치문제의 구분, 3. 개념과 용어의 정의, 4. 사실탐구와 가치탐구, 5. 대안모색, 6. 대안선택과 행동'의 단계는 사회적 문제를 해결하는 기본적인 과정이다. 그 동안 논술에서는 이러한 과정을 포함한 글쓰기가 거의 이루어지지 않았다. 하지만 사회과 논술에서는 이러한 형태의 글쓰기를 새로운 유형으로 제시할 수 있다. 즉 이제 논술은 교과와 유리되어 따로 학원에서 배우는 특별한 교과가 아니다. 논리적이고 비판적이며 창의적인 사고력을 학원에서 배울 수는 없는 것이다. 오히려 우리의 교육 목표를 보다 심도 있게 분석하여 논술 수업을 실행이 사회과에서 필요한 것이다.

② 사회 수업 속의 논술

논술이 교과 수업의 한 장면이라면 실제 사회과에서 보다 구체적으로 적용할 수 있는 방법들에 대해 보다 구체적으로 살펴보도록 하겠다. 물론 교과서에 주어진 다양한 예제들을 그대로 사용하는 것도 좋은 방법이지만 보다 논술의 형태가 잘 갖추어진 수업의 형태로 패널식 토론을 들 수 있다.

토론 학습은 학습자들이 논란이 되는 쟁점에 직면하여 서로의 의견을 교환하고 집단 사고에 의하여 문제를 해결하는 형태의 수업이다. 집단 사고의 과정에서 학습자들은 자유로이 의견을 발표하고, 타인의 의견을 받아들이거나 반박, 절충하는 과정을 가지고 이를 통해 비판적이고 논리적인 사고력을 기를 수 있다. 이러한 토론 학습의 모형은 소크라테스식, 패널식, 역할놀이, 모의재판 등 다양하게 제시되어 있다.

사회과에서 토론 학습의 모형은 주로 '반성적 탐구로서의 사회과' 모형에서 제기되어

왔다. 반성적 탐구에서는 탐구의 태도가 현실의 문제 상황에 대해 학습자들의 동기가 일어날 때 부조화와 갈등의 상황에서 생긴다고 보고 있다. 따라서 사회과의 내용은 학습자의 필요와 흥미에 바탕하여 조직되고 이러한 문제에 대해 학습자들이 증거에 입각한 사고 방법을 습득하여 의사 결정하는 것이 중요하다고 보고 있다. 이 과정에서 가장 중요한 것이 토론의 과정이다. 특히 우리 사회의 본질적인 문제를 다루는 사회과에서 '반성적 탐구'의 대상은 사회적 쟁점이 되어야 할 것이다. 쟁점은 우리 사회의 문제에 대해 학습자들의 접근 방식이며 나아가 일정한 공동체에서 금기시된 영역에 대한 탐구 과정이기도 하다. 따라서 쟁점 중심의 수업에서는 다양한 학문의 영역에서 다차원적인 구조의 문제를 다루게 되는데 이것은 최근 통합 논술과 그 맥락을 같이 한다.

쟁점에 대해 토의하는 방법은 다양하지만 현실적으로 적용하기에는 패널식 토론이 가장 적당하다고 생각된다. 주어진 쟁점에 대해 서로 다른 의견을 가진 패널리스트들이 중심이 된 형태의 패널식 토론은 토론 활동이 활발하게 이루어지고, 깊이 있는 토론이 가능하다. 수업에서의 패널토론은 토론자 외 다른 학생의 참여를 유도하여 논쟁하는 것도 유의미한 형태이다. 그리고 찬반팀에 대한 승패를 학생들이 매기게 한다면, 패널리스트들의 보다 경쟁적인 토론을 이끌어 내고 수업의 흥미도 높일 수 있을 것이다.

이 과정에서 글쓰기는 사회 문제의 해결 과정에 대한 글쓰기의 과정을 기초로 하고 있다. 물론 논술에서 일반적으로 제시하는 글쓰기의 형태는 '주장과 근거'에 기초한 내용이 대부분이다. 하지만 사회과에서 제시되는 사회적 쟁점의 해결 과정에 대한 글쓰기는 대학 입시에서 제시하는 제한된 형태의 글쓰기를 넘어 보다 큰 의미의 글쓰기라고 할 수 있다. 사회적 쟁점이나 문제를 인식하고 그것을 민주적으로 해결하는 과정을 모두 포괄하는 글쓰기인 것이다. 학습자들에게 제공되는 이러한 형태의 글쓰기는 논리적이고 분석적인 사고를 종합하는 과정이 될 것이다.

사회적 쟁점에 대한 또 다른 형태의 토론과 글쓰기의 형태로 모의 법정을 이용한 방법이 있다. 아직까지 많은 연구가 이루어지지는 않았지만, 최근 법무부에서 많은 자료를 제시하였고 '학생 모의 법정 대회'도 열리고 있다. 이 방법은 학습자들이 자신의 의견을 세우고 그에 대한 객관적인 자료를 보다 설득력 있게 제시하며 논리적이고 비판적인 사고력을 기르는 데 아주 유용한 방법이다.

　모의 법정은 학습의 과정에 재판 과정을 임의적으로 꾸며 법정 심문에서의 역할을 직접 수행하게 하는 것이다. 이는 중요한 법적 쟁점에 대한 의문을 제기하고 증거의 원칙, 법적 절차의 쟁점, 사건 관련 법률 조항 및 정보 획득, 법적 쟁점 등을 판단하도록 하여 법적 문제 해결력과 사고력을 신장하도록 하고 있다. 이 과정에서 다양한 학문적 영역이 사용되는 다학문적 접근이 요구되고 다양한 소재들이 사용되어 학습자들의 흥미도 매우 높다.

　일반적으로 모의 법정을 적용하는 절차는 첫째, 실제적이고 가설적인 법적 사건 선택, 둘째, 역할 선정 및 설명, 셋째, 법정 절차 확인, 넷째, 다양한 역할에의 참여, 다섯째, 사건 관련 적절한 정보 제공, 여섯째, 사건 재현, 일곱째, 재요약 및 분석으로 이루어진다. 이 과정이 실제 교실 상황에서 적용되기 위해서는 진행 과정에 대한 대본이 미리 작성되어 학습자들의 각자의 역할에 맞추어 자신의 임무를 수행하여야 한다.

　하지만 대본에 맞추어 진행되는 모의 법정의 경우에는 대본을 만드는 과정에서는 학습자들의 창의적 사고가 나타나지만 그 이후에는 사고력을 자극하기 어렵다. 따라서 법정에서 사용되는 대본의 내용을 수정하여 적용하는 것이 좋은 방법이다. 즉 모의법정에서 일정 부분까지의 내용은 상호 동의한 상태에서 상황적으로 주어지지만 나머지 내용에 대해서는 학습자들의 그 상황에 맞추어 모의 법정을 진행하는 것이다. 검사와 변호사(형사 사건) 또는 변호사와 변호사(민사 사건) 간에 다른 상황을 주고 이러한 상황에 대해 나름대로의 해결책을 순간순간 찾아서 해결하는 것이다. 사건에 대한 사전 자료가 숙지된 상태에서 학습자들은 나름의 비판적 사고력을 통해 낯선 상황을 해결하기 위한 다양한 방법들을 제시하며 보다 흥미로운 진행이 가능할 것이다. 이 과정에서 다른 학생들에게는 각자의 사건 정리를 위한 참관록을 정리하고, 또한 방청에 머무르지 않고 보다 적극적으로 사건의 구성에 참여하게 하기 위해 배심원의 역할도 수행한다. 배심원들은 모의 법정을 진행 과정을 지켜본 후 사건의 전체적인 내용을 직접 평가하게 하는 것이다.

　모의 법정에 대한 글쓰기는 사건에 대한 주장과 반박의 내용을 중심으로 보고서를 제출하는 것이다. 보고서에는 사건에 대한 정리뿐만 아니라 사건에 대한 새로운 시각들도 작성하게 하고 교사가 미진한 부분에 대해 첨삭을 하는 것이다.

　이러한 패널식 토론과 모의 법정은 학습자들의 고급 사고력을 함양하고, 비판적 글쓰기를 가능하게 하는 논술 수업 방법으로 그 의미가 높다고 생각된다.

(2) 사회과 논술 수업

[논제 ❶] 아래의 기사를 읽고, (가), (나), (다)에서 제시한 이론을 바탕으로 '청소년 일탈'의 원인과 해결책을 800자 내외로 논술하시오.

[논제 ❷] [논제 ❶]의 논의를 (라)의 관점에서 600자 내외로 분석하시오.

우리나라 중고교생은 평균적으로 중학교 1학년 때 음주 및 흡연을 경험한 것으로 나타났다. 질병관리본부는 2006년 9, 10월 중고교생 8만 명을 대상으로 조사한 결과 흡연시작연령은 평균 12.4세, 음주시작연령은 평균 12.7세였다고 29일 밝혔다. 1998년 조사에선 흡연시작연령이 15세, 음주시작연령이 15.1세였다. 조사에 따르면 중학교 1학년생은 평균적으로 초등학교 5학년 때 흡연 및 음주를 경험했다.

전체 흡연율(한 달에 하루 이상 흡연한 비율)은 11.3%, 전체 음주율(한 달에 한 잔 이상 술을 마신 비율)은 26.7%였다. 2005년 조사에선 전체 흡연율이 11.2%, 전체 음주율이 27.04%였다. 고교 3년생의 흡연율은 19.8%, 음주율은 44.5%였다. 고교 3년 남학생의 음주율은 50.2%였고 이들 가운데 20% 가량이 과도하게 술을 마신 것으로 조사됐다. 고교 3년 여학생의 음주율은 38.5%, 흡연율은 12.4%로 여자 성인 음주율(36.3%) 및 흡연율(5.8%)보다 높았다.

— 〈동아일보〉, 2007. 3. 30.

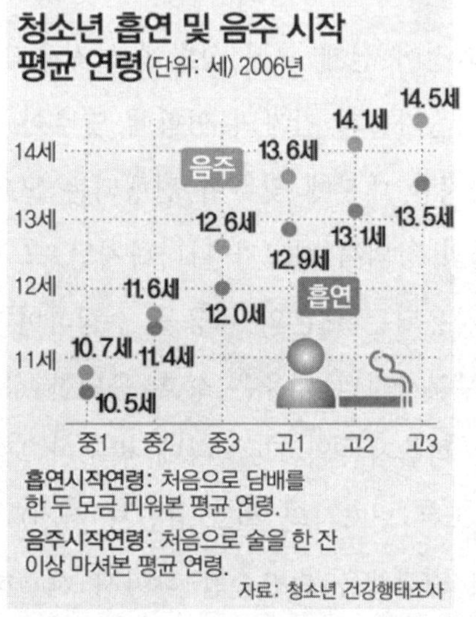

가 일탈은 사회적으로 구성된 현상이다. 내부적인 행위의 모습보다 어떻게 초기의 행위가 일탈로 정의되고 집단이 일탈 집단으로 불리어지는가가 중요하다. 일탈 집단으로 규정된 후에는 대부분의 일탈 행위가 일차 집단 내의 동료 집단에 의해 학습되는 것이다. 또 다른 측면에서 일탈은 개인이나 집단의 특성이 아닌 일탈자와 비일탈자간의 상호작용 과정이다. 이 경우에 일탈을 이해하기 위해서는 왜 일부 사람들에게 '일탈자'라는 딱지를 붙여지는가를 밝혀야 한다. 즉 법과 질서의 힘에 의해 전통적인 도덕성 그리고 사회 권력에 의해 일탈 범주가 정해지는 것이다. 일탈의 정의는 가난한 사람들은 대상으로 부자들이, 여성을 대상으로 남성에 의해, 젊은 사람들을 대상으로 나이든 사람들에 의해서, 소수 인종을 대상으로 다수 인종에 의해서 만들어지는 것이다.

— A. Giddens / 김미숙 외 역, 『현대 사회학』

나 범죄는 충동과 그것을 저지하는 사회적 혹은 물리적 통제 간의 불균형의 결과로서 일어난다. 즉 범죄는 합리적으로 행동하는 개인이 기회로 인식하고 행동하도록 동기를 부여한 '상황적 결정'의 결과라는 것이다. 따라서 사람들이 비행을 하지 않는 이유는 바로 사회적 유대를 통한 통제 때문이며, 이 유대가 약화될 때 비행 또는 범죄행위가 일어난다고 본다. 이러한 사회적 유대는 크게 애착, 헌신, 참여, 신념이라는 네 가지로 구분할 수 있다. 먼저 애착(attachment)은 개인이 맺고 있는 중요한 주위 사람이나 단체, 조직 등에 대한 애정적인 결속을 말한다. 애착이 강할수록 비행을 덜 저지르게 된다. 헌신(commitment)은 개인이 사회에서 혹은 단체 내에서 헌신하는 정도를 나타내는데 이는 무엇인가를 하고자 하는 열망이 크다면, 이러한 열망으로 인해 나쁜 결과가 생기지 않도록 하기 위해서 비행을 하지 않는 것을 말한다. 참여(involvement)는 헌신의 결과로서 구체적으로 실제 참여하는 정도를 나타낸다. 즉 사람들이 너무나 바쁘기 때문에 비행을 저지를 시간적 여유를 갖지 못하기에 비행이 일어나지 않는다. 마지막으로 신념(belief)은 법이나 사회적 규범을 받아들이는 정도를 말하며, 사회의 인습적 규범과 가치를 내면화하여 내면적 통제력을 가지는 것을 의미한다. 결국 비행 및 일탈자들은 자기 통제의 수준이 낮은 개인들이며 가정과 학교의 부적절한 사회화에 의해 이것이 보다 강화된다.

— T. Hirschi, 『통제이론』

다 Skinner는 청소년의 본질을 이해하기 위해서는 청소년의 사고나 감정이 아닌 그들의 행동을 연구해야 한다고 주장한다. 그는 내적 결정요인을 연구하는 것은 행동의 진정한 결정요인을 발견하는 데 장애가 된다고 믿는다. 행동의 내적 결정요인을 연구하는 것을 반대한 것은 내적 결정요인이 존재하기 않기 때문이 아니라 그것들은 단지 자극과 반응 간의 관계에 상관이 없기 때문이다.

　즉 자극과 반응이 연결되는 한 가지 방법은 조작적 조건형성을 통해서 이루어지는 것이다. 행동은 조작적 조건 행동의 결과에 의해서 결정된다. 청소년의 어떤 행동이 강화를 받게 되면 그 행동이 다시 발생할 확률이 높고, 어떤 행동이 처벌을 받게 되면 그 행동이 다시 발생할 확률이 줄어든다. 예를 들어 비행 청소년의 경우 그가 훔친 물건으로 보상을 받거나, 또래들로부터 주목을 받음으로써 강화를 받게 된다. 그럴 경우 결과적으로 비행 행동을 되풀이하게 된다.

— 정옥분, 『청년심리학』

라 사회는 구성원들을 지배하기 위해 도덕적 권위를 통해 개인의 존경심을 이끌어내야 한다. 한 사회에서 축제는 이러한 개인의 단조롭고 지루한 일상을 넘어 집단적 감정을 통해 사회에 대한 새로운 감정을 일으키는 계기가 된다.

이는 종교 생활 속에도 나타난다. 즉 축제는 성스러운 존재에 대한 믿음이 존재 자체의 불안으로 인해 약화될 때도 나타나는 것이다. 불안의 해결을 위해 종교생활의 근원에 모인 사람들을 위해 주기적으로 위기를 해소하기 위한 위안과 공통의 믿음이 필요하다. 따라서 믿음의 회복을 위해 평소 생활 속에서는 불가능하지만 축제 기간에는 새로운 일들이 주어지는 것이다. 일상과 분리되는 개인의 영혼을 강하게 하는 의식을 치르고 평소와 다른 경험을 하게 하는 것이다. 이러한 축제는 사회적 리듬이 맞추어 주기적으로 되풀이 된다. 즉 축제는 사회의 제조건에 맞추어 종교의 엄숙성에서 일탈을 하는 계기를 마련하는 것이다.

— E. Durkheim / 노치준 역, 『종교 생활의 원초적 형태』

● 직접 써 보세요.

유명한 화가 살바도르 달리와 그의 부인 갈라는 어느새 팍삭 늙은 중늙은이가 되자 토끼를 한 마리 길렀는데, 그 토끼는 곧 그들과 더불어 살며 한발짝도 그들을 떠나지 않았다 ; 노부부는 그 토끼를 몹시 사랑했다. 그러던 어느 날 어디 멀리로 여행을 떠나게 되었을 때, 그들은 토끼를 데려가기도 어려웠지만 누구에게 맡기는 것도 그에 못지않게 어려운 일이었다. 그 토끼가 사람들을 꺼려한 까닭이었다. 다음날 갈라는 오찬을 준비했고 달리는 매우 즐거운 마음으로 식사를 했다. 먹은 것이 토끼고기 스튜라는 것을 깨닫기 전까지는. 그는 식탁에서 벌떡 일어났고 화장실로 급히 달려가 변기에다 그 사랑하는 짐승을, 늘그막의 그 충실한 동반자를 토해냈다. 그 반면 갈라는 자신이 애지중지하던 그 가축이 자신의 내장 속으로 들어가 내장들을 천천히 애무하다가 마침내 제 여주인의 신체 일부가 된다는 사실이 그렇게 흐뭇할 수가 없었다. 그녀로서는 사랑하는 가축의 섭취보다도 더 절대적인 사랑의 섭취는 없었다. 육신 전체의 이러한 융합에 비하면 육체적 사랑 행위는 극히 하찮은 욕망으로 여겨졌던 것이다.

—밀란 쿤데라 / 김병욱 옮김, 『불멸』

03. 윤리과 논술

(1) 윤리과 논술의 특징

대학 입시에서 논술이 시행된 후, 오랫동안 논술 교육이 국어교과의 전유물로 여겨진 적이 있었다. 물론 국어 교사의 입장에서도 바람직스러운 이야기는 아니겠지만, 다른 교과의 입장에선 논술이 결국 글쓰기로 종결된다는 의미에서 선뜻 나서기가 쉽지 않았다.

최근 통합논술이 시행되면서 국어교과 중심의 논술에서 다양한 과목이 동참하는 형태로 변모하고 있다. 실제 논술은 형식(글쓰기)과 내용(생각하기)의 두 측면이 있다. 형식적 측면에서는 무엇보다도 국어 교과의 영역임을 부정할 수 없다. 하지만 내용적 측면에서는 다양한 교과, 특히 윤리 교과의 중요성이 두드러진다.

민찬홍 교수는 여러 대학에서 출제된 91문항의 논술 문제를 분석하면서 거기서 제시문으로 사용된 243편의 글을 학문 분야에 따라 분류하였다.[1] 이에 따르면 윤리학 45편, 사회·문화 51편, 법·경제·정치 23편, 과학·기술 31편, 철학·인문 52편, 기타 41편으로 논술 문제의 제재나 소재로 사용되고 있는 제시문은 아주 다양했다. 이에 비해 논술 문제의 물음이나 요구 사항을 중심으로 분류한 논술 주제는 철학이나 윤리학과 관련된 것이 매우 많았다. 91문항 중에서 삶의 태도 17문항, 현실·실천 22문항, 과학·기술 18문항, 사상·윤리 19문항, 철학 10문항, 인간·교육 5문항이다. 그래서 민찬홍 교수는 논술 문제의 주제와 윤리 교과의 연관성은 아주 강력하기 때문에 윤리 교과가 논술 교육을 담당할 수 있다는 생각은 매우 자연스럽고 타당하게 여겨진다고 말한다.[2]

실제 초기 대입 논술의 제시문은 동서양의 고전 중 철학과 윤리학 관련 부분이 많은 부분을 차지했다. 또한, 통합 논술이후에도 많은 대학에서 도덕, 윤리와 사상, 시민 윤리 등 윤리 교과에서 제시문을 인용하는 경우가 많다. 윤리 교과에서 다루고 있는 여러 동서

---

1) 민찬홍, 「논술과 윤리 교과」, 『윤리·도덕 교육의 발전 방향』, 한국동서철학회·한국윤리교육학회 연합학술대회, 2005. 12. 10, 발표문 참조.
2) 손칠성, 「윤리교과의 개편과 논술 방향」, 2006 울산도덕교사참실자료집, 25쪽.

고금의 고전과 다양한 사상들은 학생들이 현재의 사회 현상을 이해·분석하고, 나아가 문제해결을 하는 데 있어 보다 깊은 사고력과 창의력을 제공해 줄 수 있다.

① 논증력 향상을 위한 주제 선정

논술이 기본적으로 주어진 문제에서 자신의 견해를 정하고 그것을 주장하는 가운데 적절한 논거를 제시하는 것이라고 한다면 윤리 교과는 이에 대한 다양한 소재를 제공한다.

윤리교과에서 논증력 향상을 위해 다룰 수 있는 주제는 다음과 같다. 이러한 주제에 대해 수업시간을 통한 발표, 토론, 수행평가를 통한 원고지 쓰기, 시사성 있는 주제에 대한 신문활용 교육이 가능하다. 보다 효과적인 참여를 위해 수행평가에 반영하는 것이 바람직하다.

주 제	비 고
인간의 본성에 대한 견해	성선설, 성악설, 성무선악설 등
사형제도, 뇌사, 안락사 찬반	의무론적 윤리와 목적론적 윤리
양심적 병역 거부 찬반	
북한에 대한 인식과 햇볕정책 찬반	
성장과 분배와 관한 사상적 갈등	

② 교과서의 <함께하기>, <탐구과제>를 이용한 논술 훈련

고등학교 1학년 도덕 교과서에서 소단원 중간 중간에 <함께하기>란 코너가 있다. 또한 윤리와 사상 교과서에는 <탐구과제>를 통해 그 단원에서 배운 내용 중 어떤 현상에 대한 교훈, 자신의 입장 정리, 문제점과 해결방안 등을 제시하게끔 하고 있다. 평소 수업 후 학생들에게 <함께하기> 및 <탐구과제>를 서술형고사, 수행평가 등으로 꾸준히 다룬다면 통합형 논술 준비에 아주 효과적이다. 몇 가지 유용한 사례를 소개하면 다음과 같다.

> <함께하기 : 남북 공존 공영을 위한 방안 탐구하기〉 　　　　　　　　　　—『도덕』, p.144
>
> 　다음 제시문을 읽고, '남북 연합'이라는 통일의 중간 단계가 필요한 이유에 대한 자신의
> 견해를 발표해 보자.
>
> | 제시문 | 통일이 우리 민족의 발전과 번영에 도움이 되려면, 그 과정이 점진적이고 평화적인 절차를 거쳐야 한다. 즉, 화해와 협력 남북 연합의 단계를 거쳐 1 민족 1 국가의 완전한 통일 조국을 이룩하는 접근 방식이 되어야 할 것이다. |
> |---|---|
> | 자신의 견해 | |
>
> 〈탐구과제〉 　　　　　　　　　　—『윤리와 사상』, p.214
>
> 　한국 사회가 가지고 있는 대표적인 윤리 사상적 문제 중에서 한 가지를 선택하여 구체
> 적인 사례에 대한 신문 자료를 스크랩해 보고, 그 원인과 극복 방안을 논의해 보자.

③ 신문자료 활용하기

교과와 관련된 내용 중 신문을 활용하면 한층 심화학습을 할뿐더러 학습지 형태로 학
생들이 읽고 글을 쓰게 함으로써 요약, 분석, 문제 해결 능력을 향상시킬 수 있다. 또한
신문은 다양한 주제에 대해 많은 배경지식을 주기도 한다. 실제 수업시간에 활용한 예는
다음과 같다.

> **통독 15주년 독일 통일… 한국에 주는 교훈**
>
> 　독일인들은 통일 자체에 대해 긍정 평가했다. 공영 ZDF방송의 지난달 29일 조사 결과
> 독일인의 84%가 "통일이 옳았다."고 응답했다.
> 　동·서 지역차도 많이 줄었다. 통일 전 낙후됐던 동독 지역에 대한 사회간접자본 시설
> 투자가 꾸준히 이뤄진 덕분이다. 현대적인 통신망과 교통시설이 갖춰져 서독 지역보다 낫

다는 평가를 받고 있다. 독일 정부는 지난 15년간 동독 지역에 약 1조2500억~1조5000억 유로(약 1625조~1950조원)를 쏟아 부었다. 현재 독일 정부가 안고 있는 재정적자를 모두 털어 버릴 수 있는 천문학적인 액수다. 그러나 경제 체질을 바꾸지는 못했다. 통일비용의 75% 가량이 동독

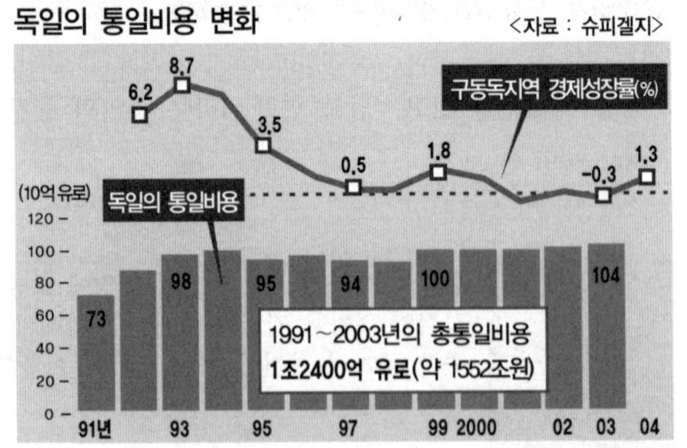

주민의 사회보장 비용으로 쓰였기 때문이다. 산업기반 시설은 여전히 취약하다. 그 결과 동·서 지역의 체감경기는 갈수록 벌어지고 있다. 특히 실업이 심각하다. 동독 지역 실업률은 지난 9월 기준으로 18.4%다. 서독 지역 9.9%의 두 배다. 그나마 정부의 지원이 끊어지면 실업률은 30%로 치솟게 될 것이란 분석이다. 동독 1인당 연간총생산은 아직 서독의 64%에 불과하다. 매년 서독 연방주들은 총생산의 4%를 동독 경제 지원에 쓰고 있다. 동독 경제의 서독 의존 비율은 45%에 이른다. 이를 가리켜 클라우스 폰 도나니 전 함부르크 시장은 '독일 경제의 끝없는 수혈'이라고 꼬집었다.

　그러나 동독 주민들은 울분을 쏟아 놓는다. 일자리가 없어 몸살을 앓고 있는데 자신들을 '2등 국민'이라거나 '의붓자식' 취급한다는 주장이다. 지난달 18일 총선에서 이런 불만이 잘 드러났다. 동독에선 옛 공산당 계열의 좌파 정당이 25.4%의 득표율을 기록해 사민당(30.5%)에 이어 둘째다. 반면 서독에선 4.9%의 지지를 받는 데 그쳤다.

　서독 주민도 억울하기는 마찬가지다. 밑 빠진 독에 물 붓기라는 인식이다. 동독 주민들의 요구는 끝이 없고 감사할 줄 모른다는 불만이다. 지난 15년간 정부의 사회통합 노력에도 불구하고 갈등의 골은 쉽사리 좁혀지지 않고 있다. 통일은 현재도 여전히 진행형이다.

— 《중앙일보》, 2005. 10. 03

<생각해 보기>

❶ 통일 15년을 맞은 시점에 구 동독 주민이 갖는 불만은 무엇인가?

❷ 구 서독 수민이 갖는 불만은 무엇인가?

❸ 독일의 통일 후 갈등이 통일을 준비하는 한국에 주는 교훈을 200자 내외로 적으시오.

(2) 윤리과 논술 수업

[논제 ❶] 양심적 병역 거부 대체 복무에 대한 자신의 견해를 논술하시오. 단, 반드시 예상되는 반론과 이에 대한 재반론을 포함하시오. (800자 내외)

가 국방부는 대체 복무 대상지로 전남 소록도의 한센병원, 경남 마산의 결핵병원, 서울과 나주, 춘천, 공주 등의 정신병원 등 9개 국립 특수병원과 전국 200여 개 노인 전문 요양시설 등을 검토 중이다. 군 입대자와 형평성을 고려해 일반 사회복무제보다 힘든 분야에서 합숙 근무를 하도록 한다는 방침이다. 복무기간은 현역병의 2배이며, 공익근무요원 등 일반 사회복무요원의 복무기간보다 14개월이 길다. 현역병과 일반 사회복무요원들의 복무기간은 오는 2014년까지 18개월, 22개월로 각각 줄어든다. 정부는 대체 복무를 희망하는 종교적 병역 거부자들에 대해서는 법조계와 학계, 사회단체 관계자 등으로 별도의 자격판정위원회를 구성, 해당 종교 단체 증빙서류와 당사자 면담 등을 통해 대상자를 선정할 계획이다.

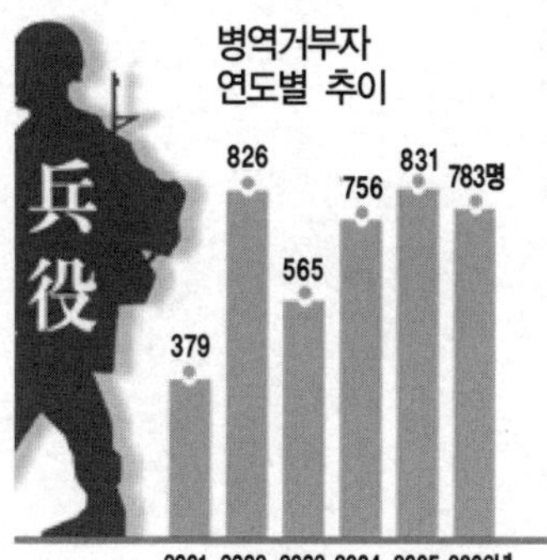

병역형태별 비교

구분	현역병	일반 사회복무자	병역거부자 (대체복무)
기간	현재 24개월 ⇒ 18개월 (2014년)	현재 26개월 ⇒ 22개월 (2014년)	현역병의 2배 36개월 (2014년)
분야	현역	사회서비스 분야 (사회복지·보건의료·환경안전)	고 난이도 분야 (특수시설·병원)
근무방식	영내 근무	출퇴근 근무	합숙 근무
배정	본인선택/전산분류	본인선택/전산분류	강제배정

그러나 신념에 의한 병역 거부자들의 경우, 고의적인 '병역 기피자'들과 구별하기 어렵다는 점에서 선별 기준을 놓고 논란이 예상된다. 국방부 고위 관계자도 "신념에 의한 병역 거부자를 적극 수용할 경우 잘못하면 병역 기피자들이 양산될 수 있기 때문에 국방부도 매우 신중하게 접근하려 한다"고 말했다. 3년간 대체 복무를 마친 사람들은 예비군에

제외되는 대신 예비군훈련 시간에 상응하는 사회봉사 의무가 주어진다.

—≪조선일보≫, 2007. 9. 18

나　양심적 병역 거부는 병역을 자신의 양심에 반하는 절대악이라고 확신하여 거부하는 행위를 의미한다. 양심적 병역 거부를 인정하는 사람들은 종교적·윤리적 확신에 따라 전쟁에 참여하는 것을 반대하는 자에게 병역을 강제한다면, 그것은 종교의 자유와 양심의 자유를 침해하는 것이 된다고 주장한다. 반면, 양심적 병역 거부를 반대하는 사람들은 그 근거로서 형평성의 문제, 분단 상황에 있는 국가 안보의 문제, 선정의 모호성 등을 제시하고 있다.

—『윤리와 사상』

• 직접 써 보세요.

지구에는 어떤 한 사람의 머리카락 숫자보다도 많은 사람이 있으므로 머리카락 숫자가 똑 같은 사람이 적어도 두 명은 있으리라는 것을 알 수 있다.

—F. P. Ramsey, The Foundations of Mathematics

04. 수학과 논술

(1) 수학과 논술의 특징

수학은 다양한 현실과 급변하는 사회를 해석하는 아주 강력한 도구이자 무기라고 할 수 있다. 수학적 사고력을 기르기 위한 학교교육의 노력이 이러한 강력한 도구를 학생들이 손에 쥐기를 바라는 것임에 기인하므로 수학과 논술의 목표 역시 같은 목적을 가진다. 수학은 2000년의 역사를 가지므로 인간사의 다양한 곳에 자신의 모습을 드러내고 있다. 즉, 사회와 역사를 해석하고 이해하고, 미래를 예측하는 필수적인 도구라고 할 수 있다. 수학은 권력자의 권력을 위해서도, 고난한 서민의 삶을 위해서도 기여한 다양한 모습을 가지고 있다. 인간의 문명을 화려하게 이끄는 영웅이 되기도 하고, 인류를 파멸로 이끄는 전쟁의 도구가 되기도 하였다. 수학의 다양한 모습을 이해하고 수학의 존재를 확인하기 위한 논리적인 파악이 학교에서 학생들에게 전해져야하는 전통이라고 할 수 있다. 하지만 수학은 너무나 완벽한 자신의 논리에 혼자 갇혀 자신의 모습을 잘 드러내지 못하는 약점도 있다. 수학은 학교교육으로 들어오면서 딱딱한 논리만으로 오해받거나, 삶과 괴리된 모습으로 나타나기도 했다. 이런 모습은 현재까지의 입시제도를 이유로 해서 쉽사리 다른 모습으로 변하기 어려운 처지이다. 학생들에게 원래 수학의 모습을 가르쳐야 할 필요도 있지만, 살아있는 수학도 가르쳐야 한다. 이러한 모습은 쉽사리 학생들에게 다가가지 않는다. 수학은 학생들에게 쉽지만은 않은 단계를 거쳐서 전달이 될 수밖에 없다. 자신의 손으로 자료를 입수하고 자신이 가진 현재의 논리로 제시문을 이해하고 자신의 논리를 전개해 나가는 과정의 학습은 교사와 학생이 오랜 시간 함께하며 같이 성취해 나가는 교수학습과정이다. 문자로만 전해지기도 어렵고, 강의만으로도 전해지기 어려운 다양한 모습의 수학을 교사와 학생이 함께 수업을 통해서 학습하는 것이다.

수학과 논술은 내용 및 제재도 수학이지만 논술과정도 수학이고 학습과정도 수학이다. 수학과 논술수업은 교사가 시작할 수도 학생이 시작할 수도 있다. 수학과 논술수업은 그 내용이 수학분야의 역사와 지식이다. 교사가 학생과 함께 교육과정을 마련한 다음 적절한 내용을 논술수업에 가져온다. 학습과정은 결과론적인 지식보다는 과정을 중시하는 수업을 하므로 이러한 학습의 과정이 논술에도 그대로 적용되어야 한다. 수학과 논술수업을 통해 학습한 체계적 사고법과 논리적 전개가 수학과 논술에 드러나야 한다. 주어진 제시문을 수학적 해석을 통해 자신의 지식으로 받아들이고, 주장을 뒷받침 할 수 있도록 논리를 전개해야 한다.

이러한 논술이 가지는 어려움은 아무래도 이에 대한 평가이다. 글만 보고 평가를 할 수밖에 없기에 더욱 어려운 것이 논술의 평가이다. 수학과 논술은 자칫 식만으로 글을 끝냈다고 생각하는 학생들이 있을 수 있다. 이러한 글은 자신의 고민과정을 충분히 담기 어려우므로 평가자에게 자신의 생각과 논리와 주장을 충분히 전달하지 못할 수 있다. 가장 훌륭한 평가는 함께 문제를 해결하는 교사가 가장 잘 할 수 있겠지만, 객관적인 평가를 위해 글만 보고 평가를 하는 것을 대비해서 학생들이 자신의 사고과정을 글로 잘 담을 수 있도록 지도하는 것 또한 수학과 논술수업의 중요한 요소이자 이것이 바로 수학과 논술이 가지는 어려움이기도 하다. 이러한 평가에 대한 충분한 대비는 자칫 속도를 내어 달리는 차가 커브길에서 길을 벗어나는 실수를 하지 않도록 막는 역할을 한다. 새로운 아이디어와 수학적 지식의 습득에만 신경을 쓰지 않고 현재까지의 논리 전개를 확인하고 어느 방향으로 가고 있는지를 학생들이 스스로 확인하면서 글을 쓰도록 돕기 때문이다. 이러한 훈련을 통해서 너무나 다양해서 항상 새로움을 느끼게 하는 수학과 논술이 해결해야 하는 문제를 차근하게 해결하는 능력을 기를 수 있다.

(2) 수학과 논술 수업

 다음 제시문을 읽고 논제에 답하시오.

[논제 ❶] 중요한 모임에 참석하기 위해 동전을 던져 2명 가운데 1명을 무작위로 선택한다고 치자. 누군가가 선택에 사용된 동전에 문제가 있다고 주장한다. 앞면과 뒷면이 나올 확률이 똑같이 50%가 아니기 때문에 '중립의 원리'를 적용할 수 없다는 것이다.(사실 이 사람은 모든 동전에 문제가 있다고 주장한다. 모든 동전들이 어느 정도는 한쪽으로 치우친다는 말이다.) 앞면과 뒷면이 나올 확률이 다른 이 동전을 사용하여 A, B 중 1명을 공정하게 선택하려면 어떻게 해야 할까?

[논제 ❷] 당신이 간수라면 제시문 (다)의 밑줄 친 두 가지 상황 중에서 어떤 선택을 할 것인지 결정하고 그 이유를 확률을 이용하여 설명하시오.

가

- 어느 천문학자 : 화성에는 생명체가 존재할까?
- 어느 장군 : 핵전쟁은 일어날 것인가?

만약 여러분이 이 질문들에 대하여 그 확률이 각각 반반이라고 생각한다면, 중립의 원리를 무분별하게 적용한 셈이다. 많은 수학자와 과학자, 심지어는 철학자들마저 이 원리를 무분별하게 적용함으로써 터무니없는 주장을 펼쳤다.

경제학자 존 메이너스 케인즈(John Maynard Keynes)는 확률에 대한 논문에서 '불충분한 이성의 원리'를 '중립의 원리'라고 이름 붙였다. 중립의 원리를 간단하게 설명하자면, 참인지 거짓인지 판단하기 어려운 일에 대해 각각의 경우에 똑같은 확률을 부여하는 것을 말한다. 이 원리는 그 역사가 길고 악명도 높은

데, 과학, 윤리학, 통계학, 경제학, 철학, 초감각 지각연구 등 여러 분야에서 사용되어왔다. 그런데 이 원리는 적절하게 적용하지 않으면, 터무니없는 역설이나 우스꽝스러운 논리적 모순을 낳게 된다. 프랑스 천문학자이자 수학자인 라플라스는 어느 날 이 원리를 사용하여 태양이 다음날 다시 떠오를 확률을 182만 6214 : 1 이라

고 계산하였다.

　그러면 앞의 천문학자와 장군이 제기한 문제에 대하여 중립의 원리를 적용할 때 어떤 모순이 생기는지 알아보자. 화성에서 생명체가 살고 있을 확률은 얼마일까? 중립의 원리를 적용하면 그 답은 1/2이다. 또 화성에서 식물이 살고 있지 않을 확률은 얼마일까? 그 것 역시 1/2이다. 또 화성에서 식물이 살고 있지 않을 확률은 얼마일까? 그것 역시 1/2 이다. 또 어떤 단세포 동물도 살고 있지 않을 확률은? 역시 1/2이다. 그러면 화성에서 간 단한 식물이나 동물이 살고 있지 않을 확률은? 확률의 법칙에 따라 $\frac{1}{2} \times \frac{1}{2} = \frac{1}{4}$ 의 값이 나 온다. 그러면 화성에 생명체가 존재할 확률이 $1 - \frac{1}{4} = \frac{3}{4}$ 으로 올라간다. 이것은 우리가 처 음에 계산한 값 1/2과 모순된다.

　2020년 이전에 핵전쟁이 일어날 확률은 얼마일까? 중립의 원리를 적용하면 1/2 이라고 대답할 수 있다. 그러면 어떤 핵폭탄도 우리나라에 떨어지지 않을 확률은 얼마일까? 1/2 이다. 또 프랑스에 떨어지지 않을 확률은? 1/2. 러시아에 떨어지지 않을 확률은? 1/2. 미 국에는? 역시 1/2. 서로 다른 열 나라에 대해서 중립의 원리를 적용시켰을 때, 열 나라 중 어떤 나라에도 핵폭탄이 떨어지지 않을 확률은 $\frac{1}{2^{10}} = \frac{1}{1024}$ 이 된다. 그런데 이 값을 1에 서 빼주면 열 나라 중 최소한 어느 한 나라에 핵폭탄이 떨어질 확률은 $\frac{1023}{1024}$ 으로 올라간다.

　(중략) 중립의 원리는 확률에 적용되지만, 그러려면 그 상황이 대칭적이어서 모든 경우 에 똑같은 확률을 가정할 만큼 객관적인 근거를 제공해야 한다. 예를 들면 동전은 그 가 운데 선을 따라 완전히 이등분할 수 있기 때문에 기하학적으로 대칭적이다. 또 전체적으 로 밀도가 균일하고, 어느 한쪽으로 무게가 쏠리지 않는다는 점에서 물리적으로도 대칭적 이다. 공기 중에서 동전에 작용하는 힘(중력, 마찰력, 대기압 등)이 어느 한쪽으로 쏠리는 일 없이 대칭적이다. 이러한 조건이 완전히 충족될 때에야 우리는 동전을 던질 때 양면이 나올 확률이 똑같다고 말할 수 있다. 주사위의 여섯 면이나 룰렛의 구멍 서른여덟 개도 이와 같은 대칭성이 있어야 한다. 이러한 대칭성이 존재하는지 불확실하거나 존재하지 않 는 경우에 중립의 원리를 적용하면 터무니없는 결과가 나오게 마련이다.

— 마틴가드너, 『이야기 파라독스』

　나 어떤 가족에 두 명의 어린이가 있는데, 이들 중 적어도 한 명은 여자아이다. 그렇다 면 두 아이가 모두 여자아이일 확률은 얼마인가?

　물론 여자아이가 출생할 확률과 남자아이가 출생할 확률이 똑같다고 가정한다. 이 문제 가 역설로 간주되는 이유는 문제의 내용을 조금씩 바꿀 때마다 완전하게 다른 답이 유도되기 때문이다.

❶ 당신이 방금 사귄 여자 친구에게 아이가 있느냐고 물었다. 그녀는 아이가 둘 있다고 대답했다. 그들 중 딸이 있느냐고 물었더니 그렇다고 했다. 이 경우 두 아이가 모두 여자아이일 확률은 얼마인가? 답은 1/3이다.

이 문제는 동전 두 개를 동시에 던지는 문제와 상황이 비슷하다. 동전의 경우에는 (앞, 앞)(앞, 뒤)(뒤, 앞)(뒤, 뒤)가 나올 수 있으며, 이 모든 경우들은 동일한 확률을 갖는다. 마찬가지로 두 명의 아이는 (여, 여)(여, 남)(남, 여)(남, 남)의 네 가지 가능성을 갖는데 둘 중 하나 이상은 딸이라고 했으므로 (남, 남)배열은 불가능하다. 따라서 둘 다 여자아이인 경우, 즉 (여, 여)는 전체 세 가지의 가능성 중 하나에 해당되고, 모든 경우는 동일한 확률을 가지므로 답은 1/3이 되는 것이다. 이제 상황을 다음과 같이 바꾸어보자.

❷ 당신이 방금 사귄 여자 친구에게 아이가 있느냐고 물었더니, 그녀는 여섯 살 된 아이와 열 살 된 아이가 있다고 대답했다. 열 살 먹은 아이가 딸이냐고 물었더니 그렇다고 대답했다. 그렇다면 두 아이가 모두 여자아이일 확률은 얼마인가? 답은 1/2이다.

이번 질문은 좀 더 구체적이다. 첫 번째 아이가 딸일 경우에, 두 번째 아이도 딸일 확률은 얼마인가? 답은 하나의 출생사건에서 여자아이가 태어날 확률, 즉 1/2이다. 이 문제를 다른 각도에서 살펴보자. 큰 아이가 딸이라는 조건하에서 두 아이의 모든 가능한 순서배열은 (여, 여)와 (여, 남)밖에 없고, 이들은 서로 같은 확률을 갖는다. 따라서 두 아이가 모두 여자아이인 (여, 여)는 전체 두 가지 가능성 중 하나에 해당되므로 1/2, 즉 50%라는 답이 얻어지는 것이다. 마지막으로 문제를 다음과 같이 바꾸어 보자.

❸ 당신이 방금 사귄 여자 친구에게 아이가 있느냐고 물었더니, 그녀는 아이가 둘 있다고 대답했다. 그들 중 딸이 있느냐고 물었더니 그렇다고 했다. 다음날, 그녀는 당신을 만나는 자리에 여자아이 하나를 데리고 나왔다. "당신 딸입니까?"하고 물었더니 그렇다고 했다. 그렇다면 그녀의 두 아이 모두가 여자아이일 확률은 얼마인가? 답은 1/2이다.

정말로 이상한 일이다. 문제에서 주어진 정보는 1번 문제와 별로 다를 것이 없어 보이는데, 다른 답이 나와 버렸다. 그녀를 처음 만났을 때 당신은 두 아이 중 적어도 한 아이가 여자아이라는 사실을 알았고, 두 번째 만났을 때 여자아이를 보긴 했지만 그 애가 큰 애인지 작은애인지는 여전히 모르고 있는 상황이다. 그렇다면 이 문제는 다음과 같이 축약될 수 있다. "당신이 아직 보지 못한 나머지 한 아이가 여자아이일 확률은 얼마인가?" 아무리 생각해봐도 답은 1/2이다. 다시 말해서, 당신이 보지 못한 아이가 여자아이인 경우 (여, 여)와 남자아이인 경우(여, 남) 가능한 상황은 이 두 가지뿐인 것이다. 그리고 이 두 가지의 경우가 발생할 확률은 같다. 따라서 문제의 답은 1/2이 분명하다. 우리가 얻은 답은, 두 아이 중 적어도 하나 이상이 여자아이라는 사실을 '어떻게' 알게 되었는가에 따라 달라진다. 그러니 확률문제가 사람들을 얼마나 헷갈리게 만드는지 여러분도 짐작이 갈 것이다.

—데보라 J 베넷, 『확률의 함정』

다 A, B, C의 세 명의 죄수가 감옥에 수감되어 있다. 이 들 중 한명에게는 사형이 언도되고 나머지 둘은 풀려나게 되어 있는데, 처형될 사람이 누구인지는 오로지 간수만이 알고 있다. 자신이 죽을 확률이 1/3 임을 알고 있는 A는 아버지에게 편지를 썼다. 그리고 B, C 두 사람 중 나중에 풀려날 사람을 통해 편지를 아버지에게 전달하려고 했다. 그래서 A는 간수에게 "제 편지를 누구에게 주는 게 좋겠습니까?"라고 물었더니 마음이 착한 간수는 어떻게 이야기를 해야 할 지 고민에 빠졌다. 만일 자신이 B, C 중 한명을 알려준다면 결국 A와 나머지 한 사람 중 한 명이 사형에 처해진다는 뜻이고, 그렇게 되면 A가 죽을 확률을 1/3에서 1/2로 커질 것 같았기 때문이다. 반대로 만일 입을 다물고 있으면 A가 처형될 확률은 1/3으로 유지된다. A는 자신을 제외한 나머지 두 사람 중 적어도 한 명 이상은 살아난다는 사실을 분명히 알고 있다. 그런데 그 사람의 이름을 알았다고 해서 어떻게 처형될 확률이 달라질 수 있다는 말인가?

직접 써 보세요.

[논제 ❶] 0.95의 민감도와 0.95의 특이도를 가지는 질병 A와 B에 대한 검사 자료가 있다고 한다. 질병 A는 실제로 60퍼센트가 감염되었고 질병 B는 실제로 2퍼센트가 감염되었다. 1000명을 대상으로 질병 A, B에 대한 검사를 실시했을 때 발생할 수 있는 오류들, 즉 폴스 네거티브와 폴스 포지티브인 사람의 수를 구하시오.

[논제 ❷] [논제 ❶]의 질병 A와 질병 B에 대해서 양성 반응의 예측치, 음성 반응의 예측치를 구하고 감염도와 검사의 예측치가 어떤 관련이 있는지 설명하시오.

[논제 ❸] 정부에서 한국인의 0.06 퍼센트가 에이즈환자라고 발표했다. 의료정책을 담당하는 정부 관료가 집단검진 프로그램을 실시할 것을 주장하고 있다. [논제 ❶]과 [논제 ❷]의 자료를 바탕으로 집단검진 프로그램 실시 여부에 대한 견해를 밝히시오. (단, 이 검사의 민감도와 특이도는 0.95 이상으로 매우 높다고 하자.)

가

A great performance form the Yankee's Derek Jeter helped crush the Baltimore Orioles at the stadium yesterday.

어젯밤 양키스 스타디움에서 양키스의 데릭 지터가 멋진 플레이로 볼티모어 올리올스를 물리치는데 한 몫을 했다.

위의 글을 치자, 내 워드 프로세서가 철자법이나 문법의 오류를 자동으로 찾아내 지터라는 단어 밑에 줄을 그렸다. 나는 지터의 철자를 똑바로 쳤지만 워드 프로세서는 틀린 것으로 판별한 것이다. 반면에 워드 프로세서는 실제의 철자 오류는 잡아내지 못했다. from 이라는 단어가 쓰여야 할 곳에 form을 썼지만 그 잘못은 잡아내지 못했다. 이른바 '폴스 포지티브(false positive)'와 '폴스 네거티브(false negative)'이다. Jeter란 단어 아래에 그어진 줄이 바로 폴스 포지티브이다. 그 이름을 문제로 인식하지 않았어야 했지만 문제로 인식했기 때문이다. 반면에 form이란 단어를 실수로 인식하지 못한 것은 폴스 네거티브의 예이다. 즉 문제로 인식했어야 했지만 그렇게 하지 못했다. 이처럼 워드 프로세싱 프로그램이 이런 유형의 오류를 인식하지 못하는 한 유능한 편집자가 직업을 상실한 위험은 없다! 적어도 현재까지는 Jeter는 옳고 form은 틀린 것이란 사실을 유능한 편집자가 컴퓨터보다 훨씬 잘 알아내기 때문이다.

— 버트 K. 홀랜드, 『재수가 아니라 확률이다』

나   감염 여부를 판단하는 검사에서 오류가 나타나는 것은 의사의 실수나 잘못된 의료 기구 탓이 아니라, 생리학적으로 정상에서 다소 벗어난 사람들이 항상 존재하기 때문이다. 이들은 병에 걸리지 않은 상태에서도 양성 반응을 보일 수 있다. 예를 들어 결핵의 감염 여부를 판단하는 투베르쿨린 반응검사의 경우, 감염자를 정상인으로 오판하는 일이 생기지 않도록 까다로운 조건을 걸어두면 정상인이 감염자로 오판되는 경우가 8% 정도 발생하게 된다. 만일 145명을 대상으로 이 검사를 실시하여 20명이 양성반응을 보였다면, 이들 중 실제 결핵 환자는 아홉 명에 불과하다.

  양성–음성의 판단 기준을 조금 느슨하게 잡으면 정상인이 양성으로 오판되는 경우는 줄어들 것이다. 그러나 이렇게 되면 감염자가 음성으로 오판되는 위험한 경우가 발생한다. 다시 말해서 결핵균을 보유하고 있는 사람이 정상인으로 분류되는 것이다. 오판에 의한 음성은 오판에 의한 양성보다 더 위험하기 때문에(병에 걸린 사람에게 약을 안 주는 것보다는 건강한 사람에게 약을 투여하는 것이 차라리 낫다는 뜻이다 : 옮긴이), 의학자들은 가짜 환자가 많이 발생하는 한이 있어도 가능한 한 '가짜 정상인'의 수를 줄이는 쪽으로 판단 기준을 조절하여 사용하고 있다. 결핵검사의 경우, 양성으로 오판될 확률은 7.5%인 반면에, 음성으로 오판되는 확률은 0.69%에 지나지 않는다. 예를 들어 145명에게 투베르쿨린 반응검사를 실시하여 20명이 양성반응을 보였다면, 이들 중 9명이 실제 감염자이고, 음성(정상)으로 판명된 125명 중 한 사람은 지독하게 운이 없는 감염자이다.

—데보라 J 베넷, 『확률의 함정』

다   어떤 검사방법이 "별로 바람직하지 않다"라는 것은 무슨 뜻일까? 진단을 위한 검사방법의 유효성은 다양한 기준으로 평가된다. 그중 하나가 "민감도"와 "특이도"이다. 민감도는 그 검사방법이 특정 질병을 가진 사람을 얼마나 정확히 짚어내느냐는 것이다. 수학적으로 표현하면 실제 환자를 검사했을 때 양성으로 나올 확률이 얼마나 되느냐는 것이다. 특이도은 실제로 환자가 아닌 사람을 검사했을 때 결과가 음성으로 나올 확률이다.

  그러나 검사받은 사람의 관심은 민감도와 특이도에 있지 않다. 다른 관점에서도 그 결과들을 신뢰할 수 있느냐를 알고 싶을 뿐이다. 즉, 검사결과가 양성이나 음성으로 나왔다고 의사가 말하더라도 검사받은 사람이 더욱 알고 싶은 것은 그 결과의 진위성 여부다. 하나는 양성 반응의 예측치, 즉 검사결과가 양성일 때 내가 실제 환자일 확률이고, 다른 하나는 음성 반응의 예측치인, 검사결과가 음성일 때 내가 실제로는 환자가 아닐 확률이다. 예를 들어 어떤 질병을 검사하는 방법이 있고, 그 방법이 0.95의 민감도와 0.95의 특이도를 갖는다고 해보자. 그렇다면 이 검사법이 질병의 감염여부를 올바로 밝혀낼 가능성은 95퍼센트이다. 일반적으로 환자들이 궁금해 하는 양성 반응의 예측치와 음성 반응의 예측치는 감염도 즉, 실제로 그 질병에 걸려 있는 사람의 비율과 깊은 관련이 있다.

직접 써 보세요.

Q. 고추나 비빔냉면 같은 매운 음식을 먹고 나서 입안에 매운 기운이 가시지 않을 때, 그런 때에는 물을 마셔도 잘 없어지지 않는다. 그러면 어떤 것을 먹어야 매운 기운이 금방 없어질까?

A. 비빔냉면을 먹고 나면 물을 마셔도 매운 기운이 잘 없어지지 않는다. 그것은 바로 매운 맛을 내는 고추의 성분(캡사이신)이 물에 잘 녹지 않기 때문이다. 물에 잘 녹지 않는 물질은 기름에는 잘 녹는 편이다. 기름에 고춧가루를 볶아서 만든 새빨간 고추기름의 맛을 보면 무척 매운데, 바로 고추의 매운 성분이 기름에 다 녹아 나왔기 때문이다. 이런 원리라면 매운 맛을 없애기 위해서는 물 대신 기름을 먹어야 할 것이다. 하지만 그럴 수는 없기 때문에 우유를 천천히 씹듯이 마시거나 삶은 계란을 먹으면 매운 맛이 좀 가시는 것을 느낄 수 있다. 특히 달걀 노른자 속에 들어 있는 레시틴이라는 성분은 물과 기름 어느 쪽과도 친한 성질이 있다. 마요네즈를 만들 때 달걀 노른자를 넣는 것은 물과 기름이 섞이도록 하기 위함이며, 그러한 역할을 하는 것을 유화제라고 한다. 매운 비빔냉면을 먹을 때 삶은 계란이 위에 얹어져 나오는 것도 이런 원리와 관계가 있다고 생각할 수 있다.

—『선생님도 놀란 과학 뒤집기』

05. 과학과 논술

(1) 과학과 논술의 특징

2008학년도 대입전형부터 많은 대학이 자연계열 논술을 실시함으로써 기존의 논술이 인문계열 학생들의 전유물이었던 것에 비해 이제 자연계열 학생들에게도 논술은 대입전형의 당락을 결정짓는 중요한 요소라는 것이다. 즉, 자연계열 논술이 대학입시의 변별력을 보정하는 수단이면서 동시에 자연계열 학생들이 기본적으로 갖추어야 할 수리적·과학적 사고력을 종합적으로 측정하는 수단으로 활용되고 있음을 의미한다.

서울대학교는 '논술교육 역량 강화를 위한 중등교사 연수자료집'에서 자연계열 논술에 대해 다음과 같이 밝히고 있다.

자연계 논술고사는 자연과학과 그 응용분야를 수학하는 데 필요한 사고력을 평가하는 시험이다. 즉, 반복학습을 통해 습득된 단편적인 지식이 아닌 일상생활에서 자주 접하게 되는 현상에 대한 깊이 있는 생각, 생각한 바를 설득력 있게 표현하는 능력, 기본적인 개념·원리·법칙과 그 상호 관련성에 대한 이해를 바탕으로 주어진 문제를 해결해 가는 과정을통해 논리적인 분석과 창의적인 문제 해결 능력을 측정하는 시험이라 할 수 있다.

특히 자연계열 논술이 동일계열 내 교과영역 간 통합의 형태를 띠면서 통합 교과형 논술(이하 통합논술)은 자연계열 우수학생들에게 큰 부담으로 다가오고 있다. 인문계열 논술은 수년전부터 이미 학교 현장에서 널리 교육되고 있지만, 자연계열 논술은 2008학년도 입시안이 발표된 직후에야 현장에서 부랴부랴 그 대비책을 마련하고 있는 실정이라 학생, 교사 모두 짧은 시일 내에 준비하기가 여간 어렵지 않다.

이러한 문제를 해결하기 위해서는 통합논술에서 요구하는 과학논술에 대한 기본적인 이해를 바탕으로 효과적이고 체계적인 대비책을 모색하는 일이 선행되어야 한다. 하지만 과학논술로 대표되는 자연계 논술은 현재 다양한 방법론이 거론되고 있지만 아직 명쾌하고 구체적인 기준이 미흡한 실정이다.

그러나 분명한 것은 자연계 논술은 인문계 논술과 차이가 많다는 것이다. 인문계와 달리 자연계논술은 비교적 분량이 적고 객관적 타당성을 중요시한다. 문학적 표현의 기교보다는 내용의 정확성이, 길고 멋있는 문장보다는 짧고 명확한 문장이 중요한 것이다. 따라서 자연계 논술을 위해서는 정확한 수학과 과학의 지식이 선행되어야 하며 단순히 답을 맞히는 식이 아닌 답을 유도하는 풀이과정의 타당성과 논리성이 강조된다. 즉, 과학논술은 과학적 사실에 기초하여 인과관계를 풀어가는 형식이 대부분이므로 개인의 주관적인 의견이 아니라 객관적이고 정확한 논리적 전개가 가장 중요하다. 또한 교과내용을 충실하게 이해하되 각 내용 간 연관성을 파악해 과학적으로 사고하는 능력을 키워야 하며 독서 활동을 통한 간접 경험이나 호기심을 유발하고 문제 해결 능력을 기를 수 있는 토론식 수업활동 등이 필요하다.

과학논술에 대한 일반적인 접근은 매우 중요하고 당연한 것이지만 사실 현재 입시를 앞둔 수험생이나 예비 수험생들에게는 피부에 와 닿지 않는 내용일 수도 있다. 따라서 자연계의 과학논술을 어떤 원론적인 정의나 방법보다도 현재 대학 입시에서 다루어지고 있는 관점에서 이해하는 것이 현실적이다. 결국 이러한 관점에서 과학논술의 모델을 찾아보면 최근 각 대학들의 기출 문제나 모의 논술 문항을 잘 분석하여 그 유형을 정리하는 것이 필요하다.

그 동안 출제된 논술 문항의 형태를 보면 크게 두 가지로 나눌 수 있다. 먼저 논술문 작성에 필요한 구체적인 지문이나 참고 자료를 제시하지 않고 제목, 특정한 제재, 주제만을 제시하고 그것에 대하여 논지를 전개하도록 요구하는 “단독 과제형”과 논술문 작성에 필요한 복수의 글, 통계 자료, 그림이나 도표 같은 시각 자료 등을 참고 자료로 논제와 함께 부과하고, 그 자료와 관련하여 문제를 논술하도록 요구하는 형태인 “자료 제시형”이 있다. 기출 문제의 내용상 과학 논술의 유형을 다음과 같이 크게 몇 가지로 나누어 볼 수 있다.

첫째, 과학지식의 활용 면에서 학교 교육과정에서 배우는 교과 과정 내의 지식을 활용하여 접근할 수 있는 유형이다. 실제 기출 문제를 분석해보면 고등학교에서 배우는 4개의 Ⅰ과목과 4개의 Ⅱ과목 중에서 4개의 Ⅰ과목 수준을 활용하여 접근할 수 있는 문제가 최소 70% 이상은 된다. 이는 과학논술을 위하여 별도의 공부 계획 이전에 교과 수업시간에 철저하게 준비하는 것이 매우 중요하다는 것을 알려준다.

둘째, 과학지식의 활용 면에서 교과 과정 외의 지식을 활용하여 접근할 수 있는 유형이다. 그러나 이것도 4개 과학 과목간의 연계성을 잘 파악하면 어느 정도 해결이 되는 내용들이 많다. 또 이러한 문제를 위한 접근 방법으로 교양 과학 서적이나 과학 잡지 등을 미리 미리 정기적으로 구독하면서 다양하고 폭 넓은 과학적 지식을 습득해 두는 것이 필요하다.

셋째, 과학의 탐구과정에 대한 내용을 활용하여 출제된 유형이다. 이는 과학 과목이 전문화된 각 4개의 과목으로 나누어지기 전인 고등학교 1학년 과정에서 다루어지는 과학의 탐구과정에 대한 충분한 이해가 필요하다. 이를 바탕으로 2학년에서 배우게 되는 4개영역의 과학과목의 여러 실험 내용들을 과학의 탐구과정으로 적용하여 해석할 수 있는 노력이 필요하다.

넷째, 과학기술이나 과학철학과 관련된 유형이다. 이는 시사성 있는 사회현상 등과 많은 관련이 있으며, 무엇보다도 일반적으로 알려진 가령 물리학의 열역학 법칙이나 생물학의 진화론 등의 내용에 대하여는 관련 서적 등을 틈틈이 탐독하여 독후감을 써보는 등의 노력이 필요하다고 할 수 있다.

지금까지 통합논술에서의 자연계 과학논술에 대한 일반적인 이해와 출제유형, 그리고 효과적인 대비책에 대해 살펴보았다. 이러한 논술이 단순히 대학을 가기 위한 입시 수단으로만 여겨서는 안 된다. 논술을 통해서 형성되는 다양한 사고력은 앞으로 학문을 하기 위한 기반뿐만이 아니라 미래 사회생활에서도 반드시 필요한 중요한 요소라는 사실을 인식해야 한다.

(2) 과학과 논술 수업 (1)

다음 제시문을 읽고 논제에 답하시오.

[논제 ❶] 고대의 철학자 아리스토텔레스는 질량이 다른 두 물체를 높이가 같은 곳에서 동시에 떨어뜨리면 공기의 저항과는 상관없이 질량이 큰 물체가 먼저 떨어진다고 주장하였다. 이 주장을 수정 또는 보완할 수 있는 근거를 제시하고, 이를 바탕으로 모양이 비슷한 빗방울과 우박의 낙하속도가 어떻게 될지 설명하시오. (400~600자)

[논제 ❷] 논제 ❶의 결론과 제시문을 참고하여 우박이 폭우보다 농작물에 더 큰 피해를 주는 이유를 설명하시오. (250~300자)

[논제 ❸] 우리는 가끔 방송에서 번지점프 중 사고소식을 접하기도 한다. 만일 여러분이 번지점프를 안전하게 즐기고 싶다면 번지점프를 하기 전에 어떤 면을 고려하고 선택할 것인지 제시문을 참고하여 논리적으로 설명하시오. (150~200자)

 다음 그림은 놀이동산에서 볼 수 있는 박치기차(범퍼카)이다. 이 자동차는 양(+)극인 바닥과 음(−)극인 천장의 철조망으로부터 직류 전기를 공급받아서 움직인다. 전기를 공급 받기 위해서 안테나 모양의 막대기가 천장의 철조망에 접촉되어 있는 것을 볼 수 있다. 그렇기 때문에 천장의 철조망과 박치기차의 안테나가 접촉하게 되면 전기가 통하고, 떨어지면 전기가 끊어지면서 방전이 일어나 번쩍거리는 것을 볼 수 있다. 앞에 가는 박치기차를 뒤에서 충돌하였을 때 충돌한 박치기차에 타고 있는 사람은 앞쪽으로 몸이 쏠리게 되고 충돌을 당한 박치기차에 타고 있는 사람은 뒤로 쏠리게 된다.

한편 어른이 탄 박치기차와 어린이가 탄 박치기차가 정면충돌하면 몸무게가 적게 나가는 어린이가 탄 박치기차가 더 많이 밀리게 된다. 그럼에도 불구하고 두 박치기차가 충돌할 때 크게 위험하지 않은 이유는 박치기차의 속력이 느리기 때문에 운동량이 작고 또한 충돌하는 범퍼부분이 물렁물렁한 고무로 되어 있기 때문이다.

 다음 그림은 번지점프 또는 번지게임(bungee game)을 즐기는 모습으로 1979년 영국 옥스퍼드대의 모험스포츠클럽 회원 4명이 미국 샌프란시스코의 금문교에서 뛰어내리면서부터 시작됐다. 이후 8년 뒤 뉴질랜드의 A. J. 해킷이 프랑스의 110m 에펠탑에서 점핑한 것이 세계 매스컴을 장식했

자료출처 : http://www.taupobungy.co.nz

고, 해킷이 이듬해 고향 퀸스타운에서 해킷−번지클럽을 결성한 후 47m 높이의 카와라우 강 다리에서 50명에게 번지점프를 지도하면서 인기 레저스포츠로 발돋움했다. 번지점프는 남태평양에 있는 섬나라 바누아투의 펜테코스트섬 주민들이 매년 봄 행하는 성인축제에서 유래하였다. 나무탑 위에 올라간 뒤 칡의 일종인 번지라는 열대덩굴로 엮어 만든 긴 줄을 다리에 묶고 강물위로 뛰어내려 남성의 담력을 과시하는 의식이었다. 번지점프는 그 뒤 헬리콥터에서 440m 고공낙하 하는 등 신기록 갱신이 잇따랐으며 최근엔 다인(多人)점프, 자전거타고 점프하기 등 고난도 묘기를 다투는 번지점프대회가 스포츠로 정착했다.

— ≪자료출처 : 두산백과사전≫

 다음은 어느 신문사의 기사 중 일부이다.

"경북도, 기습 폭우·우박. 농작물 776ha 피해"

경상북도는 지난달 29일 오후 도내 일부지역에 내린 기습 폭우와 우박 등으로 발생한 농작물의 피해가 의성군 275.7ha 등 총 피해면적이 775.94ha로 최종 집계됐다고 1일 밝혔다. 경북도에 따르면 의성군을 비롯해 도내 15개 시·군 61개 읍면동에서 과수 720.5ha, 채소 49.54ha, 특작 5.9ha 등 모두 775.94ha의 농작물과 104동의 비닐하우스 시설이 피해를 입었다.

자료출처 : http://blog.daum.net/sanghaok

이번 기습 폭우와 우박 등으로 가장 많은 피해를 입은 의성지역은 수확을 앞둔 265.8ha의 과수와 채소 4.2ha, 특화 5.7ha 등이 피해를 입은 것으로 집계됐다. 가장 많은 비닐하우스 피해가 발생한 안동지역은 최종 집계결과 모두 57동의 비닐하우스 피해와 157ha의 농작물이 피해를 입었다. 이밖에도 봉화군 126ha, 청송군 56.3ha, 상주시 51.3ha, 영주시 41.2ha, 영천시 22.4ha, 예천군 13.6ha, 군위군 9.6ha, 포항시 6.34ha, 영덕군 5.2ha, 경산시 4ha, 김천시 3ha의 농작물이 피해를 입은 것으로 잠정 집계됐다.

이에 경북도는 이번 기습 폭우와 우박 등으로 심각한 피해를 입은 북부지역의 농가들에 대해 현장방문과 응급복구 등에 나서고 있다. 경상북도 관계자는 "농업재해 피해절차에 따라 오는 20일까지 정밀조사를 거쳐 복구계획을 세울 예정이다"고 말했다.

— 《뉴시스》, 2007. 8. 1

 질량이 다른 두 물체를 높은 꼭대기에서 동시에 떨어뜨렸을 때, 공기의 저항력을 무시할 수 있다면 동시에 지면에 떨어지지만, 공기의 저항력을 받는 경우는 질량이 큰 물체가 먼저 지면에 떨어진다. 그 이유는 질량이 큰 물체의 종단 속도가 더 크기 때문이다. 공기의 저항력은 물체의 속도가 빨라질수록 커지며 물체의 모양에도 영향을 받는다.

　물체가 받는 공기의 저항력(f)이 단순히 물체의 속도(v)에만 비례한다면 공기의 저항력은 f=kv라고 표현할 수 있으며, 낙하 순간의 속도는 0이므로 공기 저항력은 0이며 낙하 과정에서 점점 빨라지므로 공기 저항력은 점점 커지게 되고 공기 저항력과 중력이 같아지면 등속 운동하게 된다. 따라서 공기 저항력은 더 이상 변하지 않게 되고 공기 저항력의 최대값은 물체의 무게에 해당한다. 그 때의 속도가 최대값에 해당하고 그 때의 속도를 물체의 종단 속도(Vterm)라 한다. 즉 물체의 질량이 클수록 물체의 종단 속도(Vterm)는 크다는 것을 알 수 있다.

● 직접 써 보세요.

● 직접 써 보세요.

(3) 과학과 논술 수업 (2)

[논제 ❶] 제시문 (가)를 잘 읽고 다음 물음에 답하시오.

❶ 사막을 장거리 여행하다 신기루에 속아 목숨을 잃는 사람이 있다고 한다. 이와 같은 현상이 일어나는 과정을 구체적으로 기술하시오.

❷ 소리도 매질에 따라 전달 속도가 다르므로 서로 다른 매질을 통과할 때 굴절이 일어난다. 우리 속담에 "낮말은 새가 듣고 밤말은 쥐가 듣는다"는 말이 있다. 이것을 소리의 굴절현상을 이용하여 구체적으로 기술하시오.

[논제 ❷] 제시문 (나)를 잘 읽고 다음 물음에 답하시오.

❶ 아래 그림과 같이 빛이 공기 중의 P지점에서 물속의 Q지점으로 전파되는 경우를 생각해보자. 빛은 a, b, c 중 어떤 경로를 택하며 그 이유를 설명하시오.

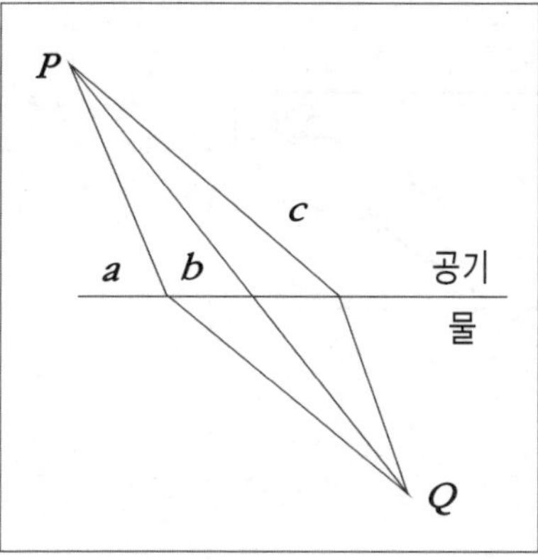

❷ 우리 속담에 "우물 안의 개구리"라는 말이 있다. 이 우물 안의 개구리처럼 넓은 호수의 물속에서 물 밖의 하늘을 쳐다본다면 어떻게 보일까?

가 빛은 진공 속에서 약 30만 km/s의 속도를 가지는데 물질 속을 통과할 때는 그 속도가 느려진다. 일반적으로 통과하는 물질의 밀도가 높을수록 빛의 속도가 더 느려진다. 예를 들어 빛이 공기와 물속을 통과할 때 공기 속에서 빠르고 물속에서는 느리다. [그림 1]

과 같이 빛은 서로 다른 물질을 통과할 때 속도의 차이로 인해 그 경로가 꺾이게 되는데 이를 굴절이라 한다.

식탁 위에 놓여있는 유리컵 속의 물에 젓가락을 반쯤 담가놓았을 때 젓가락이 일직선으로 보이지 않는다든지, 무릎 정도의 수심을 가진 개울가에 들어갔을 때 자신의 다리가 더 짧아 보이는 것, 어부가 작살로 물고기를 잡을 때 눈에 보이는 물고기의 아랫배 쪽으로 작살을 겨냥하는 것 등은 빛의 이런 성질과 밀접한 관계가 있다. ([그림 2] 참고)

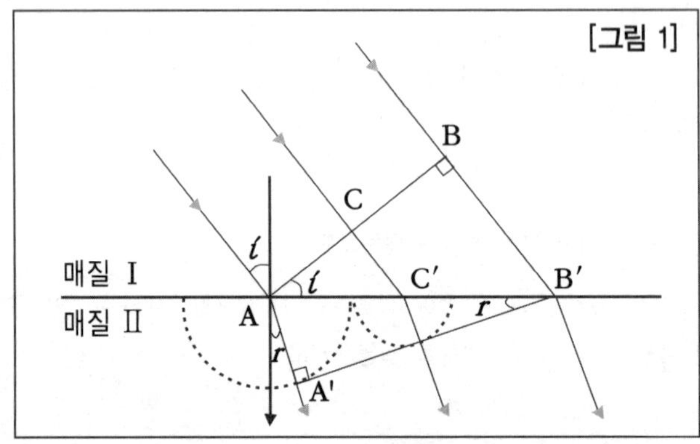

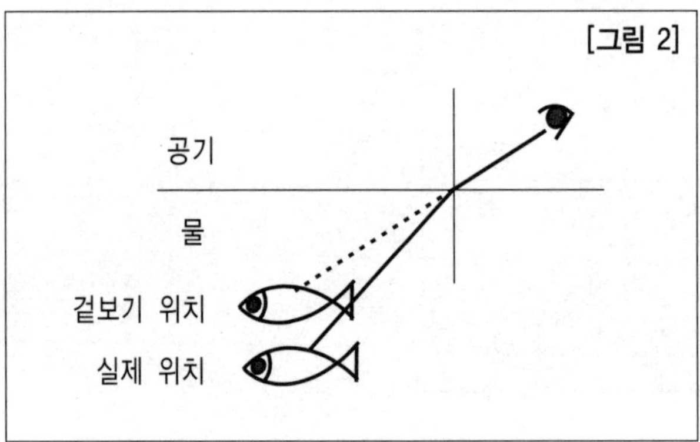

나 빛이 어떤 물체의 표면에 입사되면 입사각과 같은 각으로 반사되며 이를 반사의 법칙이라 한다. 일반적으로 빛이 투명한 매질로 입사하면 [그림 3]과 같이 일부는 반사되고 일부는 굴절된다.

그리고 빛이 밀한 매질에서 소한 매질로 입사할 때, 입사각이 임계각보다 크면 빛은 굴절되지 않고 모두 반사되는데 이를 전반사라 한다. [그림 4]에서처럼 직각프리즘에 수직으로 입사된 빛은 전반사되어 경로가 직각으로 꺾이게 된다.

　망원경, 카메라, 현미경 등 여러 광학기기의 원리를 이해하기 위해서는 빛의 경로가 물체를 통과하거나 반사되어 나오면서 어떻게 변하는지 정확히 알 필요가 있다. 광학의 중요한 원리 가운데 '최소시간의 원리'가 있다. 이에 따르면 빛은 한 곳에서 다른 곳으로 전파될 때 최소 시간이 걸리는 경로를 택한다. 이를 이용하면 빛이 여러 가지 다른 물질을 지날 때 어떻게 경로를 택하는지 쉽게 이해할 수 있다.

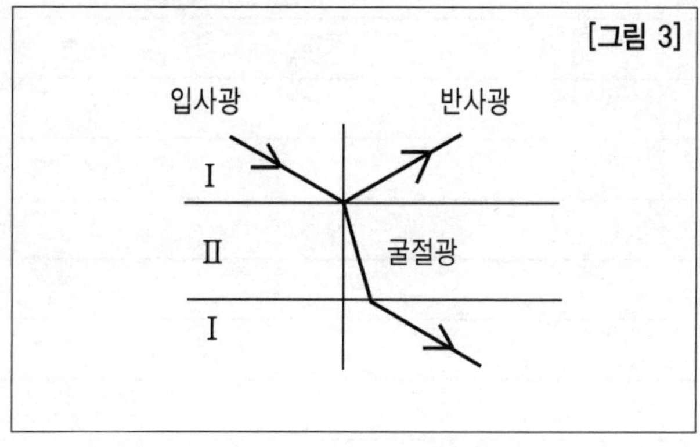

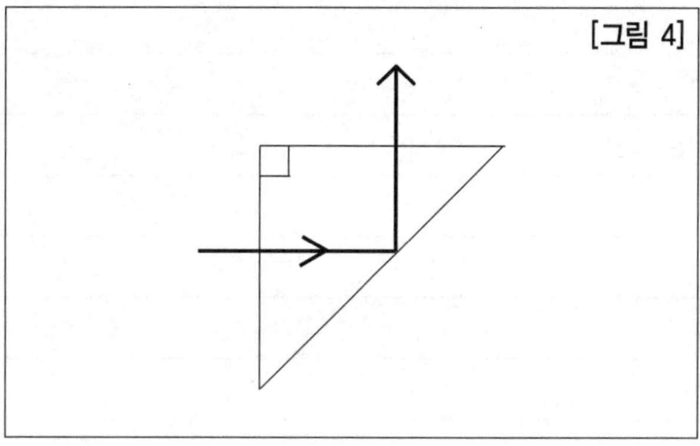

• 직접 써 보세요.

(4) 과학과 논술 수업 (3)

다음 제시문을 읽고 논제에 답하시오.

[논제 ❶] 제시문 (가)의 [그림 1]에서 밧줄이 움직이지 않고 정지해있는 현상을 설명하기 위해 필요한 원리와 [그림 2]에서 막대와 광고판을 지지하는 줄에 걸리는 장력을 구하기 위해서 필요한 물리적 원리에는 서로 다른 평형의 개념이 각각 필요하다. 두 경우 평형의 개념을 적용하여 운동 상태를 설명하시오. (수식이 필요하면 이용하시오.)

[논제 ❷] 제시문 나의 [그림 3-2], [그림 3-3], [그림 3-4]에서 시험관 내부에 더 이상 색깔변화가 일어나지 않을 때의 상태를 평형의 개념으로 설명하고, 이때의 특징을 상세히 기술하시오. (그래프가 필요하면 이용하시오.)

가 [그림 1]은 운동회 날 줄다리기 시합을 하는 모습이다. 두 팀이 이기기 위해서 열심히 힘을 쓰고 있지만 좀처럼 승부가 나지 않고 팽팽히 맞서고 있어 보는 이의 가슴을 졸인다. [그림 2]는 건물의 외벽에 걸린 광고판의 모습이다. 광고판을 막대와 줄을 이용하여 벽에 고정시켜놓은 것이다.

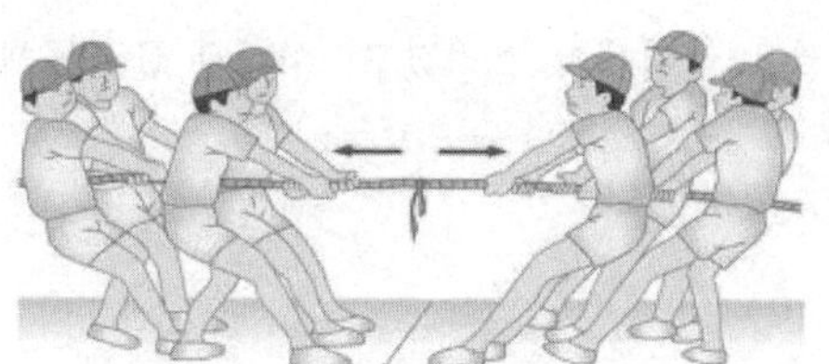

[그림 1]

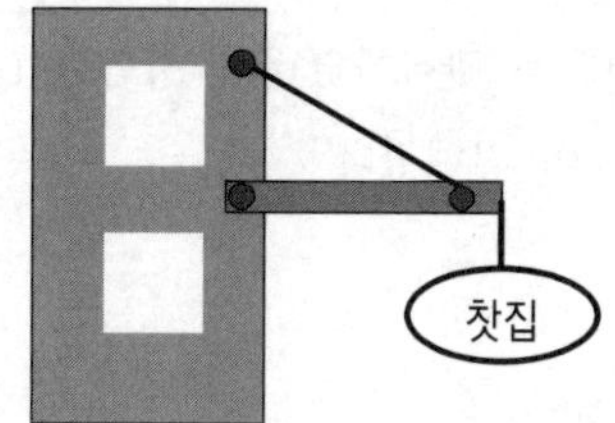

[그림 2] 건물 벽에 걸린 광고판

나 [그림 3-1]과 같이 구리조각에 진한 질산을 가하면 적갈색의 유독한 기체인 이산화질소가 생긴다. 이때 적갈색의 이산화질소와 무색의 사산화이질소는 다음과 같은 가역반응을 한다.

$$2NO_2(g) \rightleftharpoons N_2O_4(g)$$

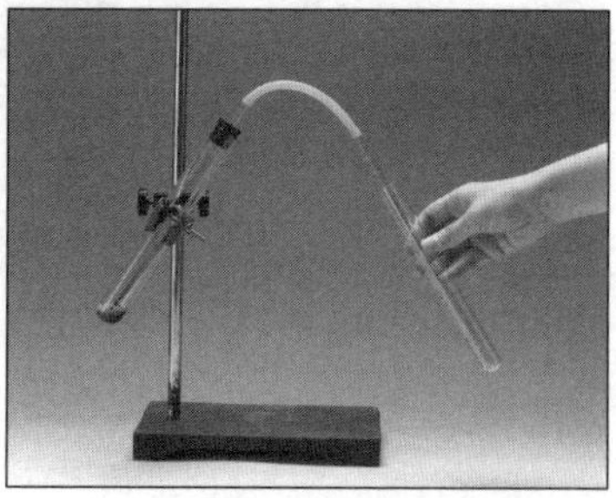

[그림 3-1] 이산화질소

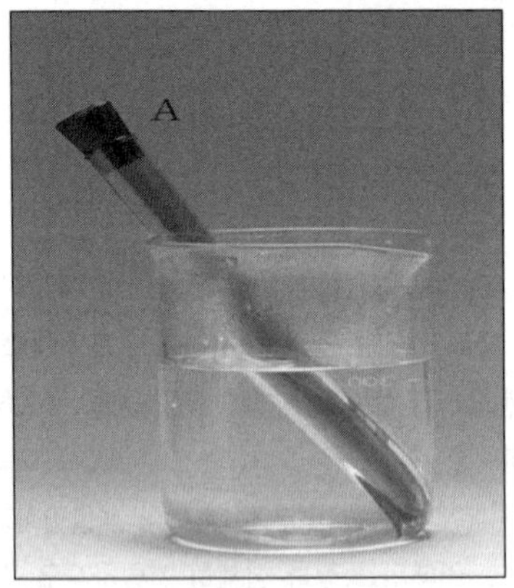

[그림 3-2] 100℃

[그림 3-3] 0℃

[그림 3-2]와 [그림 3-3]은 적갈색의 이산화질소 기체를 넣은 시험관을 각각 (A) 100℃의 물에 넣은 것과 (B) 0℃의 얼음물에 넣은 것이다. 잠시 후 시험관 (A)의 색깔은 적갈색이 진해지고, 시험관 (B)의 색깔은 적갈색이 흐려졌다.

다음으로 [그림 3-4]와 같이 시험관 (A), (B)를 각각 비커에서 꺼낸 후 실온의 물에 넣고 색깔을 관찰하였더니 시험관 (A)의 색깔은 적갈색이 흐려졌고, 시험관 (B)의 색깔은 적갈색이 진해졌다.

—『고등학교 화학 Ⅱ』

[그림 3-4] 실온의 물

● 직접 써 보세요.

잠시 쉬어 가세요······

"일분 지혜라는 게 다 있나요?"
"있고말고." 스승이 대답했다.
"하지만 1분은 너무 짧은 걸요."
"59초는 너무 길지."
얼떨떨해진 제자에게 나중에 스승이 말했다.

"달이 뜬 걸 보는 데 얼마나 걸리나?"
"그렇다면 뭐하러 이렇게 몇 해에 걸쳐
영신 수련에 힘을 쏟는 것입니까?"
"눈을 뜨는 데는 평생이 걸릴지도 모르지.
그러나 보는 것은 찰나에 이루어진다."

—앤소니 드 멜로 / 이미림 옮김, 『일분지혜』, 분도출판사

제3장

계열 논술

01. 인문사회계열

(1) 인문사회계열 논술의 특징

각 교과 논술은 개별 학문성의 특징을 드러내기 때문에 한계가 있다. 개별성의 학문 체계가 여러 영역과 통합성을 가질 때 다양한 시각과 폭발적인 사고력을 가질 수 있다. 그래서 통합 논술 수업의 필요성이 제기되는 것은 당연하다. 계열 논술은 인문 사회 영역과 수리 과학 영역으로 나눈다면, 인문 사회 계열 논술은 속성상 인문 영역(문학·예술·철학 영역)의 이해와 사회 영역(사회·윤리·역사 등)의 시대와 역사, 사회 현상들의 분석과 해결 방안 등이 주를 이룬다고 할 수 있다. 그래서 제시문은 위의 영역들이 포함되고 있으며, 제시문의 영역에 맞추어 논제들이 제시된다.

인문 사회 계열과 수리 과학 계열은 교과서 지문과 시사(時事)의 주제를 결합하는 방법으로 제시문과 논제가 구성된다. 다만 인문 사회 계열과 달리 수리 과학 계열은 교과 과정의 기본 원리와 개념을 가지고 접근하는 차이가 있다. 물론 인문 사회 계열이 교과 과정의 기본 원리와 개념을 가지고 접근하지 않는 것이 아니라 상대적으로 차이가 있다는 의미이다.

특히 인문 영역보다는 사회 영역의 제시문과 논제들이 많은 것이 특징이다. 이는 사회

현상에 대한 설명적(說明的) 글쓰기와 처방적(處方的) 글쓰기라는 사회 영역의 특징 때문이다. 설명은 이해와 직결되고, 처방은 문제 해결력을 본다는 점에서 논술과 부합한다. 그래서 많은 부분이 사회 영역의 제시문과 논제가 포함되는 것이다. 사회 과학은 "인간들로 구성된 사회의 가치와 현상에 대해 연구하는 학문 영역이다. 따라서 사회 과학 글쓰기는 인문학 글쓰기와 달리 미학적 감상의 서술에만 머물러서는 안 된다. 사회 현상에 대한 설명까지 사회 과학 글쓰기가 배제하는 것은 아니다. 사회 현상에 대한 설명에 의의를 둘 수도 있고, 더 나아가 예측과 처방을 제시"[1]할 수도 있다는 점에서 인문 사회 영역의 특징을 발견할 수 있을 것이다.

결론적으로 말하면 인문 사회 계열 논술은 제시문에 대한 (1) 이해와 요약, (2) 사회 현상에 대한 설명, (3) 사회 문제에 대한 해결의 특징이 있다. 따라서 인문 사회 영역의 교과 특성을 이해하고 논술문을 접근해야 한다.

(2) 인문사회계열 논술 수업

다음 제시문을 읽고 논제에 답하시오.

[논제 ❶] (가)의 '포트래취((potlatch) 시혜자'와 (나)의 '만적'의 행위를 (다) 그림과 관련하여 논술하시오.
[논제 ❷] (나)와 (바)의 공통점을 찾고, (라)와 (마)를 바탕으로 하여 종교(宗敎)와 이성(理性)에 관한 자신의 생각을 논술하시오.

가 금세기초 인류학자들은 원시부족들 중에서 현대 소비경제 아래서 가장 낭비적인 경우들과도 비교할 수 없을 정도로 흥청망청 낭비하고 무절제하게 소비하는 부족들이 있음에 경악을 금치 못했다. 야심과 위신을 얻고자 하는 욕망에 눈이 어두운 자들이 성대한 축제를 열어 다른 사람들에게 인정받기 위해 서로 경쟁을 하고 있었음이 밝혀졌다. 누가

---

1) 정병기, 「사회 과학 글쓰기의 기능」, 『사회 과학 글쓰기』, 서울대학교출판부, 2005, 34쪽.

더 성대한 축제를 열 수 있는가는, 경쟁하는 자들이 축제에 내놓은 음식의 양에 따라 서로를 평가했다. 성공적인 축제가 되려면 초대된 손님들이 과식을 하여 정신을 못 차려 비틀거리고 숲속에 들어가 목구멍에 손가락을 넣어 토하고 다시 돌아와 또 먹고도 남을 정도로 많은 음식을 마련해야 했다.

가장 기묘한 사회적 신분 추구의 실례는 남부 알라스카, 영국령 콜롬비아, 워싱턴 등 해안지방에 살았던 아메리카 인디언들에게서 찾아볼 수 있다. 이 인디언들 가운데 사회적 신분을 추구하는 자들은 '포트래취'(potlatch)라는 광적일 정도로 유별나게 낭비하고 무절제한 소비를 해대는 잔치를 열었다. 포트래취의 목적은 경쟁 상대방보다 더 많은 재산을 포기하거나 재산을 파괴하는 데에 있다. 포트래취 시혜자가 막강한 힘을 소유한 추장이라면, 식량·의류·돈 등을 못 쓰게 만듦으로써 경쟁자를 수치스럽게 하고 자기를 추종하는 자들로부터 영구적인 존경을 받고자 노력할 것이다. 어떤 경우에는 포트래취 시혜자는 자기의 가옥을 불태워 위신을 세우려고 하기조차 한다.

―마빈 해리스 저/ 박종렬 역, 『문화의 수수께끼』

나　'만적은 법명이요, 속명은 기, 성은 조씨다. 금릉서 났지만, 아버지가 어떤 이인지는 잘 모른다. 어머니 장씨는 사구(謝仇)라는 사람에게 개가를 했는데, 사구에게 한 아들이 있어 이름을 신이라 했다. 나이는 기와 같은 또래로 모두가 여남은 살씩 되었었다. 하루는 어미(장씨)가 두 아이에게 밥을 주는데 가만히 독약을 신의 밥에 감추었다. 기가 우연히 이것을 엿보게 되었는데, 혼자 생각하기를, 이는 어머니가 나를 위하여 사씨 집의 재산을 탐냄으로써 전실 자식인 신을 없애려고 하는 짓이라 하였다. 기가, 슬픈 맘을 참지 못하여 스스로 신의 밥을 제가 먹으려 할 때, 어머니가 보고 크게 놀라 질색을 하며 그것을 뺏고 말하기를, 이것은 너의 밥이 아니다, 어째서 신의 밥을 먹느냐 했다. 신과 기는 아무도 대답을 하지 않았다. 며칠 뒤 신이 자기 집을 떠나서 자취를 감춰버렸다. 기가 말하기를, 신이 이미 집을 나갔으니 내가 반드시 신을 찾아 데리고 돌아오리라 하고, 곧 몸을 감추어 중이 되고 이름을 만적이라고 고쳤다. 처음은 금릉에 있는 법림원에 있다가, 나중은 정원사 무풍암으로 옮겨서, 거기서 해각 선사에게 법을 배웠다. 만적이 스물네 살 되던 해 봄에, 나는 본래 도(道)를 크게 깨칠 인재가 못 되니 내 몸을 이냥 공양하여 부처님의 은혜에 보답함과 같지 못하다 하고 몸을 태워 부처님 앞에 바치는데, 그때 마침 비가 쏟아졌으나, 만적의 타는 몸을 적시지 못할 뿐 아니라 점점 더 불빛이 환하더니 홀연히 보름달 같은 원광이 비치었다. 모인 사람들이 이것을 보고 크게 불은을 느끼고 모두가 제 몸의 병을 고치니, 무리들이 말하기를, 이는 만적의 법력 소치라 하고 다투어 사재를 던져 새전이 많이 쌓이었다. 새전으로 만적의 탄 몸에 금을 입히고 절하여 부처님이라 하

였다. 그 뒤 금불각에 모시니 때는 당나라 중종 십육 년 성력(연호)이년 삼월 초하루다.'

— 김동리, 『등신불(等身佛)』

다

살바도르 달리, 「가을의 카니발리즘」, 1936.

라 죽는다는 것은 태어나지 않는다는 것과 아무런 차이가 없을 것이다. 나는 정복자 윌리엄의 시대나 공룡의 시대나 삼엽충의 시대에 그랬던 것과 똑같아질 것이다. 거기에 두려워할 만한 것은 없다. 그러나 죽는 과정은 운이 나쁘면 고통스럽고 불쾌할 수도 있다. 그것은 맹장을 떼어낼 때처럼 전신 마취제로 고통을 면제받을 수 없기 때문이다. 당신의 애완동물이 고통스럽게 죽어갈 때 수의사를 찾아서 애완동물이 의식을 회복하지 못하도록 전신 마취제를 투여하지 않는다면 당신은 잔인하다는 비난을 받을 것이다. 하지만 당신이 고통 속에 죽어가고 있을 때 의사가 당신에게 똑같은 자비로운 행동을 한다면, 그는 살인 죄로 기소될 위험에 빠진다. 내가 죽어간다면 나는 병든 맹장을 떼어낼 때 그랬듯이 전신 마취된 상태에서 삶을 마감하고 싶다. 하지만 내게는 그런 특권이 허용되지 않을 것이다. 나는 불행히도 개나 고양이가 아니라 호모사피엔스의 일원으로 태어났기 때문이다. 적어도 스위스나 네덜란드나 오리건 주 같은 더 깨어 있는 곳으로 이사를 가지 않는다면 그럴 것이다. 그렇게 깨어 있는 장소가 왜 그렇게 드물까? 주로 종교의 영향 때문이다.

하지만 맹장을 떼어내는 것과 목숨을 제거하는 것 사이에는 중요한 차이가 있지 않은 가? 사실 없다. 즉 당신이 어차피 죽게 되어 있다면 차이가 없다. 그리고 사후의 삶을 믿는 진정한 종교 신앙을 갖고 있다면 차이가 없다. 당신이 그런 신앙을 갖고 있다면, 죽음은 단지 하나의 삶에서 다른 삶으로의 전이일 뿐이다. 그 전이가 고통스럽다면, 마취하지 않은 채 맹장을 떼어내고 싶지 않은 것처럼 마취제 없이 죽음을 겪고 싶어 해서도 안 된다. 어리석게 안락사나 조력 자살에 저항해야 할 쪽은 죽음을 전이가 아니라 종말로 보는, 우리 같은 사람들이어야 한다. 하지만 우리 같은 사람들은 그것을 지지한다.

─리처드 도킨스/ 이한음 옮김, 「위로」, 『만들어진 신』

마 종교들은 지금까지 모든 해악(害惡)을 재가(裁可)해 왔고 가장 두렵고 무서운 일을 저지르고는 정당화할 수 있었으며, 포악한 행위와 거짓말, 인간 희생, 십자군(十字軍), 여러 종교 전쟁을 자행해왔다.

종교들로부터의 영향의 건전성(健全性)과 해악에 대해 결산(決算)하는 일은 좀처럼 쉽지 않은 일에 속한다. 역사적 사실의 탐구가 모든 가치 판단의 기초가 되지 않으면 안 된다. 비난은 종교들의 유익한 결과들, 곧 영(靈)의 심화와 인간적인 사물들의 질서 부여, 그리고 위대한 양식(樣式)의 배려, 활동과 예술과 사유의 내용 부여의 확인에 의하여 보완되지 않으면 안 된다.

곧 인간 상호간의 사이의 좋은 관계와 평화와 법 질서는 종교를 통해서보다는 오히려 이성에 의하여 실현되어야 할 것이라는 것과, 신앙보다도 국법이 더 효과가 있고, 실천적인 윤리가 종교적인 신앙 고백보다 더 작용을 한다는 것, 그리고 인류에게 있어서 좋은 것으로 간주되는 것은 과학과 이성의 업적이지 종교의 업적이 아니라는 바로 그러한 명제가 제기된다면, 종교는 실로 이성을 배제하지 않으며, 그리고 실제로 지금까지 종교는 가장 많은 안정되고 내실(內實)이 풍부한 질서를 실로 이성의 도움을 얻어, 직접적 지시에 의하지 않고 신앙하는 사람의 성실과 미더움을 통하여 실현한 것이라고 하는 반론이 의당 제기된다. 이에 대해서 이성─사람들은 오성이라고 생각한다 ─에만 기초를 세우려는 시도에는, 지금까지의 역사적인 경험에 의한다면, 허무의 혼돈이 급속히 뒤따른다.

─칼 야스퍼스/ 김병우 역, 『철학적 신앙』

 1996년, 내가 묵고 있는 화계사에 세 번이나 불이 났다. 경찰은 기독교인을 범인으로 추정했다. 화계사는 불탄 절을 다시 세우고 개·보수하느라 많은 돈을 들여야 했다. 나를 비롯한 국제 선원 스님들은 그 공사 때문에 며칠 밤낮을 매달려야 했다. 일을 하는 우리 마음속에는 놀라움과 안타까움을 넘어 분노까지 일었다.

'이곳은 우리가 사는 집이다. 그런데 어떻게 자기들이 믿는 신념과 우리가 믿는 신념이 다르다고 해서 우리가 사는 집에 그것도 세 번이나 불을 지를 수 있단 말인가. 이것은 결코 예수님을 믿고 따르는 행위가 아니다.'

그렇게 우리가 분노와 탄식을 쏟아내며 불에 탄 법당을 수리하고 있을 때, 우리의 절망을 한꺼번에 씻어 준 위대한 분이 나타났다. 불탄 법당을 쓸고 닦느라 정신이 없을 때, 이웃 신학 대학에서 한 교수님이 학생들과 함께 갑작스럽게 화계사를 찾아오신 것이다. 그리고는 흉물이 된 법당을 둘러보시더니 주지 스님께 깊은 사죄의 뜻을 전달했다. 신성한 법당에 이런 야만적인 행위를 한 것에 대해 같은 기독교인으로서 깊은 사죄를 하신다는 것이었다. 우리는 너무도 놀랐다. '한국에는 온통 닫힌 생각과 행동을 하는 기독교인들만 있는 줄 알았는데 이런 분도 계셨구나. 우리가 한국을 모르고 있구나.'

그 날 교수님과 학생들의 방문은 당장 수행을 그만두고 한국을 떠나야겠다고 울분에 찬 비애를 터뜨리기도 했던 우리 국제 선원 스님들에게 무엇과도 바꿀 수 없는 희망을 보여 주었다.

— 현각, 『만행-하버드에서 화계사까지』

• 직접 써 보세요.

배를 짓고 싶다면 북을 쳐서 남자들을 불러 모아 자재를 마련하고, 임무를 부여하고, 일을 나누어 줄 것이 아니라
그들에게 무한히 넓은 바다에 대한 동경을 가르치라.

—생텍쥐페리

02. 수리과학계열

(1) 수리과학계열 논술의 특징

수리과학계열 논술이란 수학과 과학의 내용을 주로 하는 논술로 논리적인 전개 및 자신의 의견 주장으로 이루어진 글이다. 이에는 수학의 이론과 과학적인 사실이 포함되어 있으며, 이들을 글의 제재로 사용하고, 자신의 주장을 피력하는 도구로 수학적 사고를 사용한다. 수리과학계열에서의 수리라는 것은 수학도 포함을 하지만 수학뿐만 아니라 과학 분야에서 사용하는 논리적인 사고를 통틀어 이른다. 수리과학계열 논술은 수학 및 과학, 그리고 논리적인 사고의 통합이라고 할 수 있다. 수리과학계열 논술의 논제와 제시문은 수학적 지식과 과학적인 요소를 모두 포함하고 있으며 이러한 논제를 해결하기 위하여 논리적인 전개를 펼쳐나가는 힘을 필요로 한다. 인문사회계열 논술을 잘 이해하고 해결하는 능력에 수학적·과학적 지식과 이를 자신의 글에서 논증의 재료로, 도구로 사용하는 능력까지 요구하는 것이 수리과학계열 논술이라고 할 수 있다. 특히 수리과학계열 논술은 글을 쓸 때 사용하는 수학적·과학적 지식의 정확성과 사용의 적절함이 논리의 객관성을 보장하는 필수요건이므로 세밀한 주의가 필요하다.

수리과학계열 논술은 학력고사와 수능의 역사를 가진 한국의 고등학생들에게 아직 낯선 모습으로 다가온다. 과학적 사고 혹은 과학적 사고의 혁명과는 거리가 먼, 죽은 지식으로 수학과 과학을 바라보던 학생들에게 가장 먼저 할 일은 살아있는 과학을 소개하고 움직이는 수학의 논리를 숨 쉬게 도와주는 것이다. 각자의 학문 속에 녹아있는 논리적 접근과 함께, 다른 관점에서 바라보는 외재적 접근법을 통해서 개별과학이 지금까지 학생들에게 제시되어 온 방법과 다른 방법으로도 해석되어 학생들에게 제시됨으로써 학문적 활용성을 높이는 것을 소개하여야 한다. 즉, 지금은 수학과 과학간의 간학문적 접근이 학교 현장에 요구되는 장면이다. 게다가 수리과학논술이 새로이 학교 현장에 발을 들인지 얼마되지 않았음으로 인해 교사와 학생 모두가 함께 공부하는 학교가 되어야 하는 시점이다. 각 대학에서 실시한 수리과학 관련 논술을 살펴보면 학교에서 각각 배우는 교과들이 다양하게 결합된 형태로 출제되는 것을 관찰할 수 있다.

[표 1] 서울대·연세대·고려대 모의논술 자연계 문항 비교

학교	구분	문항 번호	과목	내용	비고
서울대	1차 예시 문제	1	수리논술	악수 횟수가 다를 때 주인 부인의 악수 횟수	교과 심화
		2	수리논술	타원의 성질과 작도	교과 심화
		3	과학통합	코끼리만한 개미, 개미만한 코끼리	물리+생물+수리
		4	과학통합	지구의 크기나 위치가 변했을 때의 모습	지구과학+생물
	2차 예시 문제	1	수리논술	원뿔곡선의 성질과 빛의 반사 원리	과학 일부 통합
		2	수리과학통합	물체 운동의 수학적 분석(미분과 적분)	물리+수리
		3	과학통합	별의 밝기와 등급, 별의 분포	지구과학+생물
		4	과학통합	생명체에서의 에너지 사용과 효율	물리+생물
		5	과학통합	귀의 구조, 가청진동수, 옥타브 동치성의 원리	물리+생물+음악
	모의 논술	1	수리과학통합	유전자를 행렬로 표현하고 그 특성 분석	수리+생물
		2	과학통합	소화제를 통한 소화효소의 작용과 반응속도	생물+화학
		3	과학통합	태양계와 은하에서의 행성속도와 질량분포	물리+지구과학
		4	과학통합	화합물의 구조와 생물의 자극 매커니즘	화학+생물
연세대	모의 논술	1	수리논술	구적법의 이해와 적용과정의 오류	교과 심화
		2	수리논술	알고리즘 원리의 이해와 효율성 분석	교과 심화
		3	과학통합	물의 주조와 성질, 물 순환의 이해	물리+화학+생물 +지구과학
고려대	모의 논술	1~3	과학통합	완충작용의 이해와 생명체에서의 적용 생명체에서의 완충과 사회에서의 완충 비교	언어 일부 통합
		4~5	과학통합	기준계에 따른 상대적 운동의 이해와 설명	물리+지구과학
		6	수리논술	구분구적법의 원리를 적용한 부피 계산	교과 심화

《과학동아》, 2007년 5월호

　　수리과학계열 논술은 수학과 논술과 과학과 논술이 함께 제시되어 보다 실생활과 관련되어 제시되지만, 이러한 과정을 거쳐 수리과학계열은 이후 자연스럽게 통합 교과 논술로 이어지면서 점차 논술의 온전한 형태를 갖추게 된다. 수리도 과학도 따로 존재하는 학문이 아니듯이 수리과학도 전 학문 영역과 통합적으로 인간의 삶에 녹아들어야 하는 삶의 한 부분이다.

(2) 수리과학계열 논술 수업

[논제 ❶] 제시문 (가)에서 정전으로 인한 피해가 크다는 것은 그 만큼 전기 에너지가 우리 생활에 미치는 영향이 크다는 것을 말한다. (1) 정전으로 인해 가정과 사회, 국가적으로 발생할 수 있는 피해를 구체적으로 기술하시오. (2) 우리가 사용하는 전기에너지의 대부분은 수력, 화력, 원자력 발전으로 얻는데 이들을 대체할 수 있는 대체에너지로 어떤 것이 있는지 나열하고 그 원리를 간단하게 기술하시오.

[논제 ❷] 제시문 (다)에서 PDP는 이온상태의 기체(플라즈마) 방전을 이용한다. 우리 주변에는 이와 같은 플라즈마 방전을 이용하는 제품들이 있는데, 플라즈마 방전 때에 자외선이 방출되는 경우와 가시광선이 방출되는 제품으로 나눌 수 있다. 이들 제품을 각각 한 가지씩 찾아서 그 원리를 기술하시오.

[논제 ❸] 일반적으로 PDP는 LCD에 비해 전기요금이 많이 나온다고 한다. 제시문 (다)의 관점에서 아래 사양의 LCD, PDP의 한 달간의 전기요금을 계산한 다음, 가정용 텔레비전을 구매하고자 할 때 전기요금이 중요한 기준이 될 것인가 판단하고, 그 이유를 논술하시오. (TV 구매 이전의 한 달 평균 전기 사용량이 200kwh인 가정이며, 한 달 동안 100시간 정도 시청한다고 가정하자.)

		LCD	PDP
디스플레이	화면크기	46형(116cm)	50형(127cm)
	화면비율	16 : 9	16 : 9
	디지털TV	FULL HD	FULL HD
화질	명암비	25,000 : 1	15,000 : 1
	시야각	178도 이상	175도 이상
	해상도	1920 × 1080	1920 × 1080
전력	소비전력	200W	280W
가격		460만원	320만원

가 2003년 8월 14일 오후 4시 11분에 뉴욕과 토론토를 포함한 미국 북동 지역과 캐나다의 온타리오 지방은 갑작스러운 정전으로 5천만 명의 시민들이 최소 12시간, 최대 24시간 이상 엄청난 혼란에 빠져 들었다. 이때의 정전으로 미국과 캐나다가 입은 경제적 손실은 60억 달러에 달했다.

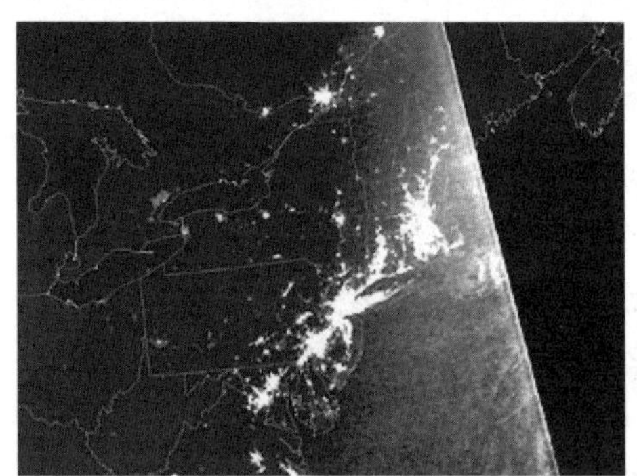
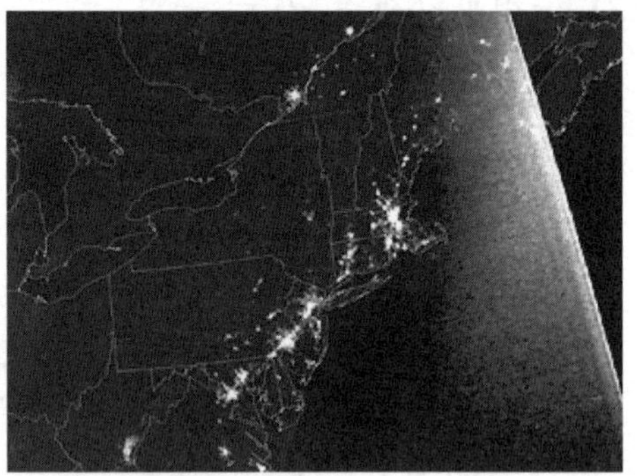

정전 전의 북동지역 미대륙 위성사진   정전 후 사진 - 밝은 부분이 50% 이상 감소

나   5월의 예비신부와 함께 TV를 사려던 미디어다움의 이성규 씨(31)는 매장 직원의 말을 듣고 오히려 혼란에 빠졌다. 어떤 매장에선 "LCD(Liquid Crystal Display, 액정표시장치)가 더 낫다", 또 다른 매장에선 "PDP(Plasma Display Panel, 플라스마표시장치)가 더 낫다"고 추천하는 바람에 판단이 서질 않았다.

LCD가 좋을까? PDP가 좋을까?

KAIST 전자전산학부 최경철 교수는 "매장 직원의 말을 믿지 말라"고 조언했다. 편광필름으로 덮인 LCD는 외부의 빛을 흡수하기 때문에 밝은 곳에선 화질이 선명하지만 어두운 곳에선 화면 뒤쪽에서 나오는 빛이 새어나와 화질이 흐릿하다. 반면 PDP는 화면을 구성하는 격자마다 빛을 내보내기 때문에 어두운 곳은 더 어둡고 밝은 곳은 더 밝은 영상을 만들어낸다. LCD는 밝은 곳에서 PDP는 어두운 곳에서 화질이 더 선명하다는 얘기다. 최 교수는 "매장이 밝거나 어두운 것은 LCD와 PDP를 많이 팔려는 전략"이라며 "매장에서 화면이 선명하다고 집에서도 똑같을 것으로 생각하면 오산"이라고 강조했다. TV를 시청하는 공간은 대부분 실내여서 상대적으로 어둡기 때문이다. 따라서 최 교수는 "어떤 목적으로 TV를 쓸 것인가를 고려해 선택해야 한다"고 설명했다. 만약 극장 같은 분위기로 영화를 보려면 PDP를 선택하는 것이 좋다는 얘기다. 그런데 PDP는 LCD에 비해 전력소모가 많다는 단점 때문에 선뜻 구매하기가 쉽지 않다. PDP는 1시간 당 소비전력이 270W(와트)지만 LCD는 200W 수준이다.

—'플라스마' 열정으로 디스플레이 만든다, 『동아사이언스』, 2007. 5.

다   PDP는 형광등처럼 기체를 방전시켜 형광 물질에서 빛을 발산하는 방식으로 대형화면의 구현에 유리하며 자체에서 빛을 내기 때문에 '발광형'(emissive)이라고 부른다. 아르곤(Ar), 크세논(Xe), 네온(Ne)을 혼합한 기체를 1mm 이하 간격으로 분리된 공간에 넣고 높은 전압을 가하면 전기분해 되어서 전자이온쌍이 발생하는데, 전계와 전자이온쌍에 의해서 진공관 양극은 전류가 흐르게 되고 이것이 플라즈마 방전을 일으키게 된다. 이 과정에서 자외선이 방출되고 자외선이 다시 적색, 청색, 녹색의 특정 파장을 갖는 형광 물질에 부딪혀 빛을 낸다. 여기서 인가된 전압에 플라즈마 방전을 일으킬 수 있는 Level 이상이 되지 못하면 즉, 방전 개시 전압(Firing Voltage)가 되지 못하면 플라즈마 방전은 절대 일어나지 않는다. 즉, PDP의 여러 Pixel 중 켜지지 않아야 할 cell들은 방전 개시 전압에 도달하지 못하기 때문에 절대 플라즈마 방전이 일어나지 않는다. 플라즈마 방전이 일어나지 않는 Pixel들은 방전 전류가 흐르지 않을 것이고 전류가 흐르지 않는다면 그 Pixel의 소비전력은 0이 된다. 즉 배트맨 영화와 같은 어두운 영상에서는 대부분의 Pixel들은 플라즈마 방전이 일어나지 않는 Black을 나타내고, PDP에서 켜지지 않는 Cell들은 방전 개시 전압에 도달하지 못하므로 방전전류가 흐르지 않고 그 Cell들의 소비전력은 0이 된다. 이런 Cell 들이 FULL HD급에서 절반이라면 실제로 PDP에서 소비되는 전력은 정격소비전력의 절반으로 줄어들게 된다. 전 화면이 White 일 때의 소비전력을 정격소비전력이라고 하며 일반적으로 TV에는 1시간 기준의 정격소비전력이 표시되어 있다.

LCD는 고체와 액체의 중간 단계인 액정물질에 전기를 가해 화면을 표시한다. 액정에 일정한 전압을 걸어주면 분자배열이 바뀌면서 빛이 통과하는 정도(투과율)가 달라지는 원리를 이용했다. 이 때문에 LCD는 외부광원(Back Light)이 반드시 필요한 '수광형(non-emissive)으로 분류된다. 액정이 하는 일은 뒤에서 나오는 빛을 얼마만큼 차단하느냐에 따라서 밝은 화면과 어두운 화면을 나타내는 것이다. 이 때, Back Light는 전 화면을 비춰주고 있기 때문에 모든 Cell을 켜거나 모든 Cell을 끄거나 언제나 켜져 있는 Back Light 때문에 어두운 영상일지라도 소비전력은 항상 같다.

라 현행 우리나라의 전기요금체계는 전기를 사용하는 용도에 따라 주택용, 일반용, 산업용, 교육용, 농사용, 가로등의 6가지 종별로 구분하여 운영하고 있으며, 종별 전기공급비용, 에너지정책 등 여러 가지 요인이 반영되어 종 별간 요금수준에 차이가 있다. 이는 부하형태가 유사한 소비부문으로 구분된 용도별 전기사용패턴에 따라 종별 전기공급비용의 차이가 발생되며, 전기요금이 저소득층·농어민 보호, 에너지 절약, 산업경쟁력 제고 등 국가의 각종 정책요인을 반영하고 있기 때문이다.

산업용의 경우 전력손실이 적은 특 고압(공급전압 154kV 이상)으로 공급받는 고객의 비중이 높으며, 공급원가가 낮은 심야시간대의 사용량이 많은 등 부하율이 좋은 특성으로

타 종별에 비해 전기공급비용이 낮아 상대적으로 저렴한 요금이 적용되고 있다. 또한, 소비부문의 에너지 절약을 유도하기 위해 주택용과 일반용에 대하여는 상대적으로 높은 요금을 적용하고, 산업경쟁력 향상 및 농·어민 보호를 위해 산업용과 농사용에 대해서는 낮은 요금을 적용하는 등 국가 정책적 요인이 반영되어 종 별간 요금수준에 차이가 발생하고 있다. 특히, 주택용 요금은 에너지 소비절약을 유도하고 동시에 저소득층을 보호하기 위해 사용량이 증가함에 따라 순차적으로 높은 단가가 적용되는 누진제를 적용하고 있으며, 74년 1차 석유파동 이후 도입된 이래 현재는 6단계 11.7배의 구조로 되어 있다.

아래 표는 한국전력공사의 주택용 전기요금표이다.

기본요금(원/호)		전력량 요금(원/kWh)	
100kWh 이하 사용	370	처음 100kWh 까지	55.10
100kWh ~ 200kWh 사용	820	다음 100kWh 까지	113.80
201kWh ~ 300kWh 사용	1,430	다음 100kWh 까지	168.30
301kWh ~ 400kWh 사용	3,420	다음 100kWh 까지	248.60
401kWh ~ 500kWh 사용	6,410	다음 100kWh 까지	366.40
500kWh 초과 사용	11,750	500kWh 초과	643.90

『한국전력공사』(http://www.kepco.co.kr)

• 직접 써 보세요.

미련한 놈 호떡 먹기

한 행인은 온종일 길을 걸어서 배가 몹시 고팠다. 그리하여 호떡장사한테서 호떡 한 개를 사먹었다. 그런데 먹고 나니 창자에 기별도 간 것 같지 않아 한 개 더 사먹었지만 역시 먹은둥 만둥하였다. 하여 또 한 개를 더 사먹었지만 여전히 요기가 되지 않았다. 이렇게 한 개 또 한 개 그리하여 도합 여섯 개를 먹었지만 아직도 배가 부르지 않은 것 같았다. 그리하여 마지막으로 또 한 개 사서 먹기 시작하였다. 그런데 어찌된 영문인지 이번의 호떡은 반조각만 먹어도 벌써 배가 불렀던 것이다. 행인은 몹시 후회되어 제 귀쌈을 후려갈기면서 자책하는 것이었다.

"젠장 이렇게 아낄 줄을 모르고서야 어떻게 살아나간담! 먼저 사먹은 호떡 여섯 개 값은 헛되이 날려버렸어! 고놈의 호떡을 반개만 먹어도 배부를 줄 알았더라면 먼저 고놈을 사먹어야 했을걸……"

—임창성, 『이야기 속의 철학』, 도서출판 광주

제4장

통합 교과 논술

통합적 사고는 현실의 복잡한 문제를 해결하는 데 필수적인 것이다. 통합적 논술 교육을 통해서 이의 실마리를 찾고자 한다. 이러한 노력들은 이미 대학에서 이루어지고 있다. 카이스트(KAIST)에서는 '융합 과목' 혹은 '학문 간 벽 넘기'를 실천하고 있다.

> 예를 들어 프랑스 혁명에 대한 강의에서는 김대륜 교수(정치경제사)가 혁명의 원인과 배경, 혁명이 추구한 목표와 '공포 정치'로 변질된 과정 등을 설명한 뒤 토론을 벌인다. 이어 노영해 교수(음악사)가 모차르트의 오페라 '피가로의 결혼'을 들려주며 오페라 중의 대사와 음률에 실린 '혁명 분위기'를 소개한다. 우정아 교수(미술사)는 '소크라테스의 죽음', '서재에 있는 나폴레옹', '마라의 죽음' 등을 그린 프랑스 화가 자크 루이 다비드의 작품을 보여 주면서 당시 프랑스 왕실에 충성했던 화가들이 혁명의 진행 과정에서 미술 작품이 어떻게 바뀌었는지 설명한다.
>
> ─「한 강의실 세 교수님」, 《동아일보》, 2007. 9. 6.

국내 대학뿐만 아니라 일본 동경 대학은 한 학생에게 두 교수가 강의하는 방식으로 진행한다고 한다. 세계적 학문의 조류 추세를 이제 세분화, 전문화에서 통합화하면서 전문화, 세분화를 아우르는 방법으로 진행되고 있다. 따라서 이러한 목표의 실천은 통합 논술이 한 계기가 될 수 있다. 대학 사회에서는 이미 이러한 체제를 갖추고 한문 영역의 융합으로 가고 있다. 특히 카이스트(KAIST)는 이러한 '융합'의 연구와 강의에 앞장서고 있다고 보도되고 있다.

한국과학기술원[KAIST] 물리학과 정하웅 교수는 요즘 물리학회 뿐만 아니라 생명과학회에도 참석한다. 전공을 넘어 '학제 간 연구'를 활성화하기 위해 지난 해 8월 설립된 KAIST 내 '바이오 융합 연구소'에서 일하면서부터다. 정 교수는 "여러 학회에 참석하고 다른 전공 분야에 대해 공부하려면 바쁘기는 하지만 선진국에서 이미 보편화된 학제 간 연구는 꼭 필요하다."고 설명했다.

—「KAIST, 전공 뛰어 넘기 경쟁 중」, 《동아일보》, 2007. 9. 20.

학문 간의 융합이 과연 고등학교에 필요한가?라는 문제는 논의가 되어야 할 것이다. 근본적으로 대학 입시에 필요한가?라는 현실적인 논의도 중요하다. 대학 교육의 연계 차원에서만 고등학교 교육이 필요한가. 사고 영역의 확대 문제는 교육의 중요한 부분이다. 따라서 사고력의 확대 교육은 대학에서만 이루어질 것이 아니라 교육의 한 가운데서 이루어져야 한다. 그래서 통합 논술 교육이 절실히 필요한 것이다.

01. 통합 교과 논술의 특징

통합 교과형 논술 문제는 크게 나누어 <집중화(集中化) 모형>과 <과정화(過程化) 모형>이 있다. <집중화 모형>은 하나의 큰 주제를 놓고, 이와 관련한 여러 제시문들을 구성해서 논제를 만들고 이를 해결하는 모형이다. 그리고 <과정화 모형>은 하나의 큰 주제를 놓고, 그 주제를 구성하는 절차적인 과정의 제시문을 구성하고 논제를 해결하는 방법이다. 예를 들어 설명해보자.

'빵과 사람'이라는 수업을 보자. 교사는 밀가루, 설탕, 계란 등의 재료를 가지고 들어온다. 먼저 밀가루로 전분을 확인하는 요오드 실험을 하고, 설탕의 생산 과정을 슬라이드로 보여준다. 그리고 달걀에 대한 동물학적, 영양학적 설명을 곁들인다. 재료의 학습이 끝나면 빵을 만드는 실과 교육이 진행된다. 베이킹 파우더가 빵을 부풀리게 되는 까닭을 화학적으로 설명한다. 이렇게 만들어진 빵이 어떻게 유통되는지에 대한 경제학적 분석이 이어지고 빵집의 경영 시스템을 알아보고 아울러 빵집들의 실내 디자인과 진열 방식의 다양한 사례들을 비교한다. 그 다음 커다란 빵을 각 조별로 공평하게 나눠먹기 위해서는 어떻게 잘라야 하는지를 고민하게 하면서 빵의 중심각을 계산시키고 거기에서 파생되는 순환소수에 대해 설명한다. 그리고 나서 각자 빵을 먹는데 이때 빵을 먹는 매너를 가르친다. 그리고 빵에 얽힌 문학 작품들에 대한 소개를 곁들인다. "눈물 젖은 빵을 먹지 않은 자는 인생을 이야기할 수 없다."는 간디의 말을 음미하기도 한다.(이 사례는 ≪조선일보≫의 「이큐태 코너」에서 인용한 것이다.)

—김찬호, 「앎과 삶의 가로지르기—지식 위상의 점검」, 『사회를 보는 논리』

위의 인용에서처럼 하나의 주제를 놓고 이와 관련한 절차적 수업 방식에서 논술의 과정화(過程化) 모형을 찾을 수 있다.

집중화(集中化) 모형의 수업 전개 양상도 과정화 모형에 따른다. 가령 제시문 구성 아이디어로부터 논제 구성까지는 동일한 과정을 밟는다. 집중화 모형은 다양한 제시문과 논제를 하나의 주제를 놓고 집중적으로 다루는 방법이다.

02. 통합 교과 논술 수업

제시문을 구성하는 아이디어 회의부터 시작한다. 그리고 이에 따른 절차는 1. 출제 의도 → 2. 제시문 분석 → 3. 배경 지식 → 4. 답안 작성 등으로 진행한다. 문제는 한 시간 단위의 수업으로는 통합 교과 논술 수업을 진행할 수 없다. 따라서 논술 수업의 한 장면을 단위로 정할 경우 4시간 분량을 원칙으로 하여 실제 수업을 실시한다. 이럴 경우 다음과 같이 실시하는 것이 좋다.

〈실제 수업 시간 단위 운용〉

시량	수업 내용	준비 사항
10분	통합 논술의 배경 및 논제 제시	수업 자료 배부 및 설명
80분	교과별 배경 지식 설명 (언어, 사회, 수리, 과학)	각 영역 교사의 수업 자료 준비 (원고지, 프로젝트 빔 등등)
80분	논제 쓰기	원고지 배부(작성 시간)
20분	질의 응답	예상 질의에 대한 보조 자료 준비
10분	총평 및 예시 답안 공개	원고지 수집 및 차시 수업 예고

위와 같이 수업을 실시할 경우 몇 가지 고려할 사항이 있다.

첫째, 각 영역의 시간 안배 문제이다. 따라서 예상되는 수업 상황의 재현 연습이 필요하다.

둘째, 논술 문제에 관해서 어느 정도 배경 지식을 전달할 것인가를 고려해야 한다. 배경 지식의 전달 정도에 따라 학생들의 답안 작성에 영향을 끼치게 된다.

셋째, 학생들의 수준을 고려해서 논제의 수준과 문항수를 결정해야 한다. 수준과 문항수에 따른 시간의 안배가 주어지지 않으면 결국 한 단위를 논술 수업을 끝맺지 못하게 된다.

넷째, 실제 수업은 교과 관련 지식 + 시사성 + 배경 지식을 정리해서 한다.

다섯째, 교과별로 수업이 이루어지는 시간(소요 시간 80분)에 교사들 간의 수업 진행의 자연스런 연결을 찾아야 한다.

① 통합 교과형 논술 1 : 집중화 모형 – 휴대폰과 의사소통

다음 제시문을 읽고 논제에 답하시오.

[논제 ❶] 제시문 (나)를 바탕으로 핸드폰을 이용하여 멀리 떨어져 있는 사람과 통화가 가능한 이유와 평탄한 지형과 산이나 장애물이 많은 지형에서 유리한 휴대전화(핸드폰) 방식이 무엇인지 근거를 들어 설명하시오. (300자 내외)

[논제 ❷] 제시문 (다)에서 휴대폰 번호를 모두 010으로 통합하려고 할 때, 최대한 기존 세 자리를 유지하면서 국번호를 4자리로 바꾸는 방법은 여러 가지가 있을 것이다. 2G 010 전환 이후 국번호를 배정할 때 유의해야 하는 것을 열거하고(1000자 내외), 기존 세 자리 국번호 앞에 한 자리를 추가하거나(XXX → NXXX), 네 자리 국번호 앞의 한 자리 혹은 두 자리를 바꾸는 방안 (9XXX → NXXX)을 이용하여 2G 010 전환 이후 국번호를 배정하시오([표 1]에 완성).

[표 1] 010 전환용 국번호

2G 이동전화 기존 국번호		2G 010 전환 이후 국번호
011 3자리	011-200~499	
	011-500~899	

	011-9000~9499	
011 4자리	011-9500~9999	
	011-1700~1799	
017 3자리	017-200~499	
	017-500~899	
016 3자리	016-200~499	
	016-500~899	
016 4자리	016-9000~9499	
	016-9500~9999	
018 3자리	018-200~499	
	018-500~899	
019 3자리	019-200~499	
	019-500~899	
019 4자리	019-9000~9499	
	019-9500~9999	

[논제 ❸] 제시문 (다)와 다음 [표 2]의 자료를 참고하여 2006년 이후 전년대비 증가율(%)이 3%라고 할 때, 가입률이 90%가 넘어가는 것은 언제인지 설명하시오. (300자 내외)

[표 2]

연도	가입률(약 %)(인구당)	전년대비 증가율(약 %)
1996	7	
1997	15	114
1998	30	100
1999	50	67
2000	57	14
2001	62	9
2002	67	8
2003	72	7
2004	76	6
2005	79	4

[논제 ❹] 제시문 (가)~(마)의 내용으로 볼 때, 휴대폰으로 인해 인간의 삶이 어떻게 변할지 예측해보고, 이러한 과정 속에서 나타나는 인간관계의 문제점을 극복할 수 있는 방안을 논술하시오.(800자)

가 최근 몇 년 사이에 급격히 확산되고 있는 휴대폰은 인터넷과 더불어 가장 핵심적 커뮤니케이션 수단 중의 하나로 자리 잡아 가고 있다. 인터넷은 여러 네트워크의 연결로 다수 대 다수의 커뮤니케이션을 가능하게 했다. 이에 비해 휴대폰은 개인 간 의사소통의 가장 중요한 수단이 되었다. 노트북이나 컴퓨터를 통한 인터넷 사용에 비해 휴대폰은 공간적 제약을 받지 않아 이동과 휴대가 용이하다.

이동의 용이함은 고정된 위치를 고수할 필요가 없으므로 사용자가 고를 수 있는 행위의 선택지를 넓혀주는 구실을 한다. 또한 휴대의 편리함은 타인의 감시를 피해 프라이버시가 보장되는 상황에서 자유롭게 이야기하고, 통화 상대와 함께 어떤 행위이든 계획할 수 있게 한다. 그러나 휴대폰의 이러한 특성이 있음에도 불구하고 휴대폰으로 인해 사람들의 진정한 의사소통이 잘 이루어지지 않는 것은 무엇을 의미하는가?

▌자료 1

우리나라 15~19세 청소년들은 하루 평균 60건의 휴대폰 문자메시지를 주고받으며, 2시간씩 컴퓨터를 이용하는 것으로 나타났다. 통계청이 2일 발표한 '2007 청소년 통계'(2006년 기준)에 따르면 청소년의 85.3%가 휴대폰을 갖고 있고 하루 평균 60.1건의 문자메시지를 주고받았다. 청소년들의 문자메시지 이용은 2005년(59.5건)보다 0.6건 늘어난 것으로, 6세 이상 인구의 평균 이용건수(16.9건)보다 4배 가량 많았다. 또 1주당 컴퓨터 이용 시간은 평균 14시간(하루 2시간)으로 조사됐다.

디지털 중독이 심화하면서 청소년과 가족 간 관계는 더 서먹해졌다. 부모와의 관계에 '만족한다'는 응답은 2002년 67.8%에서 60.8%로 줄었다. 반면 '불만이다'는 대답은 5.3% 에서 7.2%로 늘어났다. 형제, 자매들과의 관계에 '만족한다'는 응답도 64.7%에서 59.2% 로 줄었다.

▌자료 2

지난해 한국정보문화진흥원 미디어 중독 대응 팀이 청소년들의 휴대폰 사용 실태를 조사한 결과 36.9%가 '휴대전화가 손에 없으면 불안하다'고 답했다. 그리고 문자나 전화가 오지 않아도 휴대폰을 계속 꺼내서 확인하고 길거리에서도 휴대폰을 보면서 걸어간다는 응답도 39.5%로 높게 나타났다. 한 달 동안 1,000건 이상의 문자메시지를 보낸다는 청소년도 38.2%나됐다. 수업 중에 문자로 친구와 대화한다는 청소년도 절반에 가까웠다. 또한 모 일간지에서 실시한 설문조사에서도 휴대전화를 쓰기 시작한 뒤의 생활변화에 대해 '한 가지 일에 집중하기가 힘들다'는 응답이 남학생은 21.7%, 여학생은 28.5%로 나타났다

— ○○신문, 2004. 1. 20.

나 전파는 인공적인 매개체 없이 진동하면서 공기 속을 퍼져 나가는데 이러한 움직임을 파동이라고 한다. 자연계에 존재하는 파동은 파동의 진행방향과 매질의 진동방향이 같은 종파와 파동의 진행방향과 매질의 진동방향이 직각을 이루며 진행하는 횡파로 나누는데 대표적인 종파와 횡파로는 각각 음파(소리)와 전자기파가 있다.

전파는 전자기파의 일종으로서 빛과 마찬가지로 전기장과 자기장이 서로를 유도하면서 공간 속을 빛의 속도(광속 $C=3\times10^8\,\mathrm{m/s}$)로 퍼져나가며, 전파의 속력은 파장($\lambda$)과 주파수($f$)의 곱으로 나타낼 수 있다. 즉 전파의 속력 $V=C(광속)=\lambda\times f$로 표현된다.

전파는 동일한 매질을 통과할 경우에는 직진하는 성질이 있으며 주파수가 클수록 직진성이 강하고 전파되는 과정에서 에너지 손실이 크다. 또한 빛이 물속을 통과할 때처럼 전파도 다른 물질로 구성된 매질을 통과할 때에는 그 물질의 경계면에서 일부는 반사되고 일부는 투과하면서 진행방향이 바뀌는 굴절현상이 일어난다. 그리고 전파는 진행 경로상에 산이나 건물과 같은 장애물이 있는 경우 그 뒤편까지 전파의 일부가 휘어져 수신되는 회절현상이 일어난다. 이러한 파동의 회절은 파장이 길수록 잘 일어난다. 또한 음파도 어느 정도의 거리에 이르면 들리지 않는 것(에너지 소멸)과 같이 전파도 퍼져 나가면서 에너지가 점점 줄어든다. 물이 흘러가면서 점점 땅속으로 스며드는 것과 같이 전파도 지상의 여러 물체와 대기에 흡수되어 다른 에너지로 바뀌면서 결국 소멸한다.

이러한 원리는 우리가 일상적으로 사용하는 휴대폰의 통화상황에서도 잘 적용된다. 다음 그림은 전파가 장애물을 만났을 때 회절에 의한 휴대폰의 통화 현상을 모형으로 나타낸 것이다.

한편 전파의 특성을 잘 활용한 무선기기인 휴대폰은 우리나라 전 국민의 약 80%가 소지하고 있으며, 특히 청소년들에게는 휴대폰이 단순한 통화수단을 넘어 문자를 보내거나 게임을 가능케 하고 다양한 기능을 하는 청소년 문화코드로 자

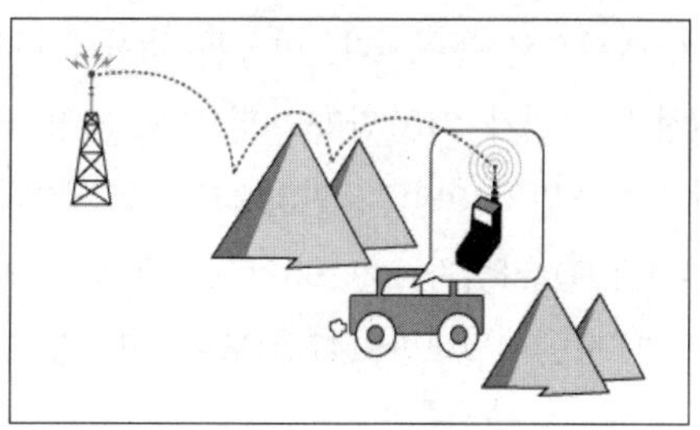

리 잡고 있다. 이처럼 다양한 기능을 하는 휴대전화(휴대폰) 통화 방식은 크게 나눠 셀룰러(Cellular)폰(식별번호 011, 017)과 PCS(personal communication services)폰(식별번호 016, 019)이 있다. 셀룰러폰은 주파수가 약 800MHz(8×10^8Hz)대의 전파를 사용하며, PCS폰은 주파수가 약 1.8GHz (1.8×10^9Hz)대의 전파를 사용한다.

다 정보통신부 산하 통신위원회의 발표에 따르면 2004년 1월 1일부터 신규가입자와 번호변경희망자에게 010 통합번호를 점진적으로 배정하여, 010 통합번호 이용자가 전체 가입자이 80~90%에 이르면 강제통합을 한다고 한다. 시기는 2008년 1월 1일부터 1년간 유예기간을 거쳐 강제통합을 할 것으로 예상되고 있다. 010 통합번호를 확대 시행하는 과정에서 기존가입자들의 불편을 줄이기 위해, 통신위원회에서는 기존 세 자리 국번호를 최대한 유지하면서 앞에 한 자리를 추가하거나(XXX→WXXX), 네 자리 국번호 앞자리를 바꾸는 방안(3XXX→WXXX)을 연구 중이다.

▌자료 1

5월 이동통신 순증가입자 37만 명에 달했다.

[표 3] 2007년 5월 말 현재 이동통신가입자 현황

이동통신사	가입자
A	21,079,398 (약 50%)
B	13,358,743 (약 32%)
C	7,345,023 (약 18%)
합계	41,783,164

　　지난 5월 이동통신 시장의 순증가입자가 37만여 명을 기록, 4개월 연속 순증 가입자가 30만명을 넘어섰다. 보조금 규제 완화 추세와 맞물려 보조금 및 번호이동 경쟁이 치열했기 때문으로 풀이된다. 이동통신3사에 따르면 지난 5월 가입자 순증은 A사가 18만6874명(전체 가입자 2107만9398명)으로 가장 많았고, 이어 B사가 10만3668명(1335만8743명), C사가 8만3519명(734만5023명)으로 각각 집계됐다. 특히 B사는 지난 5월에만 비동기식 3세대(G) 가입자 22만602명을 확보, 전체 가입자가 61만 명으로 늘었다. C사는 순증 규모가 지난 4월(4만9147명)보다 3만 명 이상 증가하며 선전했다.

—디지털타임스, 2007. 6. 4.

[표 4] 연도별 이동전화 가입자 수

연도	이동전화 가입자 수(명)
1996	3,180,989
1997	6,828,169
1998	13,982,477
1999	23,442,724
2000	26,816,398
2001	29,045,596
2002	32,342,493
2003	33,591,758
2004	36,586,052
2005	38,342,323

정보통신부(www.mic.go.kr)

라 왜 핸드폰은 통화하는 데보다 문자 날리는 데 더 많이 사용되는 것일까? 쪼들리는 살림에 한 푼이라도 더 아끼기 위해, 궁색한 삶의 어쩔 수 없는 선택으로 문자를? 그런데 이런 사람들이 하루에도 수십 건 영양가 없는 문자를 주고받는 비경제적인 삶을 살아간다. 업무상의 전화는 할 말만 하고 끊으면서…… 또한 문자 보내기는 목소리를 직접 전달할 수 있는 기계의 기능을 사용자가 스스로 퇴보시키는 아둔한 짓이 아닌가? 그러나 최상의 만족을 주는 기계의 기능이란 사용자 자신이 결정하는 것 아니겠는가? 더구나 여기 통화보다 문자 보내기를 선택한 사용자는 별나게 살아가는 몇몇 개인이 아니라, 오늘날 매우 보편적인 인간이기도 하다. 그 문자 날리기에 대한 열광, 도대체 그 비밀은 어디에 있는 것일까?

사실 '연애편지'라는 특수한 글쓰기가 암시하듯 사랑의 만남은 문자 또는 글쓰기에 의해 '대리'되는 본성을 가지고 있다. 역설적이게도 연애는 피와 살을 가진 인간의 직접적 만남을 통해서가 아니라 글쓰기가 대리해줄 때만, 대리라는 '간접성'을 통해 싱싱하고 생생해지는 것이다. 가령 도스토옙스키가 『악령』에서 투르게네프의 캐리커처라 해도 좋을 대문호 카르마지노프에 대해 쓰고 있는 구절을 보라. 카르마지노프가 문학회에서 작품을 낭독하는 모습을 화자는 이렇게 비웃고 있다. "그것은 어떤 여성에 대한 천재의 사랑이었는데, 솔직히 말해서 좀 어색한 것 같았다. 내가 보기에는, 자신의 최초의 키스를 이야기하기엔

이 천재적 작가의 땅딸막한 몸집은 어쩐지 어울리는 것 같지 않았다."(도스코엡스키, 『악령』 하권, 범우사, 이철 옮김, 1988, 169쪽) 비웃음을 야기하는 이 불행한 어색함은 도대체 어디서 기인하는가? 바로 글쓰기와 그것이 대리해주는, 이른바 피와 살을 가진 인간(글쓰는 자)이 한꺼번에 등장했다는 사실이다. 인간은 글쓰기(또는 그것이 담고 있는 이야기) 뒤로 숨겨야만 하며, 글에 의해 대리되는 방식으로만 출현해야지, 땅딸막한 몸집으로 직접 출현해서는 안 되는 것이다.

유사한 상황은 발자크의 삶 속에서도 발견된다. 발자크와 그의 연인 한스카 부인 사이를 오래도록 대체했던 것은 글쓰기, 연애편지였다. 글쓰기의 이 대리기능을 무시하고 발자크가 직접 한스카 부인 앞에 나타났을 때 무슨 일이 벌어졌던가? 일설에 따르면 "그녀는 이 음유시인의 촌스런 모습에 실망과 놀라움을 감추지 못했다는 것이다."(슈테판 츠바이크, 『발자크 평전』, 푸른 숲, 안인희 옮김, 1988, 351쪽) 그녀의 남편 또한 마찬가지다. "그런 비만증에 그런 외모를 가진 시민계급 남자에게서 사랑에 불타는 편지들을 남몰래 받았다는 것을 그가 어떻게 짐작이나 했겠는가?"(같은 책, 352쪽) 짐작하지 못했을 것이다. 만일 연애가 본질적으로 글 쓰는 자의 직접적 현전(現前)과 상관없이 글쓰기라는 대리를 통해서만 성립하는 것이라면 말이다. 발자크의 연애의 현존(現存)은, 비만증의 글 쓰는 자를 대리하고 있는 편지 속의 "날씬하고 창백하고 절반은 열렬하고 절반은 우울한 눈길을 한 천상의 시인"(같은 책, 350쪽)에 있음이 분명하다.

그렇다면 어떤 의미에서 애인은 문자 속에서만 찾아온다는 것인가, 를 묻기 전에 오래 나이를 먹은 '연애편지'와 이제 막 봄날을 맞은 청춘인 '문자 보내기'가 동일한 것인지 구별해볼 필요도 있을 것이다. 둘 다 문자 표현의 기제더라도 말이다. 어떤 시인은 이렇게 불평한다. "그 여자에게 편지를 쓴다 매일 쓴다 / 우체부가 가져가지 않는다 내 동생이 보고 / 구겨버린다 이웃사람이 모르고 밟아버린다."(이성복, 「편지」) 그러나 이런 배달의 태만에서 오는 편지의 비극, 『로미오와 줄리엣』에 등장하는 편지의 비극 같은 것은 문자 보내기에서는 일어나지 않는다. 왜 문자 보내기는 우리 시대의 최고의 소통수단으로 사랑받는가? 어쩌면 문자 보내기도 대기현상처럼 예측불허인 전파의 변덕 때문에 편지만큼이나 수많은 불발탄을 가지고 있을 것이다. 그러나 문자에는, 편지에서 있을 수 없는 막연한 기다림의 시간이 없으며, 불발탄은 답신없음에 대한 안달 덕에 즉시 발견될 수 있고, 대화는 '실시간'이라는 환상 속에 다시 쉽게 이어진다. 답신에 대한 기다림의 시간, 소통을 망쳐놓을 만한 침묵의 시간은 없다고 해도 좋을 것이다.(물론 편지쓰기의 경우에도 예외적인 상황이 없는 것은 아니니, 카프카 같은 이는 편지의 침묵 앞에서 요즘 아이들처럼 안달복달을 해서 기어코 답신을 받아내기도 한다. 이렇게 말이다. "사람들은 뒤로 쭉 기대어 편지를 집어삼키며, 그 편지들을 삼키는 것을 중단하고 싶지 않은 것 외에는 아무것도 염두에 없습니다. 왜 그런지 그 이유를 설명해주십시오. 밀레나."(프란츠 카프카, 『밀레나에게 보내는 편지』, 박환덕 옮김, 범우사, 2003, 40쪽) 여기서 '편지 삼키기'란 요즘식으로 이렇게 번역할 수도 있겠다. '밀레나, 문자 좀 씹지 말래?'

　어쩌면 문자는 음성의 전달보다도 '실시간적'이며, '현전(presence)'에 충실하다. 전화는 받지 못하면 그걸로 불발이며 처음부터 다시 시작해야 한다. 또한 받기 곤란한 시간에 불청객처럼 울리는 벨소리, 또는 쓸데없이 시간을 빼앗는 광고용 전화, 예절의 수호자로서의 명성을 잃지 않기 위해 차마 끝내지 못하는 통화 등등이 얼마나 많은가? 이 모든 점들은, 전화란 우리 삶이 담겨 있는 시간의 질서에 잘 들어맞다기보다는 시간과 불화하는 존재라는 것을 알려준다. 반면 문자는 원하는 시간에 핸드폰의 폴더를 열어 확인할 수 있으며, 원하는 시간에 답할 수 있다. 한마디로, 자신이 원하는 방식으로 시간을 편성하려는 주체의 의도에 충실하게 순응하는 것이 문자이다. 주체의 시간에 꼭 맞추어서 출현한다는 점에서, 문자는 시간적 불화 없는 또는 실시간적이라 불러도 좋으리라.

— 서동욱, 「애인에게 문자를 날리다」, 『문학동네』 봄호, 2007.

• 직접 써 보세요.

② 통합 교과형 논술 2 : 과정화 모형–비행과 삶

[논제 ❶] 제시문 (나)에서, 만약 수빈에게 메뉴를 고를 수 있는 기회가 3번 주어지고, 각 기회마다 문화 메뉴 중 1개, 혹은 간식 메뉴 중 2개를 선택할 수 있다면, 수빈이가 누릴 수 있는 서비스의 가짓수가 얼마나 되는지 설명하시오.

[논제 ❷] 제시문 (가)를 바탕으로 주어진 문제를 해결하시오.

> 어느 나라에 '지성'과 '감성'이라는 두 화장품 회사가 있다고 하자. 이들은 자기 화장품의 인지도를 높이고 보다 많은 화장품을 팔기 위해 광고가 필요하다. 이 때 광고를 하지 않을 경우 두 회사는 시장을 반반씩 나누어 각각 50억씩의 이윤을 취할 수 있다. 반면 광고를 할 경우에는 10억의 광고비가 필요하지만, 다른 회사가 가진 시장의 40%를 잠식할 수 있다.

위 시장에서 두 화장품 회사의 선택 가능한 조합을 설명하고, 가장 좋은 선택의 과정을 (가)의 경제학적 논리를 이용하여 설명하시오.

[논제 ❸] 비행기가 하늘을 나는 원리를 상세히 기술하고, 이와 같은 원리로 설명되는 현상을 주위에서 3가지 이상 찾아 그 원리와 함께 구체적으로 서술하시오.

[논제 ❹] (가)~(라)에서 볼 수 있는 두 가지 삶의 태도를 비교하여 설명하고, 비행(飛行)의 원리를 원용(援用)하여 조나단과 같은 삶을 옹호하는 주장을 하시오. (800자)

가 민재, 지훈, 예은, 수빈은 이번 여름 방학 때, 같이 외국 여행을 하기로 하였다. 경제 전문가를 자칭하는 민재가 여행지를 선택하는 문제와 여행의 경제적인 일을 맡기로 하였다.

민재는 세계 경제의 중심지인 미국을 가고 싶었다. 국어에 애착이 강한 예은은 우리말에 남아 있는 일본어의 영향에 대한 관심이 높아 일본을 희망했다. 지훈은 물리학에 관심이 많아 뉴턴의 고향인 영국에 가야 한다고 고집을 부렸고, 수학 문제 푸는 게 취미인 수빈은 가우스의 고향인 독일에 가자고 버텼다. 다들 나름대로 고집이 있어 여행지를 고르는 일부터 골치가 아팠다.

민재는 몇 가지 경제학적 원리를 생각해 보았다.

1. 모든 선택에는 대가가 따른다.

희소한 자원에 대한 선택에서는 항상 대가가 따른다. 희소한 자원의 관리에 대해 연구하는 것이 경제학이다. 이 때 올바른 선택을 위해서는 합리적인 의사 결정 능력이 중요하다. 경제학에서는 사람들은 항상 이성적인 판단 능력을 가지고 올바른 의사 결정을 할 수 있는 인간으로 보고 있다.

2. 사람들은 경제적 유인에 반응한다.

사람들은 이득과 비용을 비교해서 결정을 내리기 때문에 이득이나 비용의 크기가 달라지면 행동도 달라진다. 즉 사람들은 경제적 유인에 반응하는 것이다. 자본주의 시장에서는 이러한 개인들의 자기 이익에 대한 추구 원리가 그대로 나타난다. 수요 공급의 법칙은 자기의 이익을 추구하는 이기적 인간들의 시장에서 만나 균형 가격과 균형 수요 공급량의 지점을 찾아 가는 행위인 것이다.

3. 선택의 대가는 그것을 얻기 위해 포기한 것이다.

모든 일에는 대가가 있기 때문에 올바른 의사 결정을 위해서는 다른 대안을 선택할 경우의 득과 실을 따져보아야 한다. 경제학에서의 비용은 어떤 선택을 위해 포기했던 다른 선택을 통해 얻을 수 있는 이득으로 기회비용이라고 한다. 즉 기회비용은 선택에 따른 포기의 비용을 의미하는 것이다.

구분	선택	이익	포기 비용	여행 경비
민재	미국	300만원	400만원	200만원
예은	일본	100만원	400만원	150만원
지훈	영국	300만원	400만원	200만원
수빈	독일	400만원	300만원	600만원

민재는 다른 아이들에게 이러한 내용을 알려주고 기회비용을 생각하여 선택지를 구성하게 하였다. 편익은 다시 화폐로 환산하게 하였다. 같이 구성한 선택지를 표로 정리하여 보여주면서 민재는 아이들에게 설명을 하기 시작했다. 먼저, 기회비용을 고려한 최선의 선택으로 미국과 영국이 비용 면에서 같은 금액이 된다고 하였다. 하지만 최근 경제 추세로 볼 때 원화에 대한 달러화의 가치는 하락하고 있는 반면(원화의 평가절상) 유로화에 대해서는 가치가 상승하고 있다는 점을 고려해야 된다고 덧붙였다. 이러한 추세로 볼 때

경제학적 측면의 최적 여행지는 미국이 된다고 설명하였다. 민재의 설명을 모두들 이해하고 동의할 수밖에 없었다. 민재는 경제적 선택에 있어 균형이 이루어진 것이라고 말하면서, 다양한 경제적 선택의 의사가 충돌할 때는 이런 방식의 결정이 최선이라고 하였다.

나 정해진 날짜가 되어 모두 미국행 비행기에 올랐다. 그런데 이 비행기의 기내 서비스는 좀 독특했다. 5가지 종류의 문화 메뉴 중에서 2개를, 7가지의 간식 메뉴 중에서 3개를 선택할 수 있도록 해놓은 것이었다. 수빈이는 문화 메뉴 중에서 음악과 드라마를, 간식 메뉴 중에서는 과일, 포도주, 빵을 선택했다. 민재는 뉴스와 잡지, 과일과 비스킷, 쥬스를 골랐다. 지훈이는 음악과 영화, 차와 빵과 과일을 원했다. 나머지 아이들도 취향에 따라서 나름대로 선택을 하였다. 그러다가 갑자기 수학만 생각하면 머리에 쥐가 난다는 예은이가 엉뚱한 물음을 던졌다.

문화	간식
음악	과일
영화	비스킷
드라마	쥬스
뉴스	포도주
잡지	차
	빵
	쵸컬릿

"똑같이 선택하는 애들이 없네! 도대체 우리가 선택할 수 있는 경우의 수는 얼마나 되냐?"

수학 문제 풀이가 취미인 수빈이가 다른 아이가 먼저 말할세라 서둘러 나섰다.

"음―, 요건 내가 간단하게 정리해줄게. 문화 메뉴를 선택하는 방법이 $_5C_2=10$가지이고, 간식을 선택하는 방법이 $_7C_3=35$가지이므로 문화와 간식을 선택하는 총 방법의 수는 $_5C_2 \times _7C_3=350$가지야! 어때? 간단하지!"

모두들 '역시, 수빈이야!' 하는 표정을 짓고 있었다.

다 예은이는 사실, 비행기를 난생 처음으로 탔다. 수업 시간에 비행기가 이륙하는 원리와 관련된 내용을 배운 것 같기도 한데, 엄청난 무게의 비행기가, 그것도 이렇게 많은 사람을 태우고 하늘로 날아오를 수 있다는 게 새삼스레 신비하게 느껴졌다. 그래서 물리학에 일가견이 있다고 자부하는 지훈에게 물었다.

"야, 지훈아! 비행기와 같은 무거운 쇳덩이가 어떻게 하늘을 날아오를 수 있는 거니? 배가 물에 뜨는 것보다 훨씬 더 신비하게 느껴져. 그리고 서서히 떠오를 줄 알았는데, 생각보다 갑자기 확― 위로 솟구치네!"

지훈은 그 정도는 별것 아니라는 표정을 지으면서 대답했다.

　"응, 비행기가 빠른 속도로 운동하면 공기로부터 위쪽으로 양력이라는 힘을 받게 돼. 그 힘으로 날아오르는 거야."

　"야, 양력이 뭔데?"

　예은이가 물었다.

　"응, 양력이란 비행기가 빠른 속도로 운동할 때 비행기 위로 지나가는 공기의 유속이 비행기 아래로 지나가는 공기의 유속보다 빨라서 유속이 느린 아래쪽의 공기로부터 유속이 빠른 위쪽의 공기로 작용하는 힘을 말해."

　"아, 그래. 대충 이해는 되는데, 너는 너무 선생님처럼 설명하는구나! 좀 쉽게 말할 수 없나?"

　"응, 그래? 하긴, 내가 생각해도 좀 뭐 그렇네. 음, 그러면 말이야……. 일상생활 속의 현상에서도 이런 원리로 설명할 수 있는 것들이 많은데, 적절한 예가 떠오르면 내가 다시 설명해 줄 게. 아, 그리고 유체역학에 대한 책들을 읽어 보면 이 원리를 더 쉽게 이해할 수 있을 거야."

　라 　서비스로 제공된 과일과 쥬스를 다 마신 예은이는 가방에서 책을 꺼냈다. 그때 통로 건너 쪽의 옆자리에 있던 수빈이가 이어폰을 귀에서 빼면서 말했다.

　"야, 무슨 책이니?"

　"응, 리처드 바크의 『갈매기의 꿈』이야! 예전에 한 번 읽었던 책인데, 비행기를 타고 가면서 읽으면 감상과 이해가 더욱 절실할 것 같아서……. 비행기는 말이야, 다른 교통수단에 비해서 좀 특별한 맛이 있는 것 같아."

　"그래, 맞아. 나는 것은 인간이 줄기차게 실현하고 싶은 이상 중에 하나지. 그런데 『갈매기의 꿈』에서는 '비행(飛行)'의 의미를 어떻게 말하고 있니?"

　"응, 수학이나 물리, 또는 경제적인 측면에서 보는 것하고는 좀 차원이 다른 면이 있어. 이럴 줄 알고, 내가 같이 생각해 볼 수 있는 적절한 부분을 찾아 놓았지. 내가 읽을 테니까, 잘 들어봐."

　어느새 민재와 지훈이도 예은과 수빈의 이야기에 대해 자못 흥미롭다는 듯이 귀를 기울이고 있었다. 예은이는 표시해놓은 부분을 읽기 시작했다.

　대부분의 갈매기들은 비상의 가장 단순한 사실, 곧 먹이를 찾아 해변으로부터 떠났다가 다시 돌아오는 방법 이상의 것을 배우는 것에는 신경 쓰지 않았다. 대부분의 갈매기들이 중요하게 생각하는 것은 나는 것이 아니라 먹는 것이었다. 하지만 이 갈매기에게는 먹는 것이 아니라 나는 것이 더 중요했다. 그 무엇보다도 조나단 리빙스턴 시걸은 나는 것을 사랑했다.

그러나 이러한 생각은 다른 갈매기들과 친하게 어울릴 수 있는 방법이 아님을 그는 알게 되었다. 그의 부모조차도 조나단이 하루 종일 혼자 외롭게 시도하며, 수백 번이나 낮게 활강하는 것을 보고는 당황하고 있었다.

(중략)

"왜 그러니, 조나단? 도대체 왜 그러는 거니?"

그의 어머니가 물었다.

"왜 넌 다른 갈매기들처럼 되는 게 그리도 힘든 거니? 저공 비행 따윈 펠리컨이나 알바토로스에게 맡길 수 없니? 넌 왜 잘 먹지도 않니? 애야, 넌 너무 말라서 뼈와 깃털뿐이구나!"

"뼈와 깃털뿐이어도 상관없어요, 엄마. 전 다만 공중에서 제가 무얼 할 수 있고, 무얼 할 수 없는가를 알고 싶을 뿐이에요. 그게 전부예요. 전 단지 알고 싶을 뿐이에요."

"내 말을 들어 봐라, 조나단."

그의 아버지가 타이르듯 말했다.

"겨울이 멀지 않았다. 고기잡이하는 배들도 거의 없어질 것이고, 수면에서 놀던 물고기들도 깊은 데서 헤엄칠 것이다. 만일 네가 꼭 배우고자 한다면, 먼저 먹이를 구하는 법부터 배우거라. 물론 네가 원하는 비행 기술도 다 좋지만, 나는 것만으론 먹고 살 수가 없다는 걸 너도 알 것이다. 네가 나는 이유는 어디까지나 먹기 위해서라는 걸 잊지 말아야 한다."

조나단은 반항하지 않고 고개를 끄덕였다. 그는 정말로 그 후 며칠 동안 다른 갈매기들처럼 행동하려고 노력했다. 갈매기떼와 더불어 선창가와 고기잡이 배 주위에서 꽥꽥거리고 다투면서 물고기와 빵조각들 위로 재빨리 몸을 날렸다. 그는 진정으로 마음을 다해 그렇게 하려고 시도했다. 하지만 그는 그렇게 할 수가 없었다.

이건 정말 무의미한 짓이야. 그렇게 생각하면서 그는 힘들게 획득한 멸치를 자기를 추격하는 늙은 갈매기에게 일부러 떨어뜨려 주었다. 이런 시간을 모두 나는 연습을 하는 데 쓸 수 있다면 얼마나 좋을까. 배울 것이 너무도 많은데!

얼마 지나지 않아 갈매기 조나단은 또다시 혼자 바다 먼 곳에서, 배는 고프지만 행복한 마음으로 나는 연습을 하고 있었다.

(중략)

"무책임하고도 무모한 행동을 하여……."

근엄한 목소리가 선고문을 낭독하듯 말했다.

"그대는 갈매기 족의 존엄성과 전통을 파괴하였으며……."

명예롭지 못한 일로 한가운데 나와 선다는 것은 갈매기 사회에서 추방되어 '멀리 떨어진 절벽'에서 고독하게 살아야 함을 의미했다.

"조나단 리빙스턴, 어느 날엔가 그대는 무책임한 행동은 보상 받을 수 없다는 사실을 배우게 될 것이다. 삶은 미지의 것이며, 또한 알 수도 없는 것이다. 우리는 단지 먹기 위해 이 세상에 던져졌으며, 가능한 한 오래 생을 유지해야 한다는 것만을 알 뿐이다."

한 마리의 갈매기도 이 부족 회의의 결정에 항의하지 않았다.

—갈매기의 꿈, 리처드 바크 / 류시화 옮김, 2003, 현문미디어

다 읽고 난 예은이가 말했다.

"어때, 차원이 확실히 다르지. 나는 이 글을 읽으면서 삶의 목적과 지향점, 또는 가치관에 대해서 많은 생각을 했어. 그런데 재미있는 것은 말이야. 물리적인 양력의 속성으로 조나단이 보여주는 삶의 한계와 그 의미를 말할 수 있겠다는 생각이 얼핏 들어."

- 직접 써 보세요.

제5장

입시 논술의 해결

  학교에서 이루어지는 논술 수업이 입시 논술과 접목되는 지점은 기출 문제 분석의 실제이다. 대학별 입시 논술을 해결하려면 범교과적 성격의 교과성 파악, 사회 현상에 대한 이해, 기출 문제 분석 등이 필요하다. 주지하다시피 입시 논술은 대학마다 출제의 특징이 있고 수험생이 지원하는 대학마다 기출 문제 분석—제시문의 구성 유형, 논제의 특징, 문항수—이 우선적으로 해결할 수 있는 방안이다. 다음은 대학 입시 논술 분석이다. 이를 통해서 입시 논술의 해결 방안을 모색할 수 있을 것이다.

① 2008학년도 서울대학교 모의논술(Ⅲ) − 인문

다음 제시문을 읽고 논제에 답하시오.

[논제 ❶] 각 제시문이 공통적으로 주장하는 바를 요약하시오. (200자 이내)
[논제 ❷] 각 제시문의 핵심적 주장에 대한 반론을 제시하시오. (600자 이내)
[논제 ❸] 위의 논의를 토대로 정보화 시대의 이상적인 민주주의를 구상해 보고 이를 실현하기 위한 구체적인 방안을 기술하시오. (800자 이내)

가 미국의 건국 초창기 토마스 제퍼슨은 주민들이 그들의 문제를 주민회의(town meeting)에서 결정할 수 있는 직접 민주주의를 희망했지만, 자신의 생각을 포기해야만 했다. 그는

거리상의 문제와 제한된 의사소통이라는 두 가지 문제점 때문에 시민들의 의사결정을 대신할 대표를 선택하는 방법을 택할 수밖에 없었다. 만약 오늘날에 토마스 제퍼슨이 살아 있다면 그는 인터넷을 보고 좋아했을 것이다. 왜냐하면 주민회의와 직접적인 주민 참여를 기초로 한 민주주의의 이상향이 최근 현실화되어 가고 있기 때문이다. 앞으로 인터넷을 통한 광범위하면서도 통제 받지 않는 쌍방향의 대화가 현실 정치의 중심이 될 것이다. 수많은 정보가 제공됨으로써 어떤 조직이나 기관도 더 이상 정보의 자유로운 흐름을 차단하거나 의견 형성을 통제하지 못할 것이다. 이렇게 자신의 의사를 자유롭고 평등하게 표현할 수 있는 분위기 속에서 여론 지도자들이 도처에 생겨날 것이다. 이런 정보·통신 기술의 놀랄 만한 발달은 사실상의 직접 민주주의를 가능하게 할 것이다.

—Dick Morris, 『인터넷과 직접민주주의 그리고 쌍방향 대화』

나　현대 사회에서 정보·통신 기술의 발달은 가상공간이라는 새로운 세계를 우리에게 가져다주었다. 컴퓨터가 만들어 낸 가상공간에서는 물리적 제한이 없으므로 누구나 남자가 여자로 바뀔 수 있으며, 어른이 아이 행세를 할 수도 있다. 이와 같은 가상공간 속의 자유로움은 개인의 정신적 자세, 생활 태도, 행동 양식을 형성하는 데 영향을 줄 수 있다. 가상공간에서는 어느 정도 자유와 평등이 보장되므로, 각자가 자신의 개성을 자유롭게 표현할 수 있으며, 그로 인하여 자신의 역할 및 자아에 대해 깊게 인식할 수 있다. 가상공간에서의 자유로운 자기표현은 지적·감성적 개방성을 높이고, 포용력 있는 성향을 가지는 데에도 도움을 줄 수 있다. 또한 가상공간에 참여하는 사람들은 다양한 형태로 그들만의 사회나 단체를 구성할 수 있으며, 그 범위는 지구 반대편의 친구들까지 포함할 수 있을 정도로 넓다. 이런 가상 공동체에서의 상호 교류를 통해 우리는 분석력과 판단력 등의 능력과 함께, 남의 것을 평가하고 비평하며 타인과 협조하는 등의 태도를 기를 수 있다.

—『고등학교 도덕』

다　민주 정치는 시민의 참여 없이는 실현되기 어렵다. 왜냐하면 민주 정치의 이상은, 국민 스스로가 국가 권력의 주체가 되어 공공 정책 결정에 자신의 의사를 반영하고 그 집행 과정을 감시·통제함으로써 자유와 권리를 확보하려는 것이기 때문이다. 이런 점에서 정보·통신 기술의 발달은 민주주의의 발전에 크게 기여할 것으로 기대된다. 정보·통신 기술의 발달로 인해 개인 간의 연결망이 활성화되고, '지식 근로자'와 같은 새롭고 다양한 중간 계층이 형성될 것으로 기대된다. 또한 정보·통신 기술의 발달은 생산성과 효율을

높일 것이고, 그로 인해 생긴 경제적 이익이 누구에게나 폭넓게 돌아가 빈부 격차가 완화
될 것으로 전망된다. 한편 발달된 정보·통신 기술은 수평적인 사회 조직을 만들고, 정보
에 대한 접근성을 증가시켜 권력 차이를 감소시킬 수 있을 것이다. 결국 이런 모든 변화
는 권력을 시민 사회에 분산시킬 것이다. 그리고 이러한 변화가 주민 자치를 활성화시키
고 다양한 정치 참여의 기회를 열어주므로, 대의 민주주의의 위기가 극복되고 직접 민주
주의의 이상에 가까운 새로운 민주주의가 실현될 것으로 전망된다.

—『고등학교 사회문화』

• 직접 써 보세요.

나비효과

스웨덴의 로날드 디엔스가 9살일 때 선생님이 "아마존강 숲의 파괴로 산소가 점차 없어져서 너희들이 어른이 되었을 때 산소가 부족할거야"라는 이야기를 했다. 로날드는 아마존을 살리기 위해 집에 가서 엄마에게 빵을 구워달라고 했다. 아마존을 위해 어린 아이가 학교에서 빵을 팔기 시작하자 나중에 학교가 나서고 점차 이웃, 스웨덴, 유럽, 미국으로 확대되어 기금을 조성해서 결국 7천Ha의 아마존을 샀다. 이곳을 '청소년을 위한 영원한 숲'으로 조성하고 이 숲의 나무는 누구도 자르지 못하는 지역으로 지정했다.

다음 제시문을 읽고 논제에 답하시오.

[논제 ❶] 인간의 같은 염색체에서 얻어진 DNA 조각을 S_1, S_2, S_3, S_4라고 하자. S_1, S_2, S_3, S_4의 염기서열 일치 여부에 관한 정보로부터 다음 행렬이 만들어질 수 없음을 설명하시오.

$$\begin{pmatrix} 1 & 1 & 0 & 1 \\ 1 & 1 & 1 & 0 \\ 0 & 1 & 1 & 1 \\ 1 & 0 & 1 & 1 \end{pmatrix}$$

[논제 ❷] $n \times n$ 행렬 중 0과 1만을 성분으로 갖고 $1 \leq i \leq n$, $1 \leq j \leq n$인 i, j에 대하여 (i, i) 성분이 1이며 (i, j) 성분과 (j, i) 성분이 같은 행렬을 '거울행렬'이라고 하자. 논제 1에서와 같이 4×4 거울행렬 중에는 인간의 같은 염색체에서 얻어진 DNA 조각의 염기서열의 일치 여부에 관한 정보로부터 만들어 질 수 없는 행렬이 존재한다. 하지만 3×3 거울행렬 중에는 그러한 행렬이 존재할 수 없음을 설명하시오.

[논제 ❸] 인간의 같은 염색체에서 얻어진 n개의 DNA 조각을 S_1, S_2, $\cdots$, $S_n(n \geq 4)$이라고 하자. S_1, S_2, $\cdots$, S_n의 염기서열의 일치 여부에 관한 정보로부터 만들어 질 수 없는 거울행렬을 하나 택하여 그것을 (i, j) 성분을 사용하여 표현하시오. (예를 들어, $\begin{pmatrix} 1 & 1 \\ 1 & 1 \end{pmatrix}$은 $1 \leq i \leq 2$, $1 \leq j \leq 2$인 i, j에 대하여 (i, j) 성분이 1인 행렬로 표현할 수 있다.) 또한, 그 행렬이 염기서열의 일치 여부에 관한 정보로부터 만들어 질 수 없는 이유를 설명하시오.

[논제 ❹] 인간의 같은 염색체에서 얻어진 DNA 조각을 S_1, S_2, S_3, S_4, S_5, S_6, S_7이라고 하자. 논제 ❸에서 찾은 행렬(n=7)과 다르면서 S_1, S_2, S_3, S_4, S_5, S_6, S_7의 염기서열 일치 여부에 관한 정보로부터 만들어질 수 없는 거울행렬이 존재할 수 있는지에 대하여 논술하시오.(단, 논제 ❸에서 찾은 행렬의 i번째 행과 j번째 행, i번째 열과 j번째 열을 바꾸어 얻어지는 행렬은 같은 행렬로 간주한다.

> 어떤 생명체의 유전정보의 총체를 유전체(genome)라고 부른다. 인간의 유전체는 23개의 염색체로 이루어져 있으며 그 안의 유전정보는 DNA의 염기서열(base sequence)로 기록된다. 인간의 염색체는 한 개의 선형 DNA로 구성되어있는 반면 박테리아의 염색체는 한 개의 원형 DNA로 구성되어 있다.
>
> 유전체 DNA의 염기서열을 알아내는 것은 생명 현상의 이해를 위해서 매우 중요한 일이다. 유전체 DNA의 염기 서열을 알아내기 위하여 인간 유전

체사업(Human Genome Project)에서 사용한 방법은 다음과 같다.

　　먼저 동일한 염색체 DNA 여러 개를 각각 적절한 길이로 무작위로 잘라 낸 다음, 염기서열분석기(DNA Sequencer)를 이용하여 잘라낸 DNA 조각의 양 끝의 염기 서열을 읽어낸다. 이렇게 읽어낸 DNA 조각들의 염기서열을 비교하여 서로 염기서열이 일치하는 부분을 찾고, 이를 바탕으로 DNA 조각들을 배열하여 유전체의 염기서열을 재구성한다. 예를 들어, 잘려진 DNA 조각 S_1, S_2, S_3에 대하여, S_i와 S_j의 염기서열 끝부분이 서로 일치한다면 행렬의 $(i,\ j)$ 성분을 1, 일치하지 않는다면 0으로 표시하여 만들어진 행렬이 다음과 같다고 하자.

$$\begin{pmatrix} 1 & 1 & 0 \\ 1 & 1 & 1 \\ 0 & 1 & 1 \end{pmatrix}$$

　　위의 내용으로부터, S_1, S_2, S_3가 다음과 같이 배열되어 있음을 알 수 있다.

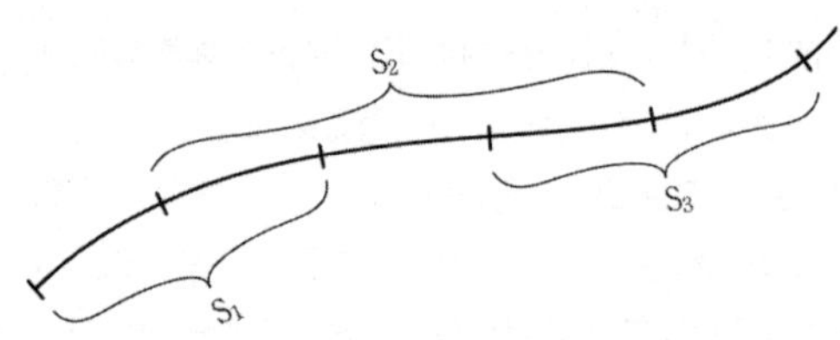

이 배열은 　　（S_1　S_2　S_3의 형태 그림）　　의 형태로도 표현할 수 있다.

직접 써 보세요.

③ 2008학년도 중앙대학교 모의논술 풀이 – 수리과학

 다음 제시문을 읽고 논제에 답하시오.

[논제 ❶] 제시문 (가)의 논리를 이용하여 달이 지구 주위를 계속해서 회전하는 원리를 설명하고, 사과
　　　　가 나무에서 떨어지는 현상과 달이 지구 주위를 회전하는 현상 사이의 공통점과 차이점에 대
　　　　하여 기술하시오.(20점)

[논제 ❷] Newton은 사과를 지구 표면으로 떨어뜨리는 힘과 달을 지구 주위로 회전하게 하는 힘이 같
　　　　고, 그 힘은 바로 지구의 중력이라는 가설을 세웠다. 제시문 (나)의 내용을 바탕으로 이 가설
　　　　을 검증할 수 있는 방법에 대하여 논술하시오.(10점)

[논제 ❸] 달이 지구 주위를 회전하고 있는 것과 같이 지구와 다른 태양계의 행성들이 태양 주위를 돌고
　　　　있는 것은 명백한 사실이다. 태양계 형성 초기에는 현재 존재하는 태양계의 행성들보다 훨씬
　　　　많은 수의 행성들이 존재했었다고 알려져 있다. 위의 제시문을 참조하여 초기 행성들의 운명
　　　　이 어떤 이유로 달라지게 되어 현재의 상태가 되었는지를 논하고, 현재 우리가 관측하는 태양
　　　　계의 행성은 왜 태양과 충돌하지 않고 안정된 궤도로 회전하고 있는지를 설명하시오.(10점)

가　Newton은 아마도 사과가 떨어지는 모습을 통해서 사과를 끌어당기는 지구의 인력
을 달까지 확장하는 생각을 떠올렸을 것이다. 달이 사과와는 달리 지구 표면으로 떨어지
지 않고 오히려 지구 주위를 회전한다는 사실에 대하여 Newton은 오랫동안 곰곰이 생각
하고 있었다. Newton은 물체의 속력이나 운동 방향이 바뀌는 원인은 힘에 있다고 믿고
있었으므로, 사과를 끌어당기는 힘이 달에도 적용되어, 달이 지구 주위를 원 궤도로 돌
수 있도록 달을 끌어당긴다고 생각했다. Newton의 생각에 근거하여 달의 운동과 산 정상
에서 수평 방향으로 발사한 포탄의 운동을 비교하여 보자 (단, 공기 저항은 무시한다.).
만약 수평 방향으로 포탄을 발사한다면 포물선 궤도를 따라 움직이다가 곧 지구 표면으로
떨어질 것이다. 속력을 조금 증가시켜 포탄을 발사한다면 포물선 궤도는 덜 휘어지고 포
탄은 더 멀리 날아가서 지구 표면에 떨어질 것이다. 속력을 더욱 더 증가시켜 포탄을 발
사한다면 주어진 시간에 포탄이 지구 표면으로 떨어지는 거리와 지구 표면이 지평선 아래
로 내려가는 거리가 같아지는 상황이 생길 수 있으며, 이때 지구 표면으로부터 포탄의 높
이는 일정한 거리를 유지할 것이다. (아래 그림 참조)

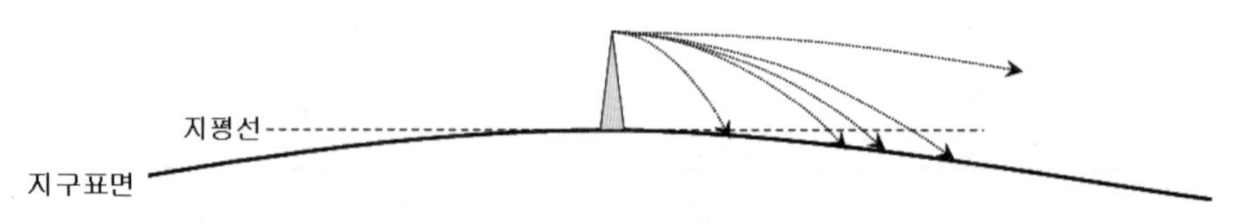

 지구의 중력에 관하여 다음과 같은 사실이 알려져 있다.

- 지구 표면으로 떨어지는 물체의 가속도는 그 물체의 질량에 관계없이 일정하다.
- Kepler 법칙에 의하면 지구의 중력은 거리의 제곱에 반비례한다.
- 달이나 사과가 지구 중심 방향으로 떨어지는 현상에는 지구 중심에서 달이나 사과까지의 거리만 관계된다.
- 지구 중심에서 달의 중심까지의 거리는 지구 중심에서 지구 표면 근처의 사과까지의 거리의 60배이다.
- 지구 표면 근처에 있는 사과가 처음 1초 동안 약 5m 떨어지고 같은 1초 동안 달은 지구 중심 방향으로 약 1.4mm 떨어진다.

● 직접 써 보세요.

2차원 평면 위에 존재하는 다섯 개의 점 $(x_1, y_1) = (1, 1)$, $(x_2, y_2) = (3, 2)$, $(x_3, y_3) = (4, 3)$, $(x_4, y_4) = (5, 4)$, $(x_5, y_5) = (7, 9)$를 통하여 x의 변화에 따라 y가 어떻게 변화되는지를 알아보려 한다.

[논제 ❹] x의 변화에 따라 y가 변하는 대체적인 추세를 파악해보기 위하여 이를 설명할 수 있는 직선을 찾아보려고 한다. 즉, 이 다섯 점의 변화를 최대한 잘 설명할 수 있는 직선 $y = ax + b$ (단, a와 b는 상수)를 구하려 한다. 이 때, a의 값을 구하기 위하여 먼저 다음을 정의하였다.

---

① 모든 $1 \leqq i < j \leqq 5$ 에 대하여 "$x_j > x_i$ 인 (i, j) 의 개수"를 N이라 정의한다.

② N개의 $x_j > x_i$ 인 (i, j)에 대하여 S_{ij}를 다음과 같이 정의한다.

$$S_{ij} = \frac{y_j - y_i}{x_j - x_i} \ , \ i < j$$

위의 내용을 사용하여 학생 갑은 a의 값으로 N 개의 S_{ij} 값들의 평균을 사용할 것을 제안하였다. 갑이 한 제안의 논리적 타당성에 대하여 설명하시오.(10점)

[논제 ❺] 위와 같은 상황에서 a의 값을 구할 수 있는 다른 방안을 제시하고 학생 갑의 제안과 비교하여 그 타당성을 설명하시오.(10점)

[논제 ❻] 위의 다섯 점의 변화를 직선이 아닌 이차곡선 $y = cx^2 + d$ (단, c와 d는 상수)를 통하여 설명하려 할 때, c의 값을 추정할 수 있는 합리적인 방안을 제시하시오.(10점)

• 직접 써 보세요.

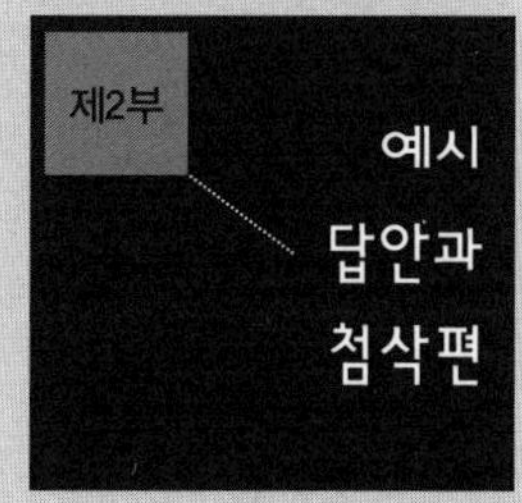

제2부
예시
답안과
첨삭편

교과 논술

1. 국어과 논술 (1)

01 | 출제 의도

　국어 교과에서 제시된 글을 읽고 요약하는 능력은 국어 능력의 기본인 동시에 핵심이다. 논술에서 제시문에 대한 이해는 가장 기초적인 것이며, 가장 중요한 것이다. 제시문을 잘못 이해하면 그 나머지를 아무리 잘하더라도 소용없는 일이 되기 때문이다. 논술문의 제시문을 이해할 때는 상대의 논증을 재구성하는 입장에서 내용을 정리해야 하는데, 이것은 국어의 요약하기와 같은 것인데 관점을 약간 달리 했을 뿐이다. 이 문제는 제시문에 대한 독해 능력과 논증의 재구성 능력을 기르기 위해 출제한 것이다. 제시문의 논증을 재구성하는 것은 비판적 사고력의 시작이다.

02 | 제시문 분석

　제시문 (가)는 하나의 논증과 그에 대한 반박 논증이 잘 드러나는 글이다. 중국측은 '고구려사는 중국사'라고 주장하고 있으며, 필자는 여기에 대해 '고구려사는 중국사가 아니'라고 반박하고 있다. 쟁점 사항은 크게 다음의 네 가지로 정리된다. 중국과 고구려는 신속 관계였는가? 고구려는 중국의 영토였는가? 고구려와 수·당의 전쟁은 중국 내전이었는가? 고구려 유민은 중국에 동화되었는가? 필자는 이러한 쟁점 사항에 대해 구체적인 근거를 대면서 모두 반박하고 고구려사는 중국사가 아니라고 주장한다. 그리고 중국측의 동북공정 이유를 중화사상으로 설명하고 있다.

　제시문 (나)에 나타난 로크의 논증을 재구성해보면 다음과 같다.

① 자신의 신체는 자신의 소유다.
② 누구의 소유도 아닌 것에 자신의 신체로 노동을 보태면 자신의 소유가 된다.
③ 자연 상태에 있는 것은 누구의 소유도 아니다.
④ ∴ 자연 상태에 있는 것은 자신의 노동을 보태면 자신의 소유가 된다.

⑤ 인간의 모든 욕망은 이성의 법칙에 의해 제한된다.
⑥ 인간의 소유욕도 욕망의 일종이다.
⑦ ∴ 인간의 소유욕도 이성의 법칙에 의해 제한된다.
⑧ 다른 사람에게 피해를 주지 않는 것은 제한할 필요가 없다.

⑩ 토지 사유화는 다른 사람에게 피해를 주지 않는다.
⑨ ∴토지 사유화는 제한할 필요가 없다.

　이와 같이 전제(① ② ③ ⑤ ⑥ ⑨ ⑩)와 결론(④ ⑦ ⑩)으로 추론 과정을 재구성해 놓으면 주장의 타당성을 판단하기 용이하다. 마지막 논증을 예로 들어 평가해 보자. '⑨ 토지 사유화는 제한할 필요가 없다'는 주장은 근거로 제시된 ⑧, ⑨의 타당성 정도에 따라 정당화된다. '다른 사람에게 피해를 주지 않는 것은 제한할 필요가 없다'는 주장은 대체로 옳다. 사회 현실에서 각종 법도와 규정으로 제한하는 기준은 다른 사람에게 피해를 주는가에 있기 때문이다. 그런데 '토지 사유화는 다른 사람에게 피해를 주지 않는다'는 주장은 쉽게 정당화되지 않는다. 물론 로크는 여기에 '다른 사람이 차지할 토지가 여전히 많이 남아 있어야 한다'는 전제를 두고 있다. 전체 인구가 얼마 되지 않고 어떤 한 개인이 아무리 많은 토지를 차지하더라도 여전히 다른 사람이 차지할 토지가 많이 남아 있는 중세나 고대 사회에서는 이러한 주장이 타당할 수 있다. 그러나 이런 시대에도 모든 땅의 가치가 똑같을 수는 없기 때문에 모두에게 동등한 기회가 주어진다고는 볼 수 없다. 이러한 로크의 주장이 현대 사회에서 정당성을 얻는 것은 더욱 어렵다. 이와 같이 제시문의 논증을 재구성해보면 논리적인 타당성을 따지기가 쉽다. 따라서 제시문을 요약할 때는 먼저 문단 구성에 따라 중심 내용을 정리하고, 이것을 다시 추론의 과정에 따라 재구성하는 것이 필요하다. 논제에서 요구하는 '요약하기'도 재구성한 논증을 바탕으로 쓰는 것이 더 선명하다.

03 | 예시 답안

논제 ❶

　중국측은 고구려가 중국에 조공(租貢)을 바친 것은 신속(臣屬) 관계였음을 의미한다고 주장한다. 고구려는 중국의 지방 정권에 불과했으며 고구려와 수나라·당나라 간의 전쟁도 중국 내전으로 보고 있다. 중국측은 고구려 유민 또한 대부분이 중국에 망명하여 동화되었다고 주장한다. 이러한 근거를 바탕으로 고구려사는 중국사라고 주장하고 있다.
　필자는 중국측 논증의 첫 번째 근거에 대해 조공은 정치적 우위를 인정한 절차일 뿐, 정체성과 자주권은 훼손되지 않았다고 반박한다. 그리고 고구려가 중국의 영토 안에 있었다는 주장에 대해서도 세금을 낸 일이 없고 군대가 동원된 일도 없었기 때문에 중국 영토에 속했던 것이 아니라고 반론한다. 고구려와 수·당과 전쟁이 중국 내전이었다는 중국측의 주장에 대해서는 중국의 사서인 『신당서』의 내용을 근거로 부정하며, 고구려 유민이 대부분 중국에 동화되었다는 주장에 대해서도 구체적인 기록을 근거로 내세워 중국측의 주장이 설득력이 없음을 밝히고 있다.

논제 ❷

　로크가 말하는 자연 상태는 모든 사람이 공유하는 상태이다. 로크는 이러한 자연 상태에 자신의 소유인 신체로 노동을 보탬으로써 자신의 소유가 된다고 말한다. 자신이 노동을 하는 만큼 자신의 소유가 된다면, 무한정으로 많이 소유하려고 하지 않겠는가? 이에 대해 로크는 자연법, 즉 이성의 법칙에 의해 제한된다고 말한다. 즉, 사람들은 스스로 자기가 즐길 만큼, 썩기 전에 자신의 삶의 이득이 되는 한도 안에서만 소유를 하게 된다는 것이다. 로크는 사유화에 대해서 다른 사람의 몫이 충분히 남아 있고 다른 사람에게 피해를 주지 않는 경우 외에는 제한할 필요가 없다고 말한다.

2. 국어과 논술 (2)

01 | 출제 의도

이 문제는 불평등에 대한 설명과 그에 대한 태도와 해결 방법을 중심으로 제시문과 논제를 구성하였다. 불평등 또는 평등은 인류 역사상 줄곧 문제가 되어 왔고, 불평등으로 인해 발생하는 사회적 문제를 해결하거나 완화시키기 위해 다양한 해결 방법들이 시도되었다. 오늘날 우리 사회에서도 여전히 불평등은 문제가 되고 있다. 세계화 시대, 자유 경쟁 기제가 강화되는 한국 사회에서 빈부 격차, 교육 기회의 불평등, 문화의 불균형 등은 여전히 많은 사회적 갈등을 유발하고 있다. 문학 작품 속에 반영되어 있는 인간 삶의 불평등 문제를 사회학의 이론과 관련지어 사회를 통합적으로 이해하고, 그 해결 방법을 창의적으로 모색해보게 하는 데 출제의 중점을 두었다.

02 | 배경 지식

• 플라톤

플라톤은 사람들 중에는 특별한 재능 없이 태어나는 사람, 힘과 용기를 많이 가지고 태어나는 사람, 좋은 머리를 가지고 태어나는 사람 등 세 부류가 있으며, 이들은 각자의 재능에 따라 맡는 일과 역할을 달리하는 것이 좋다고 하였다. 그래서 사람들은 3등급으로 나누어 서민층은 농업, 공업, 상업 등 생산활동에, 중간층은 군인, 문예에, 최고층은 국가통치에 종사해야 한다고 했으며, 이들을 각각 인체의 세부분에 비유하여 서민층은 '정욕과 배', 중간층은 '용기와 가슴', 최고층은 '지혜와 두뇌'에 해당한다고 하였다.

• 『난장이가 쏘아올린 작은 공』

1976년 <문학과 지성>에 발표된 이 작품은 같은 제목의 연작 12편 중, 네 번째에 해당하는 중편 소설이다. 1970년대 한국 소설이 거둔 중요한 결실로 평가되는 작품으로서 전혀 낙원이 아니고 행복도 없는 '낙원구 행복동'의 소외 계층을 대표하는 '난장이' 일가(一家)의 삶을 통해 화려한 도시 재개발 뒤에 숨은 소시민들의 아픔을 그리고 있다. 이 작품은 도시 빈민의 궁핍과 자본주의 사회의 모순을 그리고 있는 작품으로서, 특히 노동자의 현실 패배가 우리 사회의 어떤 구조적 모순에서 비롯되고 있는가를 추적하고 있다. 사실 이 작품에 담겨 있는 소외된 도시 근로자의 여러 문제는 우리 사회가 당면하고 있는 현실의 문제이다. 즉, 생존에 필요한 최저 수준에도 못 미치는 저임금, 열악한 작업 환경, 고용자로부터 강요되는 부당한 노동 행위, 노동조합에의 탄압, 폭력으로 저항할 수밖에 없는 그들의 극한적 심리 상태, 그리고 가진 자들의 위선과 사치, 그들의 교묘한 억압 방법 등 산업 사회의 부정적 측면들이 제시되어 있다.

• **천상병 [千祥炳, 1930.1.29~1993.4.28]**

　일본 효고현(兵庫縣) 히메지시(嬉路市) 출생. 1955년 서울대학교 상과대 4년 중퇴. 1949년 마산중학 5학년 때, ≪죽순(竹筍)≫ 11집에 시 ≪공상(空想)≫ 외 1편을 추천받았고, 1952년 ≪문예(文藝)≫에 ≪강물≫, ≪갈매기≫ 등을 추천받은 후 여러 문예지에 시와 평론 등을 발표했다. 1967년 7월 동베를린공작단사건에 연루되어 6개월간 옥고를 치렀다. 가난·무직·방탕·주벽 등으로 많은 일화를 남긴 그는 우주의 근원, 죽음과 피안, 인생의 비통한 현실 등을 간결하게 압축한 시를 썼다. 1971년 가을 문우들이 주선해서 내준 제1시집 ≪새≫는 그가 소식도 없이 서울시립정신병원에 수용되었을 때, 그의 생사를 몰라 유고시집으로 발간되었다.

　'문단의 마지막 순수시인' 또는 '문단의 마지막 기인(奇人)'으로 불리던 그는 지병인 간경변증으로 세상을 떠났다. ≪주막에서≫, ≪귀천(歸天)≫, ≪요놈 요놈 요 이쁜 놈≫ 등의 시집과 산문집 ≪괜찮다 다 괜찮다≫, 그림 동화집 ≪나는 할아버지다 요놈들아≫ 등이 있다. 미망인 목순옥(睦順玉)이 1993년 8월 ≪날개 없는 새 짝이 되어≫라는 글모음집을 펴내면서 유고시집 ≪나 하늘로 돌아가네≫를 함께 펴냈다.

—≪두산백과사전, EnCyber & EnCyber.com≫

• **간디주의 [Gandhiism]**

　간디가 반영(反英)항쟁 때 주장한 불복종·비협력·비폭력주의적 무저항주의를 뜻한다. 간디는 독특한 철학으로 사티아그라하(satygraha : 진리파악), 브라흐마차랴(brahmacharya : 자기정화), 아힘사(ahisa : 無傷害)의 3가지를 내세우고, 나아가 이것에 스와라지(swaraj : 자치)를 결부시켜 비폭력·비협력의 독립운동을 전개하였다.

　베옷을 입고 염소젖을 마시며, 직접 물레를 돌려 실을 잣고 천을 짜면서 민중을 지도한 간디의 모습은 이와 같은 독특한 사상의 실천이었다.

—≪두산백과사전, Encyber & Encyber.com≫

03 ｜ 제시문 분석

　제시문 (가)는 불평등에 대한 주요 사상가들의 설명을 정리한 것이다. 불평등은 하나의 사회적 현상이기 때문에 원인을 파악하는 것이 중요하다. 고대 그리스 학자들은 불평등의 원인을 선천적 소질이 차이로 보았다. 이에 비해 서양근대 사상가들은 불평등은 사회가 만들어낸 것이라고 보았다. 불평등을 소유의 불평등과 기회의 불평등으로 나누고, 기회의 불평등은 다시 형식적 불평등과 실질적 불평등으로 나누고 있다. 불평등에 대한 구체적인 해결 방법은 제시되어 있지 않기 때문에 제시문 속에 있는 불평등의 원인을 바탕으로 해결 방법에 접근해가는 것이 필요하다.

　제시문 (나)에는 소유의 불평등과 기회의 불평등이 나타나 있다. '나'와 나'의 가족은 대대로 가난하고, 교육을 제대로 받을 기회조차 주어지지 않았다. '나'가 가난한 것은 아버지와 어머니가 가난했기 때문이고, 아버지와 어머니가 가난한 것은 그 아버지 어머니의 부모들 때문이다. '이러한 불평등의 원인은 제시문 (가)에서 말한 '신분제도'와 차별이다. 아버지와 어머니의 조상은 대대로 노비였다. 그래서 노비제가 없어지기 전까지 대대로 노비였고, 신분적인 차별을 받았다. 그래서 노비로서 길들여졌고, 노비로부터 해방되었을 때도 자립 능력이 없었다.

제시문 (다)의 시적 화자는 가난하다. 그러나 그 가난으로 인한 불평등에 대해서 불만이 별로 없다. 생활을 유지하는 데 필요한 최소한의 조건을 충족시키는 것 외에는 더 이상 욕심을 내지 않는다. 시인에게 행복이란 '한 잔의 커피와 갑 속의 두둑한 담배, 해장을 하고 남은 버스값'이 전부다. 때로는 가난하기 때문에 서럽고 괴롭기도 하지만 소유할 수 없고 축적이 안 되는 햇빛과 같은 자연 앞에서는 모두가 평등하기 때문에 화자는 가난에 대해서는 불만이 없다. 일정한 직업도 없는 것 같은데, 이에 대한 불만도 없다. 이처럼 화자는 삶에 달관한 듯한 자세를 보이고 있다. 인생의 참다운 행복은 물질적 풍요만으로 결정되는 것이 아니라는 것을 일깨워준다. 이러한 경우를 일반적인 것으로 볼 수는 없다. 그러나 소유의 평등은 절대적인 빈곤이 문제가 되는 경우도 있지만, 상대적인 경우가 많기 때문에 이러한 점도 고려를 해야 한다. 또한 똑같은 재산을 소유하더라도 소유에 대한 가치관에 따라 불평등을 의식하는 정도가 다를 수 있다는 점도 생각해야 한다.

제시문 (라)는 간디의 불평등에 대한 입장과 해결 방법을 소개하고 있다. 간디는 정신 노동과 육체 노동을 분리시키는 것이야말로 모든 불평등 사상의 뿌리라고 보고 있다. 정신과 육체를 분리하는 이분법적 사고는 근대 서양의 세계관의 바탕이다. 이러한 사고를 바탕으로 한 이성과 과학의 힘으로 산업화가 확대되어 왔다. 산업화의 확대는 경제를 성장시키지만, 인간을 도외시한 이윤을 위한 이윤 추구, 물질과 권력에 대한 맹목적인 탐욕을 낳는다. 간디는 산업화가 결과적으로 불평등의 구조를 심화시키고, 인간을 불행하게 만든다고 보고 있다. 간디는 불평등을 해소하고 진정한 행복을 실현하는 방법으로 '마을 민주주의가 가능한, 자기 충족적인 소농촌 공동체'를 주장하고 있다.

04 | 예시 답안

논제 ❶

제시문 (나)에서 '나'와 '나의 가족'이 가난한 것은 '신분제도'와 차별 때문이다. '나'와 '나의 가족'은 대대로 가난했고, 교육을 제대로 받을 기회조차 주어지지 않았다. 제시문 (가)에서 말한 소유의 불평등과 기회의 불평등이다. '나'가 가난한 것은 아버지와 어머니가 가난했기 때문이고, 아버지와 어머니가 가난한 것은 그 아버지 어머니의 부모들 때문이다. 아버지와 어머니의 조상은 대대로 노비였다. 그래서 노비제가 없어지기 전까지 대대로 노비였고, 신분적인 차별을 받았다. 그래서 노비로서 길들여졌고, 노비로부터 해방되었을 때도 자립 능력이 없었다. 이러한 불평등은 사회 제도에 의한 것이므로 사회적 불평등이다.

그런데 '나'와 '나의 가족'이 가난한 원인이 전적으로 신분 제도에만 있다고 할 수는 없다. 조상이 노비인 사람들 중에는 가난의 굴레를 벗고 부자가 된 사람도 있기 때문이다. 더구나 노비 제도가 없어진 다음에도 조상이 노비였기 때문에 계속 가난할 수밖에 없다는 것은 설득력이 떨어진다. 선천적인 능력도 고려하지 않을 수 없다. 따라서 불평등의 문제를 제대로 해결하려면 자연적인 요인과 사회적인 요인을 통합적으로 고려해야 한다.

제시문 (다)의 시적 화자는 가난하다. 그러나 그 가난으로 인한 불평등에 대해서 불만이 별로 없다. 생활을 유지하는 데 필요한 최소한의 조건을 충족시키는 것 외에는 더 이상 욕심을 내지 않는다. 화자에게 행복이란 '한 잔의 커피와 갑 속의 두둑한 담배, 해장을 하고 남은 버스값'이 전부다. 때로는 가난하기 때문에 서럽고 괴롭기도 하지만 소유할 수 없고 축적도 안 되는 햇빛과 같은 자연 앞에서는 모두가 평등하기 때문에 화자는 가난에 대해 떳떳하다. 일정한 직업도 없는 것 같은데, 이에 대한 불만도 없다. 이처럼 화자는 삶에 달관한 듯한 자세를 보이고 있다.

제시문 (라)에서 간디는 정신 노동과 육체 노동을 분리시키는 것이야말로 모든 불평등 사상의 뿌리라고 보고 있다. 정신과 육체를 분리하는 이분법적 사고는 근대 서구적 세계관의 바탕이다. 이러한 사고를 바탕으로 한 이성과 과학의 힘으로 산업화가 확대되어 왔고, 산업화의 확대는 경제를 성장시키지만, 인간을 도외시한 이윤을 위한 이윤 추구, 물질과 권력에 대한 맹목적인 탐욕을 낳는다고 말한다. 간디는 산업화가 결과적으로 불평등의 구조를 심화시키고, 인간을 불행하게 만든다고 보고 있다. 간디는 불평등을 해소하고 진정한 행복을 실현하는 방법으로 '마을 민주주의가 가능한, 자기 충족적인 소농촌 공동체'를 주장하고 있다.

제시문 (다)는 인생의 참다운 행복은 물질적 풍요만으로 결정되는 것이 아니라는 것을 일깨워준다. 일정한 욕구를 채워서 불만을 없앨 수도 있지만, 욕구 자체를 줄여서 불만을 해소할 수도 있다. 이러한 의식 변화를 사회 일반에 적용할 수는 없지만, 사람들이 소유욕을 줄인다면 재산의 불평등으로 인한 문제가 한결 완화될 것이다. 간디가 주장한 소농촌 공동체는 불평등을 해결할 수 있는 좋은 방법이라는 생각이 든다. 지금보다 지방자치가 완전해진다면, 농촌 마을을 중심으로 실현을 해볼 수 있을 것이다.

불평등은 인류가 집단적으로 사회를 이루어 생활하기 시작한 이래로 지속되어 온 문제다. 완벽한 해결책은 없지만, 불평등으로 인한 갈등과 불안을 최소화할 수 있는 방법을 꾸준히 모색해가야 한다. 선천적인 불평등 요인은 그 자체를 개선할 수는 없다. 이런 점은 사회 복지로써 최대한 보완해가야 한다. 사회적 불평등 요인은 기존의 제도가 갖고 있는 차별적인 요소를 최대한 없애나가는 방향으로 개선해 가야 한다. 국가 주도의 사회 복지로 해결되지 않는 불평등의 문제를 해결하기 위해 무엇보다 중요한 것은 공동체의 복원이다. 원시의 공동체적인 삶이 붕괴됨으로써 불평등의 문제가 발생했기 때문이다. 공동체의 실현이 가능하다면 불평등의 문제는 해결할 수 있다. 현대 도시의 삶이 공동체적인 삶을 거의 불가능하게 하지만, 가능한 곳부터 실현해나가야 한다. 직장 내에서 직급별 업무별로 팀제 운영을 한다든지, 아파트 단지 단위로 공동의 텃밭 가꾸기를 한다든지 하는 등의 방법으로 소규모 단위로나마 공동체를 복원해 가야 한다. 이러한 소규모 공동체를 바탕으로 의사소통을 하고, 주민 자치를 실현해 나간다면 자연스럽게 불평등의 문제를 인식하고 그 해결 방법을 찾게 될 것이다.

05 | 학생 답안

논제 ❶

학생 1 답안	제시문 (나)에서 말하고 있는 불평등은 우선 최하층의 천민 신분이라는 데서 비롯된다. '나'의 증조부 대까지 어쩔 수 없이 세습되어 온 <u>① 노비제도의 결과 이어진 가난은 루소가 말한 자연적 불평등에 가깝다.</u> 그리고 노비는 원칙적으로 재산을 가질 수도, 가질 기회도 없었으므로

<table>
<tr><td rowspan="2">학생 1
답안</td><td>소유의 불평등과 기회의 불평등이 둘 다 적용되었다고 할 수 있겠다. '나'의 조부 대에 이르러 노비제도는 사라졌다. 집과 땅을 받은 조부는 기회에 있어서의 평등, 즉 형식적(절차적) 평등은 누릴 수 있었겠지만 실질적(내용적)으로는 평등하지 못하였다. 돈 벌 수 있는 기회가 주어지는 것과 원하는 돈을 실제로 버는 것은 다르기 때문이다. 그 결과 조부는 집과 땅을 잃었고, 나'의 대까지 가난이 대물림되었다.</td></tr>
<tr><td>하지만 이러한 ② 설명은 불평등을 벗어나는 방법을 제시하지 못하는 한계를 갖는다. 제시문 (가)의 내용을 보자면, 사회적 불평등뿐만 아니라 자연적 불평등까지 상당한 부분이 사회에서 비롯된 것이라고 하는데, 그렇다면 제시문 (나)의 '나'와 같은 상황에서 벗어날 수 있는 방법은 없는 것일까?</td></tr>
<tr><td>첨삭
지도
내용</td><td>① 제시문의 내용을 잘못 이해하고 있다. 제도로 인한 불평등은 사회적인 것이다.
② 문제에서 요구하는 바를 제대로 서술하지 못했다. 한계가 있다는 것만 지적하고, 한계의 구체적인 내용을 설명하지 않았다.</td></tr>
<tr><td>총평</td><td>논제에서 요구한 첫 번째 사항에 대해서는 제대로 답을 하고 있다. 그러나 두 번째 요구 사항에 대해서는 미흡하다. 설의법을 썼다고 보기 힘든 물음으로 전체 글을 끝내는 것은 적절하지 않다. 불평등의 원인은 여러 가지로 설명할 수 있다. 한계를 지적하라는 것은 제대로 설명해내지 못하는 측면을 밝히라는 뜻인데, 너무 소극적으로 이해를 한 것 같다.</td></tr>
</table>

<table>
<tr><td rowspan="1">학생 2
답안</td><td>① (나)의 아버지는 난장이라서 차별 받고 있다. ② 아버지는 자연적으로 차별적 요인을 가지고 있어서 사회적으로 차별을 받는다. 그러나 (가)에서는 사회적 불평등과 자연적 불평등은 다르다고 한다. ③ 그러나 현실에서는 대부분 자연적 불평등 때문에 사회적 불평등이 발생하는 것이다. 그리고 (나)에서 아버지와 어머니는 둘 다 선조 때부터 하층민으로 살아왔으며 그 생활에 익숙해 다른 일은 기회가 주어져도 그 기회를 살리지 못 한다. 아버지나 어머니 그리고 그들의 선조가 선천적으로 그런 능력이 없었던 것은 아닐 것이다. 배운 것이 없고 배울 기회도 없었다. ④ 지금도 가난 대물림이 나타나고 부자들은 자식들한테 더 많은 재산을 남겨주기 위해 죄를 짓기도 한다. ⑤ 한 사람의 사회적 위치는 자신의 노력에 의해 바뀔 수도 있지만 거의 선대의 배경에 의해 결정되는 경우가 많다. ⑥ (나)의 노비문서처럼 대물림되는 신분은 피할 수 없기 때문에 아버지의 신체적 결함과 비슷하다고 할 수 있다. ⑦ 오늘날에도 소외계층이 쉽게 가난에서 벗어나지 못하는 이유도 여기 있다. ⑧ 사회적 불평등이 자연적 불평등의 성격을 갖기 때문에 (가)처럼 사회적 불평등에만 초점을 맞춰서는 안 된다.</td></tr>
<tr><td>첨삭
지도
내용</td><td>① 제시문의 내용을 제대로 이해하지 못하고 있다. 원인은 신분 제도에 있다.
②, ③, ⑧ 자연적 요인과 사회적 요인을 구분해서 말해야 한다. 불평등을 만드는 원인의 성격에 따라 구분했는데, 이를 제대로 이해하지 못했다.
④ '오늘날에도 가난이 대물림되는 일이 많고' 정도로 표현
⑤ '위치'보다는 '지위'라는 말이 더 적절하다.
⑥ 신체적 결함은 자연적 원인이고, 노비문서는 사회적 원인이다.
⑦ 노비와 소외 계층은 그 성격이 다르다.</td></tr>
</table>

<table>
<tr><td>총평</td><td>문제에서 요구하는 바를 논술하지 못하고 있다. (가)의 이론을 바탕으로 (나)를 설명하라고 요구를 충족시키지 못하고 있다. (가)에 나오는 불평등의 자연적 요인, 사회적 요인을 제대로 구분하지 못하고 있으며, 소유의 불평등과 기회의 불평등에 대한 언급도 없다. 논제에서 요구하는 두 번째 사항, 즉 (나)에 나타나는 설명의 한계를 지적하라는 사항에 대해서는 내용이 없다.</td></tr>
</table>

논제 ❷

<table>
<tr><td>학생 1
답안</td><td>제시문 (다)의 화자의 처지는 1연에서 잘 드러난다. ① 커피 한잔과 담배 한 갑, 해장국 한 그릇에 버스값 정도의 돈으로 그날 아침을 행복해하며, 남은 잔돈에 부족함은 없지만 내일 일이 걱정이라 서러운 화자의 가난의 이유로는, 우선 소유의 불평등을 들 수 있다. 돈, 재산 등 희소한 자원을 적게 가지기 때문에 가난한 것이다. 또한 가난이 내 직업이라는 데서 볼 수 있듯이, 화자는 마땅한 직업이 없는 상태이다. 이는 기회의 불평등으로, 돈 벌 기회가 없었기 때문에 가난한 것이라고 볼 수 있다. 그러나 내겐 화자가 그러한 불평등을 극복할 노력을 전혀 하지 않는 것으로 보인다.
제시문 (라)의 간디는 자기 충족적인 소농촌 공동체를 기본단위로 하면서 궁극적으로 중앙 집권적 국가 기구의 소멸과 마을 민주주의에 의한 자치가 실현되는 이상 사회를 꿈꿨다. 물레를 예로 들며, 단순하지만 생산적인 작업의 경험을 통해 창조적 노동의 참여의 기쁨과 소박한 삶의 가치를 긍정할 수 있게 될 것이라 믿었다. 이러한 사회는 자연적, 사회적 불평등의 원인을 대부분 해소할 수 있을 것으로 보이나, ② 나 역시 헛소리로 들리는 게 사실이다. 사람은 비폭력, 사랑, 유대 속에 어울려 살 때 가장 행복하고, 자기 완성이 가능하다는 간디의 사상은 인간은 원래 이기적이라는 내 생각과 어긋난다. 이러한 무미건조한 일상에선 평등은 있되 재미는, 내 행복은 없을 것 같다.
내가 생각하는 바람직한 해결방안은, ③ 이렇다 할 게 없다. 불평등을 완전히 해소할 순 없을 것 같다. 만일 그러한 방법이 있다면 애초에 시도되지 않았을까? 모두가 똑같이 잘 사는 공산 사회를 만들겠다던 소련이 붕괴한 지도 20년이 다 되간다. 결국 인류가 택한 건 자본주의였다. 모두가 같은 기회를 갖고, 능력과 노력만 있다면 누구나 성공할 수 있다는 자본주의의 청사진은 겉으로 볼 때는 불평등을 대부분 해소하는 것 같다. 그러나 누구는 가난한 집에서 태어나 교육도 못 받고 하루하루 막노동이나 하는데 누구는 돈 많은 부모를 만나 뒷문입학으로 좋은 대학에 가고, 나중엔 막대한 유산이 다시금 돈을 부르는 식이라면, 이게 과연 평등일까? 내가 생각하는 평등이란 누구나 같은 선에서 출발하는 달리기와 같은 것이다. ④ 태어날 때부터 같은 조건에 놓여서, 자신의 재능을 최대한 발휘할 수 있게 성장하여, 누구나 잘 사는 사회. 일한 대가를 정당하게 받을 수 있어, 근로 의욕을 최대한으로 높여주는 사회. 그러면서도 경제적, 사회적 약자는 배려하는 사회. 결국, 자본주의의 큰 틀을 유지한 채, 복지가 잘 갖추어진 사회를 만들었으면 한다.</td></tr>
<tr><td>첨삭
지도
내용</td><td>① 두어 문장으로 나누는 것이 좋다. '~행복해한다.'로 한 문장을 끝내고, 그 뒷 부분은 '남은 잔돈에 부족함은 없지만, 내일 일을 걱정해야 하는 것이 서럽다는 정도다. 화자의 가난은</td></tr>
</table>

	소유의 불평등이다.' 정도로 수정하는 것이 좋겠다.
	② 좋지 않은 태도이다. 다른 사람의 주장에서 인정할 부분은 인정해야 한다. 소농촌 공동체가 실제로 실현되는 곳이 존재하고, 도시의 삶에서도 소규모의 공동체는 실현해 볼 수 있다.
	③ 좋지 않은 태도이다. 너무 비관적이고 허무적이다. 이러한 전제를 받아들인다면, 모든 문제에 대해 더 이상의 좋은 해결책은 없다는 결론이 나온다.
	④ 막연하고 평범한 해결책이다. 현실적으로 존재하거나 실현 가능한 모습이나 방법을 보여 주어야 한다.
총평	논제에서 요구하는 바에 대해 충실히 답을 한 점과, 문단 구성, 문장의 연결, 논리적인 전개 등은 무난하다. 그런데 문제 상황에 대한 태도는 좀 더 성실하게 접근하는 쪽으로 바꿔야 하겠다.

학생 2 답안	(다)에서 시의 화자는 가난을 피할 수 없다고 생각하고 가난에 적응한 모습을 보여 준다. ① 현실은 하루 벌어먹기도 힘들지만 마음만은 인생을 즐기려 하고 있다. 가난하기 때문인지 화자는 ② 조그만 일에도 쉽게 감사할 줄 안다. 그러나 화자는 현재 속에서 생의 마지막을 생각하고 마지막도 쓸쓸하고 외롭게 표현하고 있다. 이것은 ③ 화자가 재산에 따라 평가되는 게 짜증나고 괴롭다고 본다. (다)는 소유의 불평등에 속하며 가진 것이 없어서 어느 것에도 떳떳할 수가 없는 것이다. (라)는 간디가 생각한 이상적인 사회를 보여주고 있다. 간디는 산업화의 확대나 중앙집권적 거대 정부를 부정했다. 간디는 소농촌 공동체를 추구했으며 민주주의에 의한 자치를 실현하고자 했다. 또한 생산에 있어서 창조적 노동을 강조했다. 간디는 현재의 사회적 불평등을 새로운 공동체를 통해 해결하고자 했으며 인간의 물질에 대한 탐욕을 없애려고 했다. 탐욕을 없애는 것은 모든 불평등을 없애는 길이다. 모든 불평등은 개인적, 사회적 탐욕에서 나오기 때문이다. ④ 탐욕이 있으면 배려와 양보가 있고 그 뒤엔 사랑이 따라온다. 나는 (라)가 더 바람직하다고 생각한다. (다)는 힘든 현실을 벗어나려고 노력하지 않고 신세 한탄만 하는 꼴이다. 그에 비해 (라)는 현대자본주의에 대한 해결책을 제시하였고 실천했다. 바보가 세상을 바꾸듯이 자본주의에 대한 저항은 미미했겠지만 그 의지는 의의가 있다.
첨삭 지도 내용	① 내용을 잘못 이해하고 있다. 시적 화자가 빌어먹는 처지라고 볼 수 없다. ② 잘못 이해하고 있다. 소유할 수 있는 물질적 재산으로 보면 가난하지만, 소유가 불가능한 햇빛은 마음대로 쬐이니 불만이 없다는 것이다. ③ 제시문의 내용을 제대로 이해하지 못하고 있다. 가난해도 불만이 없고 떳떳하는 것이다. ④ '탐욕이 없으면'으로 수정.
총평	제시문에 대한 이해가 충분하지 않다. 특히 (가)에 대해 잘못 이해하고 있는 점이 많다. (라)의 경우도 간디가 불평등의 원인으로 지적한 사항과 그 해결책의 핵심을 제대로 드러내지 못하고 있다. 제시문의 내용에 대한 비판이 약하고, 자신의 주장도 제대로 세우지 못하고 있다.

01 | 출제의도

본 논제는 우리나라 청소년들의 일탈 행위와 관련된 내용이다. 신문기사에서 나타나는 바와 같이 청소년들이 흡연과 음주의 시작 평균 연령이 낮아지고 특히 고교 3학년 남학생과 여학생의 음주율 및 흡연율이 높은 것이 문제가 되고 있다. 우선 이러한 내용을 신문기사의 그래프로 글을 통해 파악하는 것이 중요하다. 그럼 이런 현상이 나타나는 원인이 무엇인가?

제시문에서는 청소년 일탈이 나타나는 다양한 원인들에 대해서 제시하고 있다. 먼저 (가)에서는 '하위문화이론'으로 일탈을 설명하고 있다. 일탈은 하류계층의 청소년들이 지배적인 문화와는 다른 문화 속에 속함으로써 그러한 다른 문화 속의 가치와 신념에 따라 행동하다 보니 자연스럽게 일탈을 저지르게 된다는 것이다. 특히 본 제시문에서는 일탈 집단의 행동이 계급적 긴장과 갈등이라는 사회구조적 요소를 설명하고 있다. 즉 일탈 집단은 사회구조적으로 정해진 요소에 의해 일탈로 규정된다는 것이다.

둘째, (나)에서는 통제이론으로 인간의 본성을 본질적으로 반사회적인 것으로 가정하는 이론이다. 따라서 인간이 일탈을 행하는 것은 일탈을 억제할 수 있는 통제력이 부족하기 때문으로 본다. 본 제시문의 Hirschi의 사회유대론도 사회적 통제가 약화될 때 일탈이 나타난다는 것이다. 그 요소로 애착, 헌신, 참여, 신념의 요소로 이러한 내용을 설명하고 있다.

마지막으로 (다)에서는 일탈의 원인을 심리학적으로 접근한 이론이다. 여기서는 일탈이 조작적 조건형성을 통해 드러난다고 본다. 즉 일탈 행동에 대한 강화와 처벌에 따라 일탈의 정도가 달라진다는 것이다.

이상의 일탈에 대한 이론적 논의에 기반하여 신문기사에 나타난 청소년들의 일탈 원인과 그 해결책을 찾는 것이 [논제 1]의 목적이다.

다음으로 [논제 2]에서는 새로운 제시문 (라)를 제시하였다. 제시문 (라)는 축제 속의 일탈에 대해 긍정하는 내용이다. 지루하고 똑같은 일상의 탈출을 통한 새로운 세계의 경험으로서 일탈은 평상시 생활을 고취하기 위해 역할을 할 수 있다. 따라서 평소와 다른 경험을 통해 현실에 보다 충실할 수 있는 것이다. 신문기사에서 나타난 청소년들의 일탈 행위에 대해서도 그들의 입장에서 '교육과 사회환경'의 곤란 및 이를 해소할 수 있는 다른 해소책의 부족을 논의할 수 있을 것이다.

02 | 배경지식

가. 교과서 속의 이론

• 사회 병리론과 사회해체론의 입장에서 본 사회문제

사회 병리론은 사회를 살아 있는 생물 유기체에 비유하면서 바람직한 사회 조직은 건강한 것이고, 사회 조직의 정상적인 운용을 방해하는 사람이나 상황 모두를 사회 문제라고 보는 입장이다. 따라서, 사회 문제가 발생한 사회는 일종의 질병에 걸린 병든 사회라고 보는 견해이다. 사회 병리론의 입장에서는 의사가 환자를 치료하듯이 병든 사회는 교육에 의해 치료될 수 있다고 주장한다.

　사회 해체론은 기존의 사회 조직이 해체되면서 사회 문제가 발생한다는 입장이다. 산업혁명, 도시화, 과학의 발달이 기존의 사회조직을 해체하면서 여러 가지 형태의 갈등을 야기시키고 이로 인해 전쟁이나 노사갈등 등과 같은 사회문제가 나타났다는 것이다. 사회 해체론의 입장에서는 사회 문제에 대한 정확한 진단을 통해서 사회 체계 부분들 사이에서 나타나는 불균형의 상태를 제거하고 균형 상태로 돌아오게 함으로서 사회 문제를 해결할 수 있다고 주장한다.

● 가치 갈등론과 일탈 행위론

　가치 갈등론의 입장에서는 사회 문제의 원인을 가치 혹은 이해 관계의 갈등에서 비롯된다고 보는 입장이다. 이 이론에 의하면, 자신들이 옹호하는 가치관은 잘못된 것이 없으며, 자신의 가치와 다르거나 상이한 주장은 잘못된 것이라고 생각하기 때문에 사회 문제가 발생한다는 것이다.

　일탈 행위론은 규범에서 벗어난 행위 또는 상황을 일탈 행위로 규정하면서 이러한 행위가 발생하는 원인을 사회 체계와 과정 중 어느 쪽에 초점을 맞추느냐에 따라 아노미 이론과 차별적 접촉이론으로 나눌 수 있다.

　이 중 사회 체계에 초점을 맞추는 아노미 이론에서는 사람들이 목표는 가지고 있지만, 이 목표를 달성하기 위한 수단을 찾지 못하여 규범에서 벗어난 행동을 하게 된다고 설명한다. 아노미 이론에서는 일탈 행위를 인간의 본성 때문이 아니라 목표를 달성하기 위한 합법적인 수단을 소유하지 못하게 하는 사회 구조상의 문제로 파악하고 있다. 차별적 접촉이론에서는 일탈 행위를 하는 사람들과 자주 접촉하면서 일탈 행위를 배움으로써 그러한 행위를 한다고 주장한다. 이러한 일탈 행위가 자연스럽게 학습될 수 있는 이유는 일탈 해우이가 그 하위 문화에 속한 사람들 사이에서는 일탈 행위로 간주되지 않기 때문에 자신의 행위를 합리화할 수 있고 안정감까지 얻을 수 있기 때문이라고 주장한다.

● 청소년 문제의 원인과 현황

　청소년 문제의 원인은 여러 면에서 살펴볼 수 있다. 1차적인 사회 통제의 기능을 수행해 오던 가족의 해체, 입시 위주의 교육 제도, 상업성과 선정성을 앞세운 저속한 대중문화의 보급 등이 청소년들로 하여금 범죄, 비행, 부적응과 같은 일탈 행위를 유발할 수 있다. 또한, 사회적으로 향락적이고 퇴폐적인 과소비 문화와 청소년 유해 환경의 증가도 청소년 문제를 증가시키는 원인이 되고 있다.

　청소년들은 자신의 욕구를 충족시키기 위해 폭행, 절도와 같은 범죄를 저지르기도 하며, 법률에 위배되지는 않지만 가출, 유해업소 출입, 음주, 흡연, 집단 따돌림과 같이 사회적으로 바람직하기 않은 비행을 저지르기도 한다. 오늘날 청소년 문제는 날로 심각해지고 있으며, 그 행위가 더욱 대담하며 잔혹해지고 있다.

　청소년 범죄의 수는 매년 큰 폭으로 증가하고 있으며, 청소년 범죄의 유형에 있어서도 강력범에 해당하는 범죄가 크게 증가하고 있다. 청소년 비행과 범죄는 장래에 더 큰 범죄를 저지를 수 있는 가능성까지 내포하는 것이기 때문에 더욱 심각한 사회문제가 되는 것이다.

―『고등학교 사회문화』

나. 심화 이론

● 미셀 푸코의 '감시와 처벌'

　푸코가 보기에는 신체에 가해지는 형벌은 구체제(舊體制)에서 행해지는 통제수단이 되는 것이었다. 신체야말로 형벌의 의식(儀式)에서 볼 때 본질적 요소인 것이다. 이 의식에서 신체는 군주가 행사할 수 있는 엄청난 권리가 된다. 그리고 이 의식은 질서 있게 이루어지는 소송의 절차, 즉 소추와 비밀 유지를 하는데 중요한 배역을 맡는 도구가 되는 것이다. 그래서 신체에 대한 징벌은 개인이면서 동시에 공개적인 보복을 행하는 수단이 된다. 이런 의미에서 군주나 지배자, 혹은 권력을 가진 자들이 정치권력을 유지하기 위한 권력 행사의 주요한 매체가 되는 것이다. 그러나 1830년과 1848년 사이에 공개 사형이 사라지고 범인은 더 이상 공개되지 않았다. 즉, 구경거리로서의 신체형은 사라졌고, 죄수들의 공개와 공개 사형은 끝이 난 것이다.

이제 처벌 당국자들의 관심사는 몸이 아니라 '정신'에 주목하게 된다. 그래서 처벌은 공포심보다는 회개심을 일으키게 함으로써 정신을 통한 개선으로 신체에 대한 권력이 바뀌어 나가게 되었다. 푸코는 마블리가 말한 것처럼 '정신'을 통해 처벌 권력의 '미시적 물리학'의 역사가 하나의 계보학, 근대 '정신'의 계보학을 만들기 위한 한 요소가 된다고 본다. 정신은 실재(實在)하며, 그것은 하나의 실제성(實在性)을 갖고 있기 때문에 그 표면과 내부에서 끊임없이 권력은 만들어진다.

그러면서 벤담의 파놉티콘에 관심을 두게 된다. Panopticon의 주요한 효과는 감금된 자는 권력의 자동적인 기능을 보장해주는 가시성의 지속적이고 의식적 상태로 이끌려 들어간다는 것이다. 다시 말해 이러한 건축적 장치는 권력을 행사하는 사람과 상관없이 어떤 권력관계를 창출해 내고 유지하는 기계 장치가 될 수 있게 하는 것이다.

이러한 'Panopticon'은 감옥에서만이 아니라 사회 전반에 걸쳐서 확대 적용될 수 있다. 그래서 생산을 증대시키고 경제를 발전시키며, 교육의 기회를 넓히고 공중도덕의 수준을 높이는 등 말하자면 증가와 다양함을 가져오게 되는 것이다. 권력은 생산하는 것이며 어느 곳이나 편재한다는 푸코의 사고는 이러한 'Panopticon'을 통하여 사회 전반에 대한 감시와 통제의 메커니즘으로 등장한다. 그리고 신체에만 강요되어 왔던 권력이 신체를 감시하는 기제를 통해서 '정신'을 변화시키는 훈육으로 그리고 감시한다는 것을 통해서 교화를 추구하려는 권력의 새로운 메카니즘이 되는 것이다. 21세기를 살아가고 있는 우리 사회 도처에 있는 감시 카메라가 'Panopticon'의 감시자를 대신하고, 메스미디어가 수신을 통해 개인들의 신체의 움직임과 상황들을 모든 사람들이 공유할 수 있게 하는 보이지 않는 '정신/권력/통제'의 기계가 되는 것이다. 이 모두가 푸코가 말하는 사회 전반에 걸쳐있는 권력의 실제성이며 또한 그러한 것들을 통해 정신을 개조하고, 정신에 가해지는 보이지 않는 권력의 작용이라고 할 수 있는 것이다.

–A. Giddens/김미숙 외 역, 『현대 사회학』

● 범죄의 경제학

우발적인 범죄는 사전에 범죄의사가 없이 순간적인 분이나 유혹을 참지 못해 저질러지는 경우가 많기 때문에 이성적 판단에 의한 선택의 결과라고 보기는 어렵습니다. 그러나 계획범죄의 경우는 다릅니다. 범죄를 계획하는 사람은 그것을 성공적으로 수행했을 때 얻게 될 이익, 즉 범죄의 편익과 그로 인해 치러야 할지도 모르는 대가, 즉 범죄의 비용을 나름대로 충분히 계산한 후 행동에 옮기기 때문입니다. 즉 의식적이든 무의식적이든 범죄에 대한 비용－편익분석(cost-benefit analysis)을 하게 된다는 것입니다. 즉 우리나라의 범죄 가운에 사전에 충분한 숙고를 거쳐 이루어지는 계획범죄가 더 많습니다. 이런 유형은 절도를 포함하여 사전에 치밀한 계획이 필요한 사기, 횡령 등에서도 나타납니다. 그들은 이런 저런 것을 궁리하여 범죄의 비용과 편익을 비교하고 기대되는 편익이 비용보다 크다고 생각했기 때문에 범죄를 저지르는 것입니다.

따라서 계획된 범죄는 다른 재화들처럼 하나의 재화로서 선택된 것이고, 따라서 '범죄에 대한 수요'도 분명히 존재하고 있는 것입니다. 범행을 뒤늦게 후회한다고 해서 그 범죄가 계획되고 선택되었다는 사실

자체가 달라지는 것은 아닙니다. 범죄에 대한 수요에도 수요의 법칙은 예외 없이 적용됩니다. 범죄에 대한 대가가 크면 의도하는 범죄는 줄어들 것이고, 대가가 별 것 아니라고 생각될 때에는 의도된 범죄량도 증가한다는 것이지요.

—오영수, 『31가지 테마가 있는 경제여행』

03 | 예시 답안

논제 ❶

우리나라 청소년들의 흡연, 음주의 시작 연령이 빨라지고, 흡연율과 음주율이 증가하는 것은 문제이다. 육체적 정신적 성숙기에 있는 이들의 행위는 자칫 우리 사회의 미래를 암울하게 하는 요인이 될 수도 있다. 그렇다면 이러한 행위의 원인은 무엇일까? 제시문에서 다양한 관점의 청소년 일탈에 대해 제시하고 있다.

먼저, 청소년 일탈은 기성 세대에 의해 일탈 집단으로 낙인된 이후 그들의 행동이 강화되는 형태를 보이고 있다. 즉 청소년들의 흡연과 음주를 일탈로 규정하고 이러한 행동을 하는 집단에 대해 그들은 비행 청소년 집단으로 규정되는 것이다. 하지만 일탈을 규정하는 제도적 틀에 대한 사회적 논의가 없는 상황에서 일탈 집단을 규정하고 차별하는 것에는 문제가 있다. 사회적으로 합의된 청소년 일탈에 대한 개념 정의가 필요하다.

둘째, 청소년 일탈은 Hirschi의 이론에 의하면 사회적 통제력이나 유대가 약화될 때 일어난다는 것이다. 현대 사회의 분화 속에서 사회적 유대가 약화되는 현상은 많은 곳에서 발견된다. 지역 사회와 학교, 가정의 유대 약화는 청소년들에게 정서적 안정감을 파괴한다. 이 속에서 집단에 대한 애착, 헌신, 참여, 믿음의 약화로 청소년 일탈은 심화된 것이다. 따라서 청소년들이 정서적 안정을 가질 수 있는 사회적 유대 강화를 위한 교육적 프로그램 마련과 의식 교육이 필요하다.

마지막으로 청소년 일탈은 심리학적으로 접근하면 일탈에 대한 처벌보다 보상이 높은 것에 기인한다. 최근 문제가 되는 '일진회'도 결국 그들이 조직화되어 일탈을 하는 행위 속에서 처벌보다 많은 보상을 취하기 때문에 나타나는 현상이다. 이러한 보상의 메카니즘 속에서 청소년들의 일탈에 대한 열망이 증대되고 강도도 높아지는 것이다. 따라서 청소년 일탈에 대한 제도적인 처벌 정책이 이러한 문제를 극복하는 대안이 될 것이다.

어느 사회나 청소년 일탈은 존재하고 그것은 사회문제로 제기된다. 그렇다고 간과할 수 있는 문제는 아니다. 우리의 나은 미래를 위해서는 보다 건강하고 건전한 청소년이 필요하다. 그들의 입장에서 다시 한 번 청소년 문제를 반성하는 자세가 사회적, 개인적으로 요구된다.

논제 ❷

도덕적, 법적 권위가 사회를 지탱하듯이, 종교적 권위도 종교를 지탱하는 근본적인 힘이다. 하지만 단조로운 생활 속에서 사람들의 권태는 일탈을 동경하게 한다. 이것이 지나칠 경우에는 사회 혼란의 계기가 되어 문제시 되지만 제도화될 경우 새로운 활력소가 된다. 축제는 일상을 탈출하기 위한 한 제도적 시스템의 하나인 것이다.

　청소년들에 있어 음주나 흡연도 일탈의 계기로 볼 수 있다. 위의 이론에서는 청소년 일탈이 낙인의 하위문화 집단행동, 사회적 유대의 약화 속에서 나타나는 범죄 행위, 일탈의 보상 강화 속에서 나타나는 사회 문제로 보고 있다. 하지만 우리 사회가 가진 청소년들에 대한 인식과 교육 제도의 경직성은 청소년들의 삶을 공부라는 일방적 요구에 매달리게 하고 있다. 이 속에서 청소년들은 자기 나름의 일탈의 가능성을 찾을 수 있어야 한다. 하지만 청소년들의 제도화된 일탈의 기회를 제공하는 사회적 인프라가 거의 없는 게 우리의 실정이다. 결국 사회적으로 금기된 영역에 대한 추구를 통해 청소년들은 나름의 활력소를 찾고 있는 것이다.

　물론 청소년 음주와 흡연이 생활의 활력소로 정당화될 수는 없다. 하지만 청소년들의 건강하고 활기찬 삶을 위해 우리 사회가 준비해야 하는 것은 그들이 진정으로 원하는 일탈의 기회를 마련하는 것이다. 이는 정부와 학교 및 가정이 함께 나서서 우리 사회의 미래를 대비하는 길이 될 것이다.

04 │ 학생 답안

논제 ❶ - 학생 1 답안

학생 1 답안	일탈, 흔히들 일탈이라고 하면 산뜻한 느낌의 단어를 떠올릴 것이다. ① '일상으로부터의 탈출', '열심히 일한 당신, 떠나라!' 일탈이란 일상생활에 지루해진 우리에게 활력소가 된다. 누구나 한번쯤은 일탈을 꿈꾸고 희망한다. ② 그러나 이러한 일탈이 이미 의식이 다 자란 어른, 성인이 아니라 청소년들에게 일어난다면 어떤 일이 생길 것인가? 일탈이라는 단어에 청소년을 덧붙이면 순식간에 그 이미지가 변색되어 버린다. '여행'이라는 산뜻한 그림은 사라지고, '흡연', '마약', '가출' 등의 영상이 떠오른다. 그럼 왜 청소년은 일탈을 꿈꾸는가? 　같은 청소년의 입장에서 보았을 때, 그들을 비뚤어지게 하는 가장 큰 요인은 '반항심'이라고 할 수 있다. Giddens에 의하면 청소년들의 일탈은 그들은 일탈자로 보는 것에 있다고 했다. ③ '뭐가 모자라서 격리를 하지?'하는 생각을 할 수 있다. 하지만 조금 더 생각해보면 우리나라에서도 이러한 현상이 나타난다. ④ 빈익빈 부익부 현상이 심화되는 속에서 가난한 사람들은 가난으로 인해 사회로부터 이질감을 느끼고 격리당하는 것을 부인할 수 없는 현실이다. 이런 현실 속에서 주위의 영향없이 살아갈 수 있는 청소년은 거의 없다. 그리고 비행을 저지른 청소년이 현실로 돌아올 확률 또한 거의 없다. 청소년들은 비행 후 순간적으로 내면 갈등을 겪는다. 그러나 그 후에는 강화를 더 많이 받아 악순환의 꼬리는 끝없이 이어진다. 　이러한 행동의 원인은 우리 사회 전체에 있다. ⑤ 우선 우리들의 인식에 대해서 생각해보자. 우리는 그들과 우리를 무의식 중에 구분하고 있는 것이다. ⑥ 또한 무의식 중에 그들을 격리시키는 것이다. 이들을 포용하기 위해서는 우리가 바뀌어야 한다. 우선 그들에 대한 규정을 바꾸어야 할 것이다. 그리고 이러한 변화는 사회적 유대를 확대하여 그들 스스로 비행을 통제하게 할 것이다. 그리고 청소년들의 의식 변화도 필요하다. 술, 담배들의 문제점을 보다 깊이 알고 그것들에 대응하는 의식을 강화해야 할 것이다.
첨삭 지도 내용	① 하나 정도의 비유로 의견을 뒷받침하는 것은 좋으나, 너무 많이 내용을 되풀이하여 설명하고 있다. ② 이 문장은 '청소년의 일탈은 더 큰 문제이다'로 줄일 수 있다.

	③ 구어체 문장으로 없어도 되는 문장이다.
	④ '빈익빈 부익부의 속에서 청소년의 비행이 늘어난다.'로 줄일 수 있는 내용을 과도하게 늘이고 있다.
	⑤ 앞 문장은 흐름상 필요가 없는 것이다.
	⑥ 앞 문장과 통합하여도 될 것이다.
총평	학생은 나름대로 실생활 속에서 창의적으로 글을 구성하는 능력을 가지고 있다. 그리고 사례로 제시된 내용은 학생의 수준에서 충분히 의미 있는 것들로 구성되어 있다. 하지만 자신의 의견을 표현할 수 있는 함축된 용어를 사용하지 못하여 글이 밋밋하게 늘어지는 느낌이 강하다. 이는 구어체의 질문 문장 사용이 오히려 글의 흐름을 끊는 것과도 연계되어 있다. 또한 논제의 파악에도 미흡하여 주어진 이론을 통해 신문 기사를 분석하는 내용도 거의 다루어지지 않고 있다. 이는 아직 사회학적 이론의 틀에 익숙하지 않고 생각의 폭이 좁은 것에 기인한 것으로 보인다.

논제 ❷ - 학생 1 답안

학생 1 답안	일탈은 꼭 나쁜 것만은 아니다. ① 종교적 일탈 행위는 도덕적 권위를 이용한다. 다른 일반적인 이들에서는 이 도덕적 권위가 없기 때문에 문제가 되는 것이다. ② 청소년들의 일탈은 도덕적 권위를 이용한 존경심을 이끌어 내는 것이 불가능하다. 즉 이것은 새로운 사회를 지탱할 힘이 없는데, 새로운 사회를 만드는 것, ③ 즉 기둥없이 집을 짓는 것과 같다. 그러니 돌아오지도 계속해 나가지도 못하는 것이다. 이것이 잘못된 일탈이기에 기둥없는 집이기에 더 부서지기 쉽고 돌이키기 어려운 것이다. 이들의 잘못된 일탈 또한 바람직하고 올바른 도덕적 권위와 노력을 적절히 배합하여 바른 길로 인도할 수 있을 것이다. 청소년들이라고 무작정 '비행'을 하고 싶은 것은 아니다. 오히려 바람직한 범위 내에서의 일탈을 원하는 이가 더 많다. 어쩌면 이들이 방황하는 것은 종교적 일탈 행위와 같은 적절한 경험을 하지 못하기 때문이 아닐까? 우리 사회의 현실을 다시 한 번 돌이켜 반성할 때이다.
첨삭 지도 내용	① 문장의 연결이 매끄럽지 못하고 논리적이지 못함. ② 문단을 나누어서 청소년을 따로 구성하는 것이 필요하다. ③ 지나친 비유로 인해 명확한 의미의 전달이 되지 않는다. ④ 자기 주장이 앞에서 제시된다면 보다 좋을 듯하다.
총평	학생의 글에서 비유를 통해 설명하면 방식과 내용을 분석하는 것은 나름대로 의미있는 분석이 되고 있다. 하지만 자신의 생각을 논리적으로 제시하는 것에 미흡하다. 먼저 결론의 내용을 처음에 제시했다면 논리적 사고의 틀이 잡히고 내용의 서술도 앞 쪽의 비유가 지나치게 많게 되지는 않았을 것이다. 다음으로 비유에 있어 자신의 생각을 포괄하는 것을 찾을 필요가 있다. '기둥없는 집'은 이 내용에서는 지나치게 추상적인 내용으로 학생의 생각을 표상하는 비유가 되지 못한다. 따라서 자기의 주장에 따라 글을 체계를 올바른 비유를 찾는 글쓰기가 요구된다.

학생 2 답안	청소년 일탈은 더 이상 방관할 수 없는 '사회문제'가 되었다. 이 현상은 ① *여러 가지 방법으로 설명될 수 있다.* 첫째, 일탈은 그 집단의 정의가 먼저 규정되며, 일탈자와 비일탈자의 상호작용이 중요하다. 즉 우리는 일탈 집단이 자신들만 소외된 독특한 집단이 아니라는 것을 인식시켜 줄 필요가 있다. ② *그들이 스스로를 그렇게 인식한 순간이 일탈 집단이 전파되는 순간이기 때문이다.* 둘째로, '통제이론'에 의하면 비행 청소년들이 자신의 집단에 대한 애착, 헌신, 참여, 신념 등의 유대감을 느끼지 못하기 때문에 일탈이 일어난다고 보고 있다. 입시 중심 사회에서 ③ *대개 공부에 소질이 없는 청소년들은 자신들끼리만 유대감을 느껴 자신들의 조직을 만들고 다른 학생들을 괴롭힌다.* 따라서 그들이 열등감을 느끼지 않을 수 있는 제도적 대책이 필요하다. 셋째, ④ *비행 청년들에게는 그들의 잘못된 행동에 대한 합당한 처벌이 필요하다.* 비행을 저지른 후에도 어느 정도 어른들에 의해 일이 해결되고 그들은 쉽게 용서를 받을 수 있다면 비행을 줄어들지 않을 것이다. 이러한 학생들에게는 강한 처벌을 통해 자신의 행동에 대한 잘못을 일깨워주는 것이 필요하다.
첨삭 지도 내용	① '여러 가지 이론'의 내용이 필요하다. 또한 서론이 너무 식상하다. ② 내용이 지나치게 요약과 추상화를 이루어 있다. ③ 문장 속에서 내용이 많이 비약되어 나타나고 있다. 즉 자기 주관이 개입되어 있다. ④ 제시문과의 관계가 나타나지 않고 있다.
총평	학생의 글은 주어진 논제에 충실하게 작성한 글이다. 신문 기사의 '청소년 일탈'을 문제로 제기하고 이것을 원인과 대책을 제시문에 따라 충실하게 작성한 글이다. 제시문에 대한 분석은 아주 잘 하고 있으며 나름대로 의미 있는 대책도 마련하고 있다. 하지만 글의 구성에서 각 내용이 유기적이지 못하고 분절되어 나타나고 있고, 특히 결론이 없어 학생의 논지에 대한 해석이 보이지 않는다. 또한 서론에서는 너무 도식화된 느낌의 문장 구조로 좋은 글로 평가받기에는 어려워 보인다. 따라서 학생 나름의 창의적인 사고와 구성을 첨가하여 글을 작성하면 좋은 글이 될 것이다.

학생 2 답안	현대 사회는 종교와 일맥상통하는 점이 있다. 그 구심점은 다르지만 어떠한 권위를 통해 사회적인 합의를 이루어낸다는 점에서 같다. ① *그들이* 사회의 틀에 맞추어서 사람들이 그 권위에 압도되어서 살아가고 있다면, 일탈이나 비행을 하는 학생들은 ② *그 체제에 대해 권위를 인정하지 못하는 일종의 '축제' 상태에 있다고 말할 수 있다.* 사회에 쉽사리 녹아들지 못하는 ③ *그들은 자아를 유지하는 활동을 하기 위해서 남들과 다른 특별한 활동이 필요하다.* 자신들의 위기감을 극복하기 위해 비슷한 처지끼리 뭉치고, 폭력, 음주 등 축제에서의 모습과 비견되는 평소에는 불가능한 위안활동을 통해서 자신들의 위기를 극복해 나가는 것이다.

	이런 '축제' 없이도 그들이 생활을 잘 해 나갈 수 있게 하기 위해서는 ④ *그들에게 사회의 구조를 정확히 인식시키는 것이 필수적이다.*
첨삭 지도 내용	① 앞 문장과의 연결이 미흡하고 주어의 실체가 명확하지 않다. ② '축제'의 내용에 대한 약간의 첨가된 설명이 필요하다. ③ 주체가 명확하지 않으며 '자아'의 의미도 추상적이다. ④ '사회구조'의 실체가 명확하지 않다.
총평	학생은 제시문의 내용을 정확하게 파악하고 있으며 '축제'와 '청소년 일탈'의 상관관계도 잘 분석하고 있다. 그리고 나름대로 사회학적 용어를 사용하기 위한 노력도 돋보인다. 하지만 용어의 의미를 정확하게 파악하지 못해 문장 속에서 너무 추상적으로 사용되고 의미 파악도 명확하지 않다. 이는 글 전체를 추상적으로 보이게 하고, 자기의 의견이 명확하게 드러나지 않는 단점을 보이고 있다. 또한 논제에서 제시한 앞의 이론에 대한 분석이 되지 않은 점과 해결책이 나타나지 않는 점이 논제 분석에서의 문제점으로 보인다.

4. 윤리과 논술

01 | 출제 의도

교과 활동을 통해 학생들에게 논술력을 향상시키기 위한 전제조건으로 첫째, 교과 내용과 관련되어야 한다. 양심적 병역거부에 대한 대체복무제는 윤리와 사상 교과서에 그 내용이 포함되어 있으며, 다양한 사상적 갈등에 대한 해결을 위한 사회사상의 필요성과 관련되어 있다. 둘째, 사회적 논쟁의 대상이 되어야 한다. 양심적 병역 거부는 법원에서 조차도 무죄와 유죄로 판결이 나누어진 주제이다. 논쟁 대상에 대한 자신의 주장과 근거, 예상되는 반론과 재반론을 통해 기본적인 논증력을 향상시킬 수 있다.

02 | 배경지식

• 양심적 병역거부 [良心的兵役拒否, conscientious objector]

양심적 이유로 징집 등 병역의무를 거부하거나 전쟁 또는 무장충돌에의 직·간접적 참여를 거부하는 것을 '양심적 집총거부(conscientious objection to military servic)'라 하며, 특히 의무징병제가 실시되고 있는 국가에서 병역의무를 거부하는 것을 '양심적 병역거부'라 한다.

• 국내 양심적 병역거부 관련 판결

−2004년 5월 서울남부지법 판결 : 무죄선고

▶ 병역법에는 정당한 사유 없이 입영·소집에 응하지 않은 자를 처벌토록 하고 있는데 병역거부행위가

오직 양심상의 결정에 따른 것으로서 양심의 자유라는 헌법적 보호의 대상이 되기에 충분한 경우 정당한 사유에 해당한다고 볼 수 있다.

▶ 양심을 빙자해 병역을 기피하는 자를 가려내기 위해서는 병역거부자가 일반적인 해명에 그치는 것이 아니라 인격적인 양심결정 과정을 분명히 밝혀야 하고 병역을 거부하기로 한 특별한 사정을 설득력 있게 설명해야 하며 병역거부 결정을 한 전후에 병역거부와 관련된 사회활동을 하였을 것 등을 기준으로 삼을 수 있다.

▶ 피고인들의 경우 어릴적부터 여호와의 증인이라는 종교를 신봉해 왔고 고교 졸업 후에는 이 교단에서 마련한 건축 자원봉사에 참여하고 종교를 이유로 병역을 거부할 경우 받게될 형사처벌에 대한 주변의 우려에도 불구하고 병역의무를 거부하겠다고 결심한 사실 등을 보면 진정한 양심상의 결정에 따라 이 사건 병역의무를 거부한 것으로 인정된다.

-2004년 8월 헌법재판소 판결 : 합헌 판결

▶ "양심의 자유는 매우 중요한 기본권이기는 하나 그 본질이 법질서에 대한 복종을 거부할 수 있는 권리가 아니라 국가공동체가 감당할 수 있는 범위 내에서 양심을 보호해 줄 것을 국가로부터 요구하는 권리"라고 정의.

▶ 헌법은 병역의무와 관련해 양심의 자유의 일방적인 우위를 인정하는 어떠한 규범적 표현도 하고 있지 않는 만큼 양심의 자유는 개인에게 병역의무의 이행을 거부할 권리나 대체복무를 요구할 권리를 부여하지 않는다.

▶ 재판부는 또 대체복무를 도입하기 위한 전제조건으로 "남북한 사이의 평화공존 관계가 정착되어야 하고, 군복무여건의 개선 등을 통해 병역기피의 요인이 제거되어야 하며, 나아가 우리 사회에 양심적 병역거부자에 대한 이해와 관용이 자리잡음으로써 대체복무를 허용하더라도 병역의무의 이행에 있어서 부담의 평등이 실현되고 사회통합이 저해되지 않는다는 사회공동체 구성원의 공감대가 형성되어야 한다"며 이러한 선행조건이 충족되지 않은 현 단계에서 '대체복무를 도입하기 어렵다고 본 입법자의 판단이 현저히 불합리하다거나 명백히 잘못됐다고 볼 수 없다'고 밝힘.

▶ 이 사건에 대해 김경일, 전효숙 재판관은 "국방의 의무는 단지 병역법에 의해 군복무에 임하는 등의 집총병력 형성의무에 한정되는 것이 아니므로 양심적 병역거부자들에게 현역복무이행의 기간과 부담 등을 총체적으로 고려해 이와 유사하거나 그보다 높은 정도의 의무를 부과한다면 형평성 회복이 가능하다"며 "입법자가 이런 사정을 감안해 양심적 병역거부자들에 대해 최소한의 고려라도 한 흔적을 찾아볼 수 없어 이 사건 법률조항은 위헌"이라고 반대의견 제시

03 | 예시 답안

최근 국방부에서 양심적 병역 거부와 관련된 대체 복무 방안을 추진함에 따라 사회적으로 이슈가 되고 있다. 헌법에 보장된 양심의 자유는 국민의 기본권이므로 보장해야 한다는 입장과 남북 분단의 현실에서 안보상의 문제 등으로 인해 시기상조라는 의견이 맞서고 있다. 나는 이에 대해 대체복무에 찬성의 입장을 가지고 있다.

그 이유는 양심과 종교의 자유는 국민의 가장 기본권으로 보장받아야 하기 때문이다. 해마다 700명이 넘는 양심적 병역 거부자들은 1년 6개월의 징역을 살고 전과자가 되어 사회로 나온다. 이는 결코 군대를

회피하는 수단이 아닌 양심과 종교의 교리에 따름을 입증하고 있다. 단순한 병역 회피용으로 징역과 전과자의 길을 선택하는 사람은 없을 것이다.

　대체 복무에 대한 반대론자들은 국가 안보의 문제, 형평성의 문제 등을 들기도 한다. 국가 안보의 문제에 있어 현대전은 병사의 숫자로 승패가 판가름나지 않는 무기전이자 전자전쟁이다. 현재 국방부에서도 점차 군복무 기간을 줄이고 있는 추세를 감안한다면 양심적 병역 거부자로 인한 안보 문제의 발생은 생기지 않는다고 본다. 또한 형평성의 문제에 있어서도 국방부에서 추진하고 있는 내용처럼 현역보다 2배 이상의 기간을, 노인 요양원 등 결코 쉽지 않은 곳에서 복무를 해야 한다면 병역기피 수단으로 위해 이를 선택하는 사람은 거의 없을 것이다. 그리고 이 제도를 통해 현대 사회의 노인문제 해결에도 도움을 주리라 생각한다.

04 | 학생 답안

학생 1 답안	_① 대한민국 국민은 헌법이 보장한 기본권을 보장받아야 한다. 국가가 국민의 기본권을 침해할 수 있는 경우는 공공복리, 사회질서 유지, 국가 안정을 위해서만 가능하다. 그러나, 대한민국은 어느 순간부터 국민의 양심의 자유, 신앙의 자유를 침해했다. 그것은 바로 양심적 병역 거부에 대한 처벌이다._ _② 양심적 병역 거부에 대한 대체복무제를 시행함으로써 국민의 자유권을 보장해 줄 수 있다._ 대체 복무제를 반대하는 사람들은 대체 복무제가 병역 기피의 원인을 제공해 줄 수 있다고 한다. 그러나 이는 철저한 심사를 통해 방지할 수 있다. 또한, 대체 복무제의 기간을 늘이고, 군복무 못지않게 힘들고, 사회적으로 필요한 요양시설이나 노인병원 등에서 합숙 근무를 할 수 있도록 하면 된다. 또한, 대체 복무제의 도입으로 병역 기피자들을 수용했었던 구치소를 유지하는 국가 비용을 줄이고 필요한 곳에 그 비용을 사용할 수 있게 된다. 한국교회언론에서는 '특정 종교인을 위한 법'이라고 반대의 목소리를 내고 있다. 그러나, 특정 종교인도 헌법이 보장하는 종교의 자유와 양심의 자유를 보장받아야 한다. 대체 복무제는 그들에게 주는 특권이 아니라 기본권에 대한 보장이다. 양심적 병역거부에 대한 대체 복무제의 시행은 선진국으로 나아가는 길이기도 하며, 그동안 무시되었던 병역 기피자들의 자유를 진정으로 보장해주는 방안이 될 것이다.
첨삭 지도 내용	① 기본권은 공공복리와 국가안정을 위해서만 가능하다고 했으나, 곧이어 양심적 병역거부에 대한 대체복무에 대해 찬성하고 있다. 이는 논리적으로 맞지 않는다. 왜냐하면 반대하는 사람의 주된 논리가 개인의 자유보다 국가 안보 즉, 국가안정이 중요하다는 것을 내세우고 있기 때문이다. ② 찬성에 대한 근거가 미흡하다. 구체적인 제료 제시나 설명 없이 바로 예상되는 반론이 나온다.
총평	대체로 논증력이 약하다. 대체복무 찬성의 근거로 국민의 자유권을 내세우고 있으나, 이를 뒷받침해줄 충분한 자료나 설명이 없다. 예상되는 반론과 재반론도 지나치게 단순하며, 그 근거가 약하다.

학생 2 답안	국방부가 종교적 이유나 신념에 따른 병역 거부자들에 대해 대체 복무를 추진하기로 했다. 이에 대해 각종 언론과 국민들 사이에 찬반양론이 갈리고 있는 처지이다. *① 하지만 대체 복무 허가는 절대로 이루어져서는 안된다. 왜냐하면, 모두가 평등하게 군복무를 하는 상황에서 개인의 양심을 이유로 전체의 평등을 깨뜨린다면 형평성 문제가 불거지게 된다. 또한, 형체가 없는 양심을 대체 복무의 판단 기준으로 삼게 된다면, 많은 병역 기피자를 양산하게 될 가능성도 있다.* 물론, 혹자들은 종교적·윤리적 확신에 따라 전쟁에 참여함을 반대하는 자에게 병역을 강제한다면, 그것은 종교와 양심의 자유를 침해하는 것이라고 주장한다. 하지만 개인의 자유는 어디까지나 국가가 안정된 이후에 보장할 수 있는 권리이고, 분단 체제에 있는 우리나라에서 자유는 국가 안보 이전에 보장되기가 어렵다. ② 또한, 대체 복무제가 시행된다면 병역기피를 원하는 기회주의적인 징병 거부자들에게 병역기피의 명분을 제공할 가능성도 높아지게 된다. 선정의 모호함과 그에 따른 시간과 비용의 낭비를 생각한다면 대체복무제는 실효성 없는 공상일 뿐이다. ③ 개인의 양심의 자유를 존중하자는 대체 복무제의 취지는 받아들일 수 있다. 하지만 선정의 모호성, 특정 종교집단에 대한 혜택으로 변질될 가능성, 형평성 문제 등을 고려한다면 대체 복무제는 실현해서는 안 된다. 따라서 정부는 대체 복무제의 비효율성을 감안하여, 추진을 중단하고 국민들을 위한 국가 안보에 힘써야 할 것이다.
첨삭 지도 내용	① 형평성, 병역기피자 양산을 이유로 반대의 입장을 표명하고 있으며, 주장에 대한 근거가 비교적 적절하다. 하지만 절대로와 같은 용어는 가급적 피한다. ② 부분은 ①의 마지막 부분과 일치한다. 예상반론보다 주장에 대한 근거로 제시하는 것이 바람직하다. ③ 결론에서 앞의 주장과 다른 견해를 보이고 있다. ①에서 절대 불가를 주장하면서 여기서는 받아들일 수 있다고 하면 논리적이지 않다.
총평	대체 복무제 반대 근거로 형평성의 문제와 병역 기피자 양상 가능성을 내세우고 있다. 또한 예상 반론으로 종교와 양심의 자유 침해를 들면서, 자유보다 국가 안보가 우선임을 내세워 재반론 하고 있다. 재반론 이후 등장하는 문장, 즉 병역기피 명분 제공 가능성과, 선정의 모호함 등은 오히려 주장에 대한 근거인 앞부분과 중복되는 부분이 있다. 또한 문장 구성상 주장에 대한 근거 부분에 포함하는 것이 맞다. 위와 같은 600~800자 내외의 논술은 3~4단락 정도로 구성하면 된다. 최근 통합 논술은 1,000자 이상의 과거와 달리 굳이 서론, 본론, 결론으로 구분지어 논술할 필요가 없다. 첫째 단락은 도입부분으로 찬반 현상에 대해 언급하면서 자신의 주장을 밝힌다. 둘째 단락에서 주장에 대한 근거와 충분한 뒷받침 설명을 한다. 마지막 단락에서는 예상되는 반론과 이에 대한 재반론을 한다면 무난한 논술이 될 수 있다.

01 | 출제 의도

문항 1 – 논제 ❶

교육과정에서 배우는 확률은 대부분 근원사건의 확률이 같다는 가정 하에 수리적인 계산을 할 수 있느냐에 국한되어 있다. 가능성은 두 가지이나 각 근원사건의 확률이 다르다면 공정한 선택을 위해서 각 경우의 확률이 같아지는 새로운 상황을 만들어야 한다. 이 문제는 수학적 확률의 정의를 이용하여 적절한 해결 방법을 찾는 능력이 있는지를 평가하고자 했다.

문항 1 – 논제 ❷

이것은 유명한 '간수의 역설'이라는 문제이다. 제시문 나)에서 설명하듯이 확률 문제는 서술하는 방식에 따라 완전히 다른 결과가 나올 수 있으므로 제시문 다)의 문제 상황을 정확하게 이해하는 것이 필요하다. A가 B와 C 중에 풀려날 사람의 이름을 알았거나 몰랐거나 A가 처형될 확률은 $\frac{1}{3}$로 변하지 않는다는 것을 조건부 확률을 이용해 구할 수 있는가를 묻고 있다.

문항 2

논제간의 연관성이 많으며 제시문 분석과 이해에 많은 비중을 둔 문제이다. 제시문에 등장하는 두 가지 오류의 정의와 민감도, 특이도, 감염도 등의 용어를 이해하고 이를 바탕으로 감염도가 다른 두 질병 A, B에 대해 실제 사람들의 상태(환자/정상)와 검사 결과(양성/음성) 사이에서 발생하는 여러 가지 상황들을 분석할 수 있어야 한다. 두 검사에서 나타나는 양성 반응과 음성 반응의 예측치의 차이가 감염도에 의한 것이라는 것을 분석해 내고 이를 바탕으로 [논제 3]에 대해서 논리적으로 의견을 밝힐 수 있어야 한다.

02 | 배경지식

• 수학적 확률, 통계적 확률, 주관적 확률

① 같은 조건에서 반복할 수 있고 그 결과가 우연에 의하여 좌우되는 실험이나 관찰을 시행이라 하고 시행의 결과로 일어나는 것을 사건이라고 한다. 어떤 시행에서 일어날 수 있는 모든 경우의 수가 n가지이고 각 경우가 일어나는 정도가 같을 때, 사건 A가 일어나는 경우의 수가 a가지라면 사건 A가 일어날 확률을 $P(A) = \frac{a}{n}$ 라 할 수 있다. 이것을 수학적 확률이라 하며 보통 확률이라 하면 수학적 확률을 의미한다.

통계적 확률이란 각각의 경우가 나타나는 정도가 같다고 할 수 없거나 수학적 확률로는 계산이 불가능

알려져 있는 몇 가지 접근방법들을 제시하면 다음과 같다.

래리 고닉, 울코트 스미스 / 전영택 역, 『세상에서 가장 재미있는 통계학』

한 경우에 사용되는 확률이다.

예를 들어 출산율 같은 경우는 실제의 통계 자료를 조사해 보지 않으면 수학적으로 계산하는 것이 불가능하다. 실제의 실험을 통한 결과를 수치화한 것이 바로 통계적 확률이다.

일반적으로 시행 수 혹은 자료의 수를 충분히 크게 하면 통계적 확률은 수학적 확률로 수렴함이 알려져 있다. 매회 시행의 결과가 서로 아무런 영향을 끼치지 않는 시행을 N 회 반복했을 때, 사건 A가 r회 일어났을 때 $\frac{r}{N}$은 A가 일어날 상대도수라 하고 N의 값을 크게 함에 따라 상대도수의 값이 어떤 하나의 값 p의 값에 가까워지면 이 값 p를 사건 A가 일어날 통계적 확률이라 한다.

② 주관적 확률―드 피네티 게임

이탈리아의 통계학자 브루노 드 피네티 (Bruno de Finetti, 1906~1985)는 수학과 심리학을 모두 고려한 효과적인 확률공식을 개발하는 데 평생을 보냈다. 그는 주관적 확률을 객관적으로 측정하는 방법을 알아냈다. 이 말이 이상하게 들리겠지만 사실이다. 그의 훌륭하고도 정교한 방법은 드 피네티 게임(de Finetti Game)으로 알려져 있다.

드 피네티 게임을 하면서 사람들은 자신의 속마음을 확인 할 수 있다. 많은 사람들이 확률을 모르면서도 확률에 대해 거짓말을 한다. 심지어 자기 자신에게까지 거짓말을 한다. 당신의 친구가 막 시험을 치렀는데, 시험점수가 잘 나올 것으로 여긴다고 하자. 그 친구는 말한다. "완벽하게 해냈어. 100점 맞을 거야. 100% 확실해." 그러나 사실 그 무엇도 100%의 확률을 갖지 못한다. 당신은 그것을 알고 있다. 그러니 궁금해진다. 그 친구는 100점이라는 점수를 실제로 얼마나 확신하고 있을까?

드 피네티 게임은 일련의 질문으로 이루어져 있다. 질문의 목적은 시험점수 100점이라는 사건에 대하여 그 친구의 실제 주관적 확률을 계산하는 것이다. 게임 방식은 다음과 같다.

친구에게 이렇게 말하라.

"나와 게임을 하자. 빨간 공 98개와 검은 공 2개가 들어 있는 주머니에서 공을 하나 꺼낼 수 있어. 네가 빨간 공을 꺼내면 100만 달러를 주겠어. 아니면 시험점수가 발표될 때까지 기다렸다가 네 점수가 100점이면 100만 달러를 줄게. 어느 쪽을 선택하겠니? 공을 꺼낼래, 아니면 점수가 나올 때까지 기다릴래?"

추측컨대, 그 친구는 공을 꺼내겠다고 말할 것이다. 점수가 나올 때까지 기다리겠다고 말한다면 그것은 시험점수 100점이라는 사건에 대한 그 친구의 주관적 확률이 100%에 가깝다는 뜻이다. 친구가 공을 꺼내기로 결정했다면 이번에는 이렇게 질문하라.

"빨간 공 80개와 검은 공 20개가 들어 있는 주머니가 있어. 공을 꺼내겠니? 빨간 공을 꺼내면 100만 달러를 받을 거야. 아니면 점수가 나오길 기다렸다가 100점이 나오면 100만 달러를 받을 수 있어."

친구가 시험점수가 나오길 기다리겠다고 대답한다면 시험 점수 100점에 대한 그의 주관적 확률은 80% 이상 98% 이하가 된다. 그러니 이제는 두 확률 사이에 있는 값(가령 90%)을 골라서 질문하라.

"빨간 공 90개와 검은 공 10개가 들어 있는 주머니가 있어. 공을 꺼내겠니? 아니면 점수가 나오길 기다리겠니?"

공을 꺼내겠다고 대답하면 다음 질문을 하라.

"빨간 공 85개와 검은 공 15개가 들어 있는 주머니가 있어. 공을 꺼낼래, 점수가 나오길 기다릴래?"

만일 이때도 공을 꺼내겠다고 대답하면 빨간 공 83개가 들어 있는 주머니를 가지고 질문하라. 친구는 이제야 "공을 꺼내도 그만이고 점수가 나오길 기다려도 그만이야. 둘 다 마찬가지니까."라고 말할지도 모른다. 시험점수 100점이라는 사건에 대한 그 친구의 주관적 확률은 83%이다. 친구가 그렇게 대답하지 않으면 빨간 공과 검은 공을 숫자를 적절히 바꾸어가며 계속 질문하여 그의 실제 주관적 확률을 알아내라.

드 피네티 게임을 해보라. 그러면 사람들의 주관적 확률이 얼마나 자주 바뀌는지 알게 될 것이다. 기상 캐스터들 역시 주관적 확률을 조금씩 바꾸는 경향이 있다고 한다. 그들은 확률에 의존하여 생각하는 데 익숙하기 때문이다. 주의할 점이 있다. 드 피네티 게임은 사람들에게 아주 중요한 문제(사랑, 결혼 등)에서는 별로 도움이 안 된다. 그런 문제에서 얻는 것(누군가와 결혼)이 공 꺼내기에서 얻는 것(앞의 예에서 100만 달러)보다 더 중요할 수도 있기 때문이다.

—아미르 D. 악젤 / 윤상운 역, 『기회를 만드는 확률의 법칙』

● 조건부 확률

확률이 0이 아닌 두 사건 A, B에 대하여 사건 A가 일어났다고 가정할 때, 사건 B가 일어날 확률을 사건 A가 일어났을 때의 사건 B의 조건부확률이라 하고, $P(B|A)$로 나타낸다.

이 때, $P(B|A) = \dfrac{P(A \cap B)}{P(A)}$ 가 성립한다.

● 확률의 곱셈정리

1) $P(A) > 0$, $P(B) > 0$ 일 때, 두 사건 A, B 가 동시에 일어날 확률은
$$P(A \cap B) = P(A) \cdot P(B|A) = P(B) \cdot P(A|B)$$

2) 두 사건 A, B에 대하여 한 사건이 일어나거나 일어나지 않는 것이 다른 사건이 일어날 확률에 어떤 영향도 미치지 않을 때,
$$즉,\ P(B|A) = P(B|A^c) = P(B)$$
$$P(A|B) = P(A|B^c) = P(A)$$

일 때, 두 사건은 서로 독립이라고 한다. (그렇지 않은 경우에는 서로 종속이라고 한다.)

두 사건 A, B가 서로 독립이기 위한 필요충분조건은
$$P(A \cap B) = P(A) \cdot P(B)\ 이다.$$

문항 ❶

가 중립의 원리는 참인지 거짓인지 판단하기 어려운 일에 대해 각각의 경우에 똑같은 확률을 부여하는 것이다. 중립의 원리가 확률에 적용되기 위해서는 그 상황이 대칭적이어서 모든 경우에 똑같은 확률을 가정할 수 있도록 객관적인 근거를 제공해야 한다. 동전의 경우, 기하학적으로도 물리적으로도 대칭이고 공기 중에서 동전에 작용하는 힘이 어느 한쪽으로 쏠리는 일 없이 대칭적이다. 이러한 조건이 완전히 충족될 때에야 우리는 동전을 던질 때 양면이 나올 확률이 똑같다고 말할 수 있다. 여기에서는 수학적 확률을 적용할 수 있는 조건에 대해 설명하고 있다.

나 확률문제에서는 같은 문제처럼 보이더라도 서술하는 방식에 따라 완전히 다른 결과가 나올 수 있다. 즉, 문제 서술에서의 작은 차이 때문에 근원사건의 종류와 개수가 달라지고 이로 인해 확률도 달라지는 것이다. 이 과정에서 조건부 확률이 사용되는 예를 발견할 수 있다.

다 간수의 역설이라 불리는 유명한 문제이다. 원래 문제는 간수가 두 명의 무죄 방면자 중 한 사람의 이름을 누설했다면, 나머지 두 사람이 처형될 확률은 어떻게 달라지는가에 대한 내용이다. 구체적으로 간수의 대답과 A가 처형될 확률은 전혀 상관이 없지만, 간수가 이야기 하지 않은 나머지 한 명의 죄수가 처형될 확률은 간수의 대답에 따라 변한다는 것이다. 제시문에서는 간수의 역설 중에서 A의 상황에 대해서만 다루고 있으며 간수의 생각이 잘못되었음을 조건부 확률을 이용해 찾아낼 수 있어야 한다.

문항 ❷

가 워드프로세서의 예를 들어 두 가지 오류의 정의를 설명하고 있다.
- 폴스 포지티브(false positive) :
  문제로 인식하지 않았어야 하는데 문제로 인식한 경우의 오류
- 폴스 네거티브(false negative) :
  문제가 아닌데 문제로 인식한 경우의 오류

나 감염 여부를 판단하는 검사에서 오류가 나타나는 이유를 결핵의 감염여부를 판단하는 투베르쿨린 반응검사의 경우를 들어 설명하고 있다. 실제로 이런 오류들을 줄이기 위해 양성-음성의 판단 기준을 조금 느슨하게 잡을 수 있지만, 이렇게 되면 감염자가 음성으로 오판되는 위험한 경우가 발생하기 때문에 의학자들은 가짜 환자가 많이 발생하는 한이 있어도 가능한 '가짜 정상인'의 수를 줄이는 쪽으로 판단 기준을 조절하여 사용하고 있다.

다 검사의 신뢰성의 척도 즉, 진단을 위한 검사방법의 유효성은 다양한 기준으로 평가된다. 그중에서 민감도, 특이도, 음성 반응과 양성 반응의 예측치 등을 다루고 있다.

- 민감도 : 실제 환자를 검사했을 때 양성으로 나오는 확률
- 특이도 : 실제 환자가 아닌 사람을 검사했을 때 음성으로 나오는 확률
- 양성 반응의 예측치 : 검사 결과가 양성인 사람이 실제로 환자일 확률
- 음성 반응의 예측치 : 검사 결과가 음성인 사람이 실제로 환자가 아닐 확률
- 감염도 : 조사한 전체 대상 중에 실제로 환자일 확률
  예) 1000명 중에 500명이 걸린 질병이라면 감염도는 50%이다.

04 | 예시 답안

문항 1 - 논제 ❶

앞면(H)이 나올 확률을 p, 뒷면(T)이 나올 확률을 (1-p) 라고 하자. 두 명을 각각 A, B 라고 할 때 동전을 두 번 던져서 HT가 나오면 A를 선택하고 TH가 나오면 B를 선택한다. 동전을 던지는 시행은 서로 독립이므로 HH나 TT가 나오면 그 경우는 무시하고 다시 던진다. 그러면 두 사람 모두 똑같은 확률, p(1-p)을 가지게 되므로 공정하게 선택했다고 볼 수 있다.

문항 1 - 논제 ❷

예상되는 상황은 아래 표와 같이 네 가지이다.

예상 상황	수감자의 운명			간수가 말한 무죄 방면자	확률
	A	B	C		
Ⅰ-1	사형	무죄	무죄	B	1/6
Ⅰ-2	사형	무죄	무죄	C	1/6
Ⅱ	무죄	사형	무죄	C	1/3
Ⅲ	무죄	무죄	사형	B	1/3

수감자의 운명을 기준으로 보았을 때, 경우는 Ⅰ, Ⅱ, Ⅱ 세 가지이며 각각의 확률은 $\frac{1}{3}$이다. 즉, 간수가 아무런 말도 하지 않을 때 A가 처형될 확률은 $\frac{1}{3}$이다.

Ⅰ는 두 가지 상황으로 나눌 수 있으며 각각 Ⅰ-1, Ⅰ-2 라 하면, 이 각각의 확률은 $\frac{1}{6}$이다. 이제 간수가 'B에게 편지를 전해주십시오.'라고 말한다면 Ⅰ-1과 Ⅲ의 상황만 가능하게 되는데, 그중에서 A가 처형될 확률은 $\frac{\frac{1}{6}}{\frac{1}{3}+\frac{1}{6}}=\frac{1}{3}$ 이다. 마찬가지로 간수가 'C에게 편지를 전해주십시오.'라고 말하는 경우도 A가 처형될 확률은 $\frac{1}{3}$이다. 즉, A의 입장에서 보았을 때, A가 처형될 확률은 언제나 $\frac{1}{3}$ 이므로 간수는 어떤 선택을 하더라도 상관이 없다.

[표 1]에 따르면 1000명 중 600명이 그 질병에 걸린 진짜 환자이고, 나머지 400명은 그렇지 않다. 600명의 진짜 환자 중 95퍼센트, 즉 570명은 검사결과에서 양성 반응을 보일 것이다. 질병에 걸리지 않은 400명 중 95퍼센트, 즉 380명이 음성 반응을 보일 것이다. 그런데 진짜 환자 600명 중 30명을 음성으로 판정하고, 질병이 없는 건강한 사람 중 20명을 양성으로 판정하는 오류가 범해진다는 사실에 주목할 필요가 있다. 이 사람들은 차례로 폴스 네거티브이고 폴스 포지티브인 셈이다.

[표 2]에서는 20명만 이 질병을 갖게 되고 980은 그렇지 않다. 또한 20명 중 19명은 검사결과에 의해 양성 반응자로 분류될 것이고 980명 중 931명은 음성으로 분류될 것이다. 따라서 표2에서 폴스 포지티브는 49명이며 폴스 네거티브는 1명이다.

실제 질병 현황				
		양성	음성	합
검사 결과	양성	570	20	590
	음성	30	380	410
	합	600	400	1000

[표 1] 질병 A의 현황과 검사결과

실제 질병 현황				
		양성	음성	합
검사 결과	양성	19	49	68
	음성	1	931	932
	합	20	980	1000

[표 2] 질병 B의 현황과 검사결과

감염도가 60%에 이르는 질병 A의 경우에 양성 반응의 예측치는 $\frac{570}{590} \approx 0.966$ 이다. 따라서 환자의 검사 결과가 양성으로 나왔더라도 그 결과가 실제로 맞을 가능성, 즉 그가 진짜로 환자일 확률은 약 96.6퍼센트이다. 음성 반응인 경우에도 410명 중 380명만이 실제로 음성일 뿐이다. 음성인 검사결과가 실제로 맞을 가능성은 약 92.7퍼센트이다. 이런 현상은 감염도에 따라 달라진다. 반면, 감염도가 단지 2%에 불과한 질병 B의 경우에 양성의 예측치는 $\frac{19}{68} \approx 0.279$ 인 반면에 음성의 예측치는 $\frac{931}{932} \approx 0.998$ 이다. 음성 반응의 검사결과는 거의 정확하지만 양성 반응의 검사결과가 맞을 가능성은 약 28퍼센트에 불과하다. 결국 이 질병의 감염도가 크게 낮다는 사실은 그 질병에 관련된 모든 징후가 양성으로 판단되더라도 실제로 양성일 가능성은 상대적으로 낮다는 뜻이다. 음성 반응자가 압도적으로 많기 때문에 검사결과 중 많은 경우가 양성으로 나타날 수 있으며 이 때 양성으로 나타난 검사결과는 폴스 포지티브일 가능성이 무척 높다.

의료정책을 수립할 때도 질병의 감염여부를 검사할 집단이 그 질병에 걸릴 가능성이 높은 경우에 집단 검진을 실시할 필요가 있다. 한국인의 0.06 퍼센트가 에이즈 환자이더라도 나머지 99.94 퍼센트는 작은 오류율에도 엄청난 수의 폴스 포지티브를 양산할 수 있다. 즉, 전국적인 검사 프로그램에서 양성으로 판정된 사람들 중 대다수가 폴스 포지티브일 가능성이 높은 것이다. 결론적으로 한국에서 에이즈는 집단 검진 프로그램을 실시할 질병이 아니다.

문항 1 – 학생 1 답안

논제 1	① 한 사람이 동전을 던져 앞면이 나오면 던진 사람이 행사에 가고 뒷면이 나오면 안 간다고 한다. 앞면이 나올 확률을 a라고 가정한다. 먼저, A가 던져 결과를 얻는다. 그 다음 B가 던져 결과를 얻는다. A와 B가 던진 동전은 같은 동전이므로 앞면이 나올 확률은 a로 같다. 그러므로 공정성이 보장된다. ② A의 결과와 B의 결과가 같으면 누가 갈 것인지 못 정하므로 과정을 반복해 결과가 서로 다를 때까지 던져서 앞면이 나온 사람이 행사에 간다.
첨삭 지도 내용	① A가 앞면이 나오고 B가 뒷면이 나온다면 A를 선택하고, 반대의 상황이라면 B가 간다는 정도의 정확한 표현이 필요하다. ② 둘 다 앞면이 나오거나, 둘 다 뒷면이 나오는 경우에는 다시 던진다는 것인데, 이 과정이 확률적으로 문제없음을 각 시행이 독립임을 빌어 설명하는 과정이 필요하다.
총평	[논제 1]의 경우 내용면에서는 좋은 평가를 받은 글이다. 다만 중립의 원리가 적용되는 상황이 가능한 이유에 대해서 구체적으로 서술한 부분이 없어 아쉬움이 남는다. 표현을 구체적으로 한다면 돋보이는 답안이 될 것이다.

논제 2	간수는 A가 사는 경우와 죽는 경우로 나누어 생각할 수 있다. ③ A가 사는 경우, A에게 편지를 가지고 있으라고 하면 A가 살 확률은 1이다. 살아나는 다른 죄수를 가르쳐주면 A가 살 확률은 $\frac{1}{2}$이다. 안 가르쳐 준다면 A가 살 확률은 $\frac{2}{3}$이다. A가 죽는 경우, 가르쳐주지 않는다면 A가 살 것이라 생각하는 확률은 $\frac{2}{3}$이고, 살아나는 죄수를 가르쳐 준다면 확률은 $\frac{1}{2}$이고, 아무나 줘도 된다고 하면 확률은 0이다. 그러므로 A가 사는 경우 간수는 A가 산다고 가르쳐주고 A가 죽는 경우 안 가르쳐주는 것이 바람직하다.
첨삭 지도 내용	③ 제시문에 따르면 간수는 B와 C 중에서 누구에게 편지를 줄 것인지 이야기를 하는 경우와 대답하지 않는 경우 중에서 선택해야 한다. A에게 편지를 가지고 있으라고 하는 경우는 제시문이나 논제에서 요구하는 상황이 아니다.
총평	[논제 2]의 경우, 대부분의 학생들이 위 학생과 같은 방법으로 경우를 나누고 답안을 작성하였다. 이 경우는 제시문 다)의 분석과 논제 파악이 부족했던 것으로 보인다.

문항 1 – 학생 2 답안

논제 1	동전의 양면 중에서 확률이 낮은 면을 선택한 사람에게 기회를 더 주면 된다. 예를 들어, 앞면이 나올 확률이 $\frac{2}{3}$이고 뒷면이 나올 확률이 $\frac{1}{3}$이라고 가정하자. ① A가 앞면, B가 뒷면을 선택했다고 하자. 이 때 A에게는 던질 기회를 한번 주고, B에게는 기회를 두번 주게 되면 각자가 선택한 면이 나올 확률이 같아지므로 공정하게 선택할 수 있게 된다.

첨삭 지도 내용	① 확률적으로 정확한 표현은 아니지만 '중립의 원리'를 적용할 수 있는 상황에 대한 아이디어는 참신하다. 앞면이 나올 확률은 $\frac{2}{3}$, 뒷면이 나올 확률은 $2 \times \frac{1}{3} = \frac{2}{3}$ 라고 생각한 것인데, 두 번 던져서 한번이라도 뒷면이 나오면 선택할 수 있기 때문에 실제로 B가 선택될 확률은, $\frac{1}{3} \times \frac{1}{3} + \frac{1}{3} \times \frac{2}{3} + \frac{2}{3} \times \frac{1}{3} = \frac{5}{9}$ 이므로 $\frac{2}{3}$ 가 아니다.
총평	창의성 면에서 좋은 평가를 받았으나 확률을 계산하는 과정에서 완벽하게 오류를 보이고 있어 내용면에서는 부족함이 보인다. 또한, 둘 다 선택한 면이 나오지 않거나, 둘 다 선택한 면이 나올 경우에는 어떻게 할 것인지 등의 가능성을 모두 고려하지 않았다는 점에서 한계가 있다.

논제 2	간수가 누가 사형 당할지 말하지 않을 때 A, B, C가 사형될 확률은 각각 $\frac{1}{3}$ 이다. 그런데 ② <u>만약 간수가 풀려날 한 사람을 B라고 말한다면 두 가지 경우가 나온다. A가 사형수이고 B와 C가 무죄이거나, A와 B가 무죄이고 C가 사형수인 경우이다.</u> 이 경우 A가 사형당할 확률이 $\frac{1}{2}$ 인 것처럼 보이지만 실제로 A가 사형수이고 B와 C가 무죄일 때, 간수가 B에게 주라고 이야기 할 확률은 $\frac{1}{3} \times \frac{1}{2} = \frac{1}{6}$(왜냐면 C한테 주라고 이야기 하는 경우도 있으므로)이고, A와 B가 무죄이고 C가 사형수인 경우 B라고 밖에 말할 수 없으므로 이 경우의 확률은 $\frac{1}{3}$ 이다. 이 중에서 A가 사형될 확률은 $\dfrac{\frac{1}{6}}{\frac{1}{6} + \frac{1}{3}} = \frac{1}{3}$ 이다. 이는 간수가 풀려날 사람을 말할 때의 A가 사형될 확률과 같다. 따라서 간수가 A에게 말하든 말하지 않던 달라지는 것이 없으므로 어떻게 하든 상관없다.
첨삭 지도 내용	② 같은 내용이긴 하지만 간수가 B에게 주라고 하는 경우 외에 C에게 주라고 할 경우도 같은 결과가 나온다는 부연 설명이 있으면 완벽한 답안이라 할 수 있다. 이 경우 이야기 하지 않거나, B에게 주라고 말하거나 C에게 주라고 말하거나 A가 사형될 확률은 같기 때문에 간수가 어떤 선택을 하든지 상관없게 된다.
총평	제시문 분석도 잘 되어 있고 논제에 충실하게 답하였으며 내용면에서 좋은 평가를 받은 글이다.

문항 2－학생 1 답안

논제 1	대상 집단이 1000명이므로 ① <u>이 중 A 질병에 걸린 사람은 600명이고 민감도가 0.95이므로 환자 중 5%는 비환자 즉, 600명 중 30명은 폴스 네거티브이다. 같은 방법으로 비환자는 400명이고 특이도가 0.95이므로 400명 중 20명은 양성으로 즉, 폴스 포지티브이다.</u> B질병의 경우도 감염도가 2퍼센트이므로 환자는 20명, 비 환자는 980명이다. 그러므로 환자 20명 중 5%인 1명은 폴스 네거티브이고 비환자 980명의 5%인 49명은 폴스 포지티브로 거짓인 검사결과가 나오는 것이다.

논제 2	② 질병 A의 양성 반응의 예측치는 $\frac{57}{59}$, 음성 반응의 예측치는 $\frac{38}{41}$이다. 그리고 질병 B의 양성 반응의 예측치는 $\frac{19}{68}$이고 음성 반응의 예측치는 $\frac{931}{932}$이다. ③ 이 때, 양성 반응의 예측치를 분석하면 $$\frac{(환자수 \times 0.95)}{(환자수 \times 0.95)+(비환자수 \times 0.05)}$$ 이다. 이를 정리하면 양성 예측치는 결국, $$1+\frac{(비환자수 \times 0.05)}{(환자수 \times 0.95)}$$ 의 역수이다. 따라서 감염도가 낮으면 환자 수는 줄어줄고 비환자의 수는 늘어나기 때문에 $\frac{(비환자수 \times 0.05)}{(환자수 \times 0.95)}$가 커지게 되고 결국, 양성 예측치는 낮아지게 된다. 마찬가지의 방법으로 음성 예측치는 감염도가 낮을수록 커지게 된다. 결론적으로 감염도가 낮아지면 양성 예측치는 낮아지고 음성 예측치는 높아지게 된다.
논제 3	④ 논제 2의 결과에서 감염도가 2%인 질병 B에 대해서도 양성으로 나온 68명 중 49명, 거의 70% 이상 실제 음성이다. 그런데 질병 B보다도 훨씬 낮은 0.06퍼센트의 감염률을 보이는 에이즈의 경우는 민감도와 특이도가 0.95 정도로 매우 높다고 가정하더라도 양성 반응의 예측치가 현저하게 낮아져 결과를 신뢰할 수 없게 된다. 비록 의학자들이 가짜 환자가 많이 발생하더라도 가짜 정상인을 줄이는 쪽으로 검진을 실시하고는 있으나 에이즈와 같이 감염도가 현저하게 낮은 질병을 국민 전체를 대상으로 검진을 실시하게 되면 에이스 환자로 판명된 대부분의 사람들이 정상인이 되어 검진 결과 자체의 신뢰성이 매우 떨어지게 된다. 그러므로 감염도가 매우 낮은 에이즈와 같은 질병은 광역집단검진을 실시하는 것이 매우 비효율적이다.
첨삭 지도 내용	① 폴스 포지티브와 폴스 네거티브를 바르게 구하였다. ② 반응의 예측치를 정확하게 계산하였다. ③ 감염도가 낮아지면 양성 반응의 예측치가 낮아지게 된다는 결론을 일반화를 통해 도출한 점이 돋보인다. ④ [논제 2]의 결과를 [논제 3]의 상황에 적용하여 결과를 예상하고 분석해 낸 좋은 문장이다.
총평	논제간의 유기성이 높은 문항이며 대부분의 학생들이 세 논제에 대해 비슷한 답안을 작성했다. 학생들이 주로 실수하는 부분은 오류를 찾아내지 못하거나 반응의 예측치 계산을 잘못하는 경우였으며 제시문 분석이 부족했던 것으로 보인다. 양성 반응의 예측치를 예로 들자면, 대부분의 학생이 $\frac{(양성반응자 중 실제환자수)}{(양성반응자 수)}$로 구하지 않고 $\frac{(전체 환자수)}{(양성반응자 수)}$로 구해 반응의 예측치가 1이 넘는 오류를 범했다. 대부분의 학생들이 [논제 2]에서는 각 질병의 양성 반응과 음성 반응의 예측치만을 구하고 그것을 바탕으로 감염도가 낮으면 양성의 예측치가 낮아진다는 결론에 도달하였다. 이와 달리 위 학생은 [논제 2]에서 양성 반응의 예측치를, $$\frac{(환자수 \times 0.95)}{(환자수 \times 0.95)+(비환자수 \times 0.05)}$$ 로 일반화하였으며, 역수가 $1+\frac{(비환자수 \times 0.05)}{(환자수 \times 0.95)}$ 임을 이용하여 감염도가 낮아지면 양성 반응의 예측치가 낮아지게 된다는 결론에 도달하였다. 위 학생은 제시문을 충분히 분석하여 논제를 해결하고 논리적으로 결론을 도출하고 있으며 [논제 2]를 해결하는 과정에서 다른 학생들과 다르게 일반화를 시도했다는 점에서 돋보인다.

논제 1	① 질병 A에 걸린 사람은 1000명 중 600명이다. 민감도가 0.95이므로 이들 중 5%는 결과에 오류가 발생할 것이다. 즉, 30명이 폴스 네거티브가 된다. 또 걸리지 않은 사람은 400명인데, 특이도가 0.95이므로 잘못 검사된 사람은 400명의 5%, 즉 20명이 폴스 포지티브이다. 질병 B에서는 걸린 사람이 20명인데 그중 5%가 잘못된 결과를 받을 것이므로 1명이 폴스 네거티브이다. 또 걸리지 않은 사람 중 5%가 오류가 발생할 것이므로 980명의 5%인 49명이 폴스 포지티브이다.
논제 2	② 질병 A의 양성의 예측치는 $\frac{57}{59}$이고, 음성의 예측치는 $\frac{38}{41}$이다. 질병 B의 양성의 예측치는 $\frac{19}{68}$이고 음성의 예측치는 $\frac{931}{932}$이다. ③ 질병 B의 양성의 예측치는 질병 A에 비해 현저히 낮고 음성 예측치는 A보다 높다. 즉, 감염도가 낮아지면 양성 예측치는 낮아지고, 음성 예측치는 높아진다.
논제 3	집단검진 프로그램을 실시해도 신뢰도가 떨어져 별 효력이 없을 것이다. ④ 왜냐하면 에이즈의 감염도가 0.06%로 극도로 낮으므로 민감도와 특이도가 0.95 정도로 아주 높다고 하더라도 [논제 2]에서 볼 수 있듯이 양성 예측치가 아주 작게 나올 것이기 때문이다. 그러므로 집단검진 프로그램을 실시하는 것에 나는 반대한다.
첨삭 지도 내용	① 폴스 포지티브와 폴스 네거티브를 바르게 구했다. ② 반응의 예측치를 정확하게 계산하였다. ③ 감염도가 낮아지면 양성 반응의 예측치가 낮아지는 이유를 구체적으로 서술하지 않았다. ④ 논제에서 요구하는 바를 정확하게 파악하고 답하고 있다.
총평	제시문에 나와 있는 용어들의 정의를 잘 파악했고, 비교적 논제에 충실하게 답하고 있다. 폴스 포지티브와 폴스 네거티브, 양성 반응과 음성 반응의 예측치를 바르게 계산하였으나 ③에서 보이듯이 질병 A와 질병 B의 민감도와 특이도가 모두 같은 상황에서 두 가지 오류나 반응의 예측치가 달라지는 것이 조건의 차이, 즉 감염도 때문인 것을 구체적으로 정리할 필요가 있다. 세 예측치가 90% 이상의 높은 신뢰도를 보이는 것과 달리 감염도가 낮은 질병 B의 경우 양성 반응의 예측치가 20% 정도로 매우 낮다는 관점에서 논제를 해결해야 한다. 마찬가지로 감염도가 매우 낮은 에이즈의 경우, 양성으로 판단된 대부분의 사람이 정상일 가능성이 매우 높으며 이런 경우에 전체를 대상으로 하는 집단 검진 프로그램을 실시하는 것이 옳지 않다는 내용의 추가설명이 들어간다면 돋보이는 답안이 될 것이다.

01 | 출제 의도

1. 지구 중력장 내에서 질량과 중력가속도와의 관계를 파악하고 있는지를 확인하고자 하였다. 또한 공기 마찰이 있을 때와 공기 마찰이 없는 상태에서 낙하하는 물체의 속도와 질량과의 관계를 이해하는 능력이 있는지 평가하고자 하였다.

2. 물체의 충돌에서 충격량과 충격시간에 따른 충격력의 크기를 계산할 수 있고 이를 우리 실생활과 연계시켜 활용할 수 있는 방안에 대해 이해를 하고 있는지 평가하고자 하였다.

02 | 배경지식

• 운동량

운동량 : 운동하는 물체가 갖는 물리량으로 크기와 방향을 가지는 벡터량이다

1) 운동량 : 질량 x 속도 $(\vec{P}=m\vec{v})$ (단위 : kg.m/s)

   ① 질량이 작고 느린 운동의 운동량은 작지만, 속도가 커지면 운동량도 커진다.

   ② 질량이 크면 속도가 작아도 운동량이 크고, 속도가 커지면 운동량은 더 커진다.

2) 운동량의 변화량 : 일정한 속도 v_0로 운동하고 있는 질량 m이 물체에 짧은 시간(Δt)동안 F가 작용하여 v로 되었다면, 이 때 생긴 가속도는 $a = \dfrac{v-v_0}{\Delta t} = \dfrac{\Delta v}{\Delta t}$ 이다. 따라서 뉴턴의 운동 법칙에 의해,

$F = ma = m\dfrac{\Delta v}{\Delta t} = \dfrac{mv-mv_0}{\Delta t}$가 되며, 이 식을 다시 정리하면 $F\Delta t = mv - mv_0$가 된다.

위의 식에서 좌변 $F\Delta t$는 물체에 작용한 힘과 그 힘이 작용한 시간의 곱으로 충격량이라고 부른다. 또한 우변은 운동량의 변화를 나타내므로 위의 식은 운동량의 변화량이 물체에 작용한 충격량임을 말해준다.

즉 운동량의 변화량 = 물체에 가해진 충격량이며, 이를 식으로 표현하면,

$$F\Delta t = \Delta P = mv - mv_0 \quad (v : \text{나중속도}, \ v_0 : \text{처음속도})$$

• 충격량

충격량 = 충격력 x 시간, $(I=F \cdot \triangle t = \triangle P = mv - mv_0$ (v : 나중속도, v_0 : 처음속도))

－같은 운동량의 변화가 일어날 때 변화가 일어나는 시간이 짧을수록 충격력은 커진다.

$$F = \frac{\triangle p}{\triangle t}$$

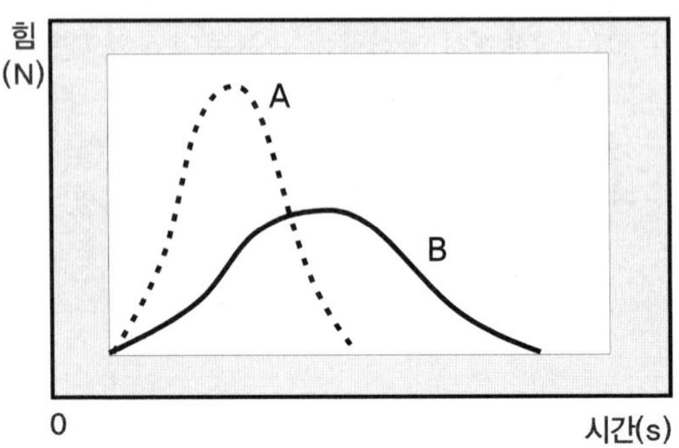

• 운동량의 보존

(1) 운동량의 보존

① 두 물체가 충돌할 때 각각의 운동량은 변하지만 총 운동량은 변하지 않는다.

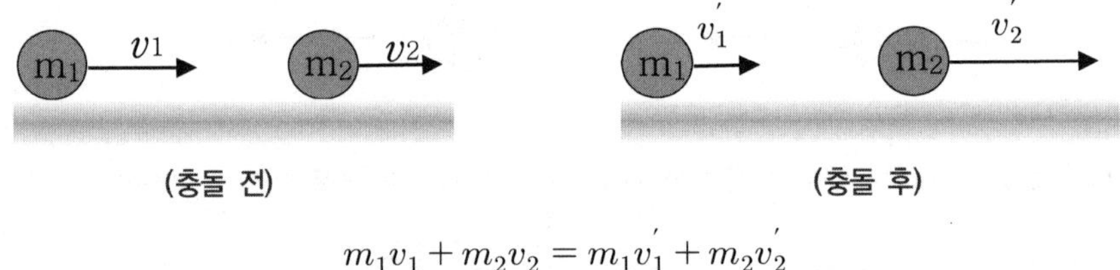

$$m_1 v_1 + m_2 v_2 = m_1 v_1' + m_2 v_2'$$

② 두 물체의 운동량의 변화량은 크기가 같고 방향은 반대이다.

$$m_1 v_1' - m_1 v_1 = -(m_2 v_2' - m_2 v_2)$$

(2) 반발계수 : 충돌 전후의 상대 속도의 비

$$e = - \frac{v_1' - v_2'}{v_1 - v_2} \quad \left(- \frac{\text{충돌 전의상대속도}}{\text{충돌 후의상대속도}}\right)$$

① 완전탄성 충돌 : $e=1$, 운동에너지 보존(기체분자사이의 충돌, 당구공).
② 비탄성 충돌 : $0<e<1$, 운동에너지 보존되지 않음(일반적인 충돌).
③ 완전비탄성 충돌 : $e=0$, 충돌 후 두 물체는 한 덩어리가 됨, 운동에너지 보존 안 됨.

가 박치기차(범퍼카)는 전기에너지를 이용한 놀이기구로서 운전하는 사람에 대한 제한이 없으며 일정한 공간 안에서 다른 박치기차(범퍼카)와 계속 충돌하면서 이동한다. 이처럼 다른 물체와 충돌하는데도 불구하고 비교적 안전한 이유는

첫째, 속력이 느려서 운동량이 작기 때문이며(운동량 : 질량 x 속도 $(\vec{P}=m\vec{v})$)

둘째, 박치기차(범퍼카)의 앞부분이 물렁물렁한 고무로 되어 있어 충돌시간을 길게 해 주므로 충격력을 줄여주는 효과가 있기 때문이다.

$$\text{충격량} = \text{충격력} \times \text{시간}, (I=F \cdot \Delta t = \Delta P = mv - mv_0 \ (v : \text{나중속도}, \ v_0 : \text{처음속도}))$$

—같은 운동량의 변화가 일어날 때 변화가 일어나는 시간이 길수록 충격력은 작아진다.

$$F = \frac{\Delta p}{\Delta t}$$

나 번지점프는 높은 곳에 있는 사람의 위치에너지가 운동에너지로 전환되면서 속도가 증가하는 짜릿함을 즐기는 스포츠이다. 빠른 속도로 떨어지는 사람이 멈추게 될 때 가해지는 충격력을 최소화하려면 몸에 묶은 줄이 늘어나는 시간을 최대한 늘여주어야 한다.

$$(I=F \cdot \Delta t = \Delta P = mv - mv_0 \ (v : \text{나중속도}, \ v_0 : \text{처음속도})$$

—같은 운동량의 변화가 일어날 때 변화가 일어나는 시간이 길수록 충격력은 작아진다.

$$F = \frac{\Delta p}{\Delta t}$$

다 같은 높이에서 떨어지는 우박이나 빗방울의 모양이 비슷하다고 가정한다면 지표면에서의 낙하속도는 응집력이 크고(질량 증가) 모양의 변화(마찰력 증가)가 거의 없는 우박의 속도가 더 빠를 것이다. 또한 우박은 빗방울에 비해 딱딱하므로 농작물과 출동할 경우 충돌시간이 짧아 가해지는 충격력은 훨씬 크다고 할 수 있다.

라 지구 중력장 내에서 공기 마찰이 없을 경우 질량은 낙하속도에 영향을 주지 않지만 공기 저항이 있다면 질량이 큰 물체의 종단속도(Vterm)(중력(mg)과 공기 저항력(f=kv)이 같아지는 시점의 속력으로서 mg=kv, Mg=kv' 이라고 두면 M>m이므로 v'>v가 된다)가 더 크므로 지면에서 낙하속도도 더 크다.

논제 ❶

　같은 높이에서 물체를 떨어뜨리는 경우 아리스토텔레스의 주장대로라면 질량(M>m)이 m인 경우 낙하시간(T>t)이 T초이고, 질량이 M인 물체의 낙하시간이 t초라고 가정할 경우, 두 물체를 묶어서(M+m) 낙하시킬 경우 질량이 커졌으므로 시간은 t초보다 빨라야 할 것이다. 하지만 질량 M인 물체의 입장에서 보면 질량 m인 물체가 뒤에서 운동을 방해하는 형태가 되므로 낙하시간은 t < 낙하시간 <T 가 되는 모순이 생긴다. 따라서 공기저항이 없는 경우에는 물체에 작용하는 중력이 알짜힘(F=mg=ma)이 되어 질량과는 상관없이 가속도가 같으므로 떨어지는 속도와 낙하시간도 같다. 그러나 공기저항이 있는 경우에는 낙하하면서 종단속도에 이르는 때가 물체에 작용하는 중력(mg)과 공기 저항력(f=kv)이 같아지는 시점이다.

　따라서 mg=kv, Mg=kv' 이라고 두면 M>m이므로 v'>v가 된다. 종단속도가 클수록 빨리 떨어지므로 질량이 큰 물체(M)가 더 빨리 떨어진다.

　한편 우박은 입자의 크기가 빗방울보다 크고 낙하 도중에 모양의 변화도 거의 없어서 전체 질량이 빗방울보다 큰 경우가 대부분이다. 따라서 우박과 빗방울의 모양이 비슷하다고 하더라도 질량이 더 큰 우박의 낙하속도(종단속도)가 더 클 것이다.

논제 ❷

　우박은 같은 높이에서 떨어지는 빗방울에 비해 지표면에 도달할 때 속도의 크기가 더 크고 표면이 더 단단하다. 따라서 우박이 농작물에 충돌할 경우의 충격량, 즉 운동량의 변화량은 충돌 전 속도($v_{우박} > v_{빗방울}$)가 큰 우박의 충격량이 빗방울의 충격량보다 더 크다. ($I=F \cdot \triangle t = \triangle P = m\triangle v = m(v-v_0)$)

　또한 같은 충격량을 받는 경우에도 우박의 표면이 더 단단하므로 농작물과 충돌 후 멈추는데 걸리는 시간이 짧아서 미치는 충격력이 더 크다. ($I=F \cdot \triangle t$)

　이와 같은 이유로 우박이 빗방울보다 농작물에 미치는 피해가 훨씬 더 크다고 할 수 있다.

논제 ❸

　먼저 우리를 묶어주는 줄의 안전도를 살펴야 한다. 몸무게를 지탱할 수 있고 충분히 늘어나면서 충격력을 잘 흡수할 수 있는 줄인지를 살펴야 한다.

　또한 줄이 끊어지거나 풀리는 만일의 사태에 대비하여 낙하하는 지점에 호수(물) 또는 에어매트리스나 그물 등 충격력을 완화할 수 있는 안전장치가 되어 있는지를 살펴보아야 할 것이다.

논제 1	① 아리스토텔레스는 공기의 저항과 상관없이 두 물체를 같은 높이에서 떨어뜨리면 질량이 큰 더 물체가 먼저 떨어진다고 주장하였다. 그러나 이 주장은 항상 성립하지 않는다. 물체의

	낙하운동에 공기의 저항은 큰 영향을 미치며, 따라서 두 물체의 자유 낙하운동을 설명할 때엔 공기의 저항이 있을 경우와 없을 경우를 나누어 생각해야 한다.

낙하운동에 공기의 저항은 큰 영향을 미치며, 따라서 두 물체의 자유 낙하운동을 설명할 때엔 공기의 저항이 있을 경우와 없을 경우를 나누어 생각해야 한다.

공기의 저항이 없을 경우, 두 물체의 낙하속도는 질량에 관계없이 같다. 질량 m, M ($m<M$)의 두 물체가 떨어질 때의 힘은 각각 ma, Ma 이고 이때의 가속도는 중력(g)이므로 $ma=mg$, $Ma=Mg$로 바꾸어 쓸 수 있다. 이 식에서 양변의 m, M을 약분하면 둘 다 $a=g$로 질량의 영향을 받지 않고 ② 두 물체가 떨어질 때 받는 힘, 결국 속도가 같음을 알 수 있다.

반면, 공기의 저항이 있을 때에는 아리스토텔레스의 주장이 성립한다. ③ 질량이 더 큰 물체는 더 큰 공기의 저항을 받고 종단속도도 더 크므로 질량이 작은 물체보다 지면에 빨리 닿는다. 이를 바탕으로 모양이 비슷한 빗방울과 우박의 낙하속도를 비교해보면 공기의 저항이 없을 때엔 속도가 서로 같지만 공기 저항이 있을 경우 질량이 더 큰 우박이 먼저 떨어진다고 할 수 있다.

논제 2

농작물에 큰 피해를 주는 폭우와 우박의 피해 정도는 충격력과 연관지어 설명될 수 있다. 충격력이 더 큰 것이 농작물에 더 많은 피해를 입히기 때문이다.

④ 우박과 폭우가 지면에 닿을 때의 충격량이 같다고 해 보자. 우박은 얼음 덩어리, 즉 고체이지만 빗방울은 액체여서 공기의 저항에 따라 모양이 쉽게 흐트러진다. 본 모습을 유지하는 우박과 떨어지면서 길게 늘어진 빗방울이 땅에 닿을 때 걸리는 시간은 우박보다 빗방울이 더 오래 걸린다. 같은 충격량 I를 가질 때 $I=F \times \Delta t$ 라는 식에 따라서 걸리는 시간과 충격력은 반비례한다.

결국, 시간이 적게 걸리는 우박이 빗방울보다 충격력이 크게 되면서 농작물에 더 많은 피해를 입히는 것이다.

논제 3

번지점프를 할 때에는 많은 위험요소가 따른다. 그중에서도 가장 중요하게 고려되어야 할 것은 떨어지던 사람이 가장 낮은 곳까지 내려갔을 때 낙하를 멈추면서 받는 충격력이 최소가 되어야 한다는 것이다. 충격력을 줄이기 위해서는 충돌하는 시간, 번지점프의 경우 줄 끝까지 내려가 낙하를 멈추는 시간을 늘려야 한다. 그러기 위해 사람이 매달려 있는 줄의 탄성이 좋아야 할 것이다. 그 외에도 번지점프의 시설이 떨어지는 사람의 속도와 무게를 견딜 수 있는지 등도 고려되어야 한다.

첨삭 지도 내용

① 전체적인 내용은 무난합니다. 다만 밑줄 친 내용처럼 이미 논제에 나와 있는 문장을 반복할 필요는 없겠죠.

② 힘과 속도가 같다고 했는데 왜 그런지 이유를 언급하면 좋겠네요.

③ 공기저항에 영향을 주는 것은 질량보다는 물체의 모양이겠지요. 또한 모양이 비슷할 경우 질량이 큰 물체의 종단속도가 큰 이유를 같이 제시하세요. 예를 들면 떨어지는 높이, 물체의 모양 등이 있겠죠.

④ 잘 정리된 답안입니다. 다만 이 가정 외에 앞에서 언급된 또 다른 변수도 같이 고려해야죠.

논제 1

① 아리스토텔레스는 공기의 저항과는 상관없이 질량이 큰 물체가 먼저 떨어진다고 주장하였다. 이 주장은 약간의 오류를 지니고 있다.

우선 공기저항의 유무를 고려하지 않았다.

공기저항이 없을 때에는 질량이 m인 물체와 M인 물체($m<M$)를 동시에 떨어뜨리더라도, $mg=ma<Mg=Ma$ 이므로 $a=g$로 두 물체의 가속도가 같게 된다. 그러므로 나중 속도 v가 같다. v가 같으면 낙하시간이 같으므로 동시에 떨어지게 된다.

그리고 공기저항이 있을 때도 공기와의 접촉면적을 고려하지 않았다.

	제시문 라에서 공기 저항이 있을 때 표면적이 같은 경우 질량이 더 큰 물체의 종단속도가 더 커서 질량이 큰 물체가 더 빨리 떨어진다고 하였다. 그러나 질량이 더 크더라도 공기와의 접촉 면적이 질량의 차를 극복할 수 있을 정도로 더 크다면 질량이 작은 물체가 더 빨리 떨어지게 된다. 우리 주변에서 공기 저항과 물체의 무게를 고려하여 비교해 볼 수 있는 예를 찾아보면 우박과 빗방울이 있다. 빗방울은 무게가 어느 정도 이상이 되면 분리가 된다. 그러나 우박은 고체이므로 계속 뭉쳐서 무게가 증가한다. 그리고 우박은 떨어질 때 모양이 거의 변하지 않지만 빗방울은 공기저항에 의해 모양이 납작하게 된다. 둘의 무게가 같다고 할 때 빗방울이 납작해지며 공기와의 접촉 면적이 커지므로 공기 저항이 커지게 된다. 이런 두 가지 측면에서 보면 우박의 낙하속도가 빗방울의 낙하속도보다 빠르다.
논제 2	② <u>우박이 내리면 폭우보다 더 큰 피해를 준다는 것은 누구나 다 아는 사실이다. 왜 우박이 폭우보다 더 큰 피해를 줄까?</u> 이 이유를 두 가지 측면에서 알아 볼 수 있다. ③ <u>우선 빗방울은 물렁물렁한 액체이므로 접촉 시간이 우박에 비해 상대적으로 길다. 그래서 충격력을 줄여주므로 피해를 덜 입힌다.</u> 또한 논제 1에서 서술한 빗방울과 우박의 낙하속도 중에 우박의 낙하속도가 더 빠르다는 내용이 있다. 낙하속도가 빠르면 운동량이 커지고 운동량의 변화량도 커진다. 그러므로 충격량이 늘어난다. 이 때, 접촉시간이 일정하다고 가정하면 충격력이 커진다. 이런 이유로 우박이 빗방울보다 농작물에 더 많은 피해를 끼치게 된다.
논제 3	④ <u>어떤 스포츠이든 안전이 우선이다. 번지점프에서 안전하게 즐기고 싶다면 어떤 점을 고려해야 할까?</u> 우선 안전장치부터 확인해야 한다. 기본적인 안전장치가 제대로 되어있지 않는다면 뛰어 내리는 순간 다시는 올라오지 못할 수도 있다. 줄의 탄성력정도를 확인해야 한다. 뛰어내린 후 줄이 잘 늘어나지 않는다면 반응시간이 줄어들어 큰 충격력이 몸을 다치게 할 수도 있다. 또한 지면이 물인지 흙인지도 확인해야 한다. 지면이 흙이라면 접촉시간이 짧아 큰 충격력을 받지만, 물인 경우 정지시간까지의 차이가 커서 보다 작은 충격력을 받게 된다.
첨삭 지도 내용	① 전체적인 내용은 무난합니다. 다만 제시문의 문장을 반복하지 말고 바로 본문으로 들어가세요. ② 역시 같은 지적입니다만 제시문에 대한 학생의 답안을 바로 작성하세요. ③ 수식을 사용하면 의미 전달이 훨씬 잘 되겠죠. ④ 역시 같은 지적입니다만 제시문에 대한 학생의 답안을 바로 작성해야 간결한 문장이 되겠죠.

7. 과학과 논술 (2)

01 | 출제 의도

- 자연계열 특성에 부합하는 과학적 분석력과 논리적인 사고력, 그리고 기본적인 수리능력을 평가하고자 한다.
- 교과지식에 대한 암기위주의 지식평가를 지양하고 다양한 형식의 자연과학적인 글에 대한 이해력과

판단력을 평가하고자 한다.
- 지정된 시간에 제시된 분량의 글을 이해하고 분석할 수 있는 기본적인 학습능력을 평가하고자 한다.
- 자연과학 분야에 대한 다양한 형태의 제시문을 통해 획일화된 논술형식을 벗어나 통합적인 사고력을 평가하고자 한다.
- 빛에 의해 나타나는 다양한 자연현상을 통해 창의성과 독창적인 사고력을 평가하고자 한다.
- 우리속담 속에 숨어있는 과학적 사실을 논리적으로 추론해낼 수 있는지를 평가한다.

02 | 배경 지식

• 빛의 굴절

빛이 서로 다른 매질을 통과할 때 그 경로가 꺾이는 현상을 빛의 굴절이라 하며, 이것은 서로 다른 매질에서 빛의 속도가 다르기 때문에 나타난다.

(1) 굴절의 법칙(스넬의 법칙)

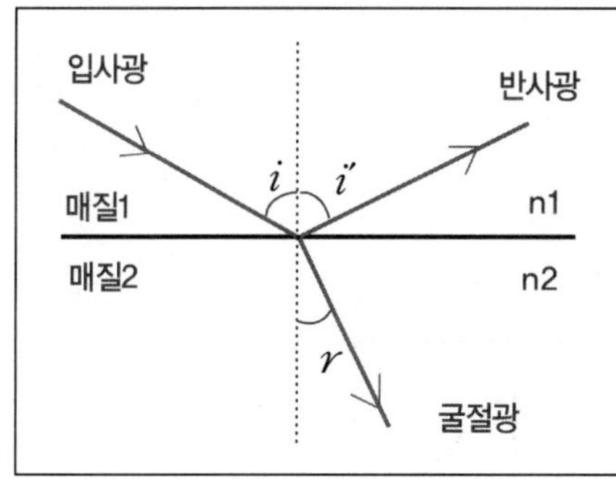

① 입사광선, 굴절광선, 법선은 동일 평면 내에 있다.
② 입사각과 굴절각의 사인값의 비는 매질에 따라 일정하며 다음의 관계가 성립한다.

$$\frac{\sin i}{\sin r} = \frac{v_1}{v_2} = \frac{\lambda_1}{\lambda_2} = n_{12} \ (\text{일정})$$

(2) 굴절률

① 절대 굴절률 : 진공에 대한 어떤 매질의 굴절률을 말하며, 공기에 대한 어떤 매질의 굴절률과 거의 비슷하다. 절대 굴절률의 크기는 진공속의 광속(c)과 매질속의 광속(v)의 비로 구한다.

$$n = \frac{c}{v}$$

② 상대 굴절률 : 제 1매질에 대한 제 2매질의 굴절률을 말하며, 상대 굴절률 n_{12}는 다음과 같이 주어진다.

$$n_{12} = \frac{\sin i}{\sin r} = \frac{\lambda_1}{\lambda_2} = \frac{v_1}{v_2} = \frac{n_2}{n_1}$$

(1) 전반사 : 굴절의 법칙에 의해 빛을 밀한 매질에서 소한 매질로 입사시키면 입사각 보다 굴절각이 크며 입사각을 점점 증가시키면 굴절각도 증가한다. 굴절각이 90°일 때의 입사각을 임계각이라 하는데, 임계각 이상의 빛을 입사시키면 빛은 전부 다 반사되며 이것을 전반사라 한다.

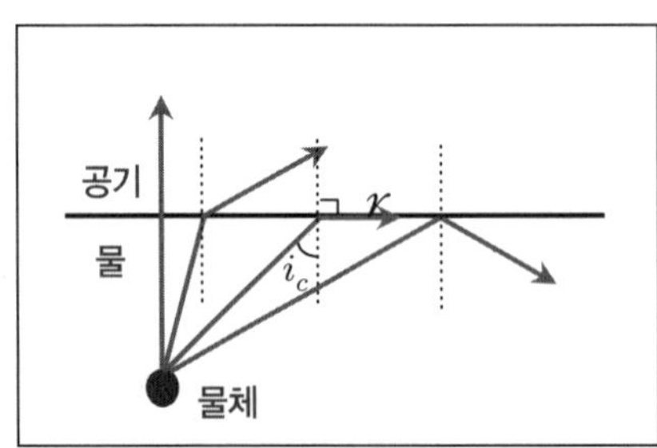

이때 굴절률이 n인 물질의 임계각 i_c는 다음과 같이 주어진다.

$$\frac{\sin i_c}{\sin 90°} = \frac{1}{n}, \ \sin i_c = \frac{1}{n}$$

(2) 전반사의 이용

① 전반사 프리즘 : 빛의 진로를 90°, 180° 바꾸는 데 이용한다.

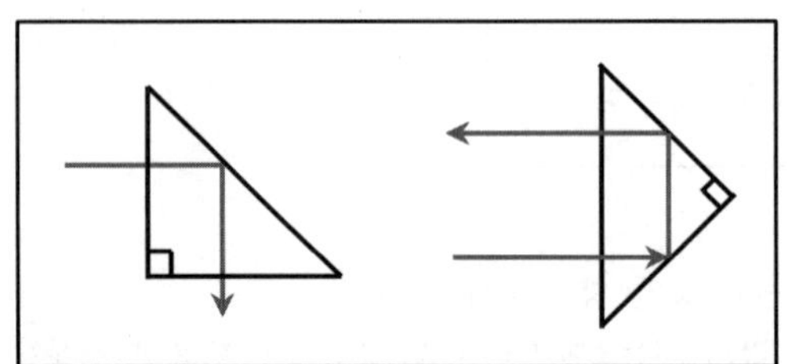

② 쌍안경, 위 내시경, 유리 섬유(광통신)

03 │ 제시문 분석

가　제시문 (가)는 고등학교 물리1 교과의 파동과 입자 단원에서 빛의 굴절에 대한 부분으로, 굴절에 대한 기본 이해와 굴절로 인해 나타나는 현상을 다루었다.

굴절에 의해 관측자에게 관측되는 현상은 겉보기 모습이므로 실제 빛의 경로를 해석할 수 있어야 한다. 물속의 물고기를 향해 작살을 쏘면 작살이 물고기의 위쪽을 통과하여 잘 맞지 않는 이유가 바로 빛의 굴절과 관련이 있다.

논제는 뜨거운 여름날 낮에 사막이나 아스팔트 표면 부근의 공기와 상층부의 공기의 온도차이 때문에 빛의 속도차가 발생하고 이로 인해 일어나는 빛의 굴절에 대한 문제이다.

소리도 빛과 마찬가지로 굴절이 일어나는데, 공기의 온도가 다르면 소리의 속도가 달라지므로 지표 부근의 공기와 상층부의 공기의 온도차로 인해 소리의 속도차가 발생하고 이로 인해 빛의 굴절과 같은 현상이 소리에서도 발생한다.

나 빛이 다른 매질을 통과할 때 나타나는 최소시간의 원리와 전반사를 다루고 있다. 최소시간의 원리는 결국 빛의 굴절과 밀접한 관련이 있다. 우리 생활 주변에 광학기기가 많이 사용되고 있는데 이들 중에는 빛의 굴절이나 전반사 등을 이용한 것이 많다.

논제는 최소시간의 원리가 적용되는 문제와 전반사를 이용한 문제를 출제하였다. 즉, 해안가에서 바다에 빠진 사람을 구하기 위해서 경찰이 최단 시간에 사고 지점에 도착할 수 있는 방법을 찾는 문제와 같다. 또한 전반사를 이용하는 문제는 우리 속담에서 인용하여 평소 생활 속에서도 과학적인 사고를 할 수 있도록 초점을 맞추었다.

04 | 예시 답안

1. (1)

신기루란 밀도가 서로 다른 공기층에서 빛이 굴절함으로써 멀리 있는 물체가 거짓으로 보이는 현상이다. 사막 위의 공기는 강렬한 햇빛으로 뜨겁게 가열되어 밀도가 낮고, 고도가 높아짐에 따라 공기는 급속히 냉각되므로 밀도와 굴절률이 커진다. 그래서 사막의 표면 부근에서 빛의 속력은 빠르고 위쪽으로 갈수록 느려진다.

아래 그림과 같이 사막에 있는 물체의 윗부분에서 관측자 쪽으로 반사된 햇빛은 차가운 공기를 지나 똑바로 나아가 관측자에게 도착한다. 그런데 물체에서 사막의 표면 가까이로 반사된 빛은 밀도가 희박해진 뜨거운 공기층을 지나면서 위쪽으로 구부러지므로 관측자의 눈에는 마치 그 빛이 뜨거운 지표면 아래쪽에서 나온 것처럼 보인다. 즉, 관측자는 실제 물체 아래에 뒤집힌 물체의 상을 보게 되는 것이다.

따라서 관측자는 물체 바로 앞에 호수가 있어 바위가 반사되었다고 생각하게 되는데 이것이 신기루이다.

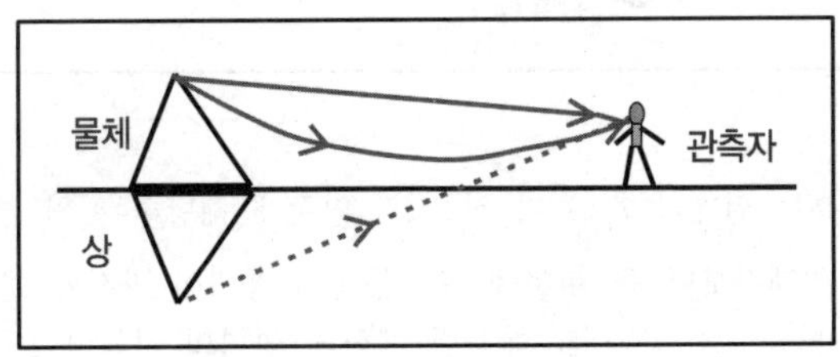

1. (2)

소리의 속도는 15℃에서 약 340 m/s인데 공기의 온도가 높아지면 속도도 증가한다. 햇빛이 내려쬐는 낮에는 비열이 작은 지표가 빨리 가열되어 지표 부근의 공기의 온도는 높고 위로 올라갈수록 낮아진다. 따라서 낮에 지표 부근에서 발생한 소리는 위쪽으로 굴절되므로 낮말은 위쪽에 있는 새가 듣기 쉽다.

　반면에 밤에는 비열이 작은 지표가 빨리 식어 지표 부근의 온도가 낮고 위로 올라갈수록 온도가 높다. 그래서 밤에 지표 부근에서 발생한 소리는 아래쪽으로 굴절되므로 밤 말은 아래쪽의 쥐가 듣기 쉽다.

　따라서 낮에는 지표 부근의 온도가 높아 소리가 위쪽으로 굴절되고, 밤에는 지표가 빨리 식어 오히려 온도가 낮으므로 소리가 아래쪽으로 굴절되므로 '낮말은 새가 듣고 밤말은 쥐가 듣는다.'라는 우리 속담이 물리적으로 옳은 표현이다.

2. (1)

　문제의 그림에서 빛의 경로는 c를 따른다. 왜냐하면 빛의 속력은 물보다 공기 중에서 더 빠르기 때문이다. 빛이 P에서 Q로 전파하거나 역으로 Q에서 P로 전파할 때 속도가 빠른 공기 중에서는 이동거리가 길고 속도가 느린 물속에서는 이동거리가 짧다. 이는 마치 해안가의 해상구조요원이 물에 빠진 사람을 발견했을 때 택하는 경로와 같다. 구조요원은 속도가 느린 물 속에서 수영하는 거리를 최소화하기 위해 백사장을 최대한 긴 거리로 빨리 달려 물에 뛰어들어야 한다.

2. (2)

　아래 그림처럼 굴절률이 큰 매질에서 작은 매질로 빛이 입사할 때는 입사각 보다 굴절각이 더 크며, 임계각(굴절각이 90°일 때의 입사각) 보다 큰 각으로 빛을 입사시키면 빛은 전반사되어 위로 나가지 못하고 다시 수면 아래로 되돌아온다.

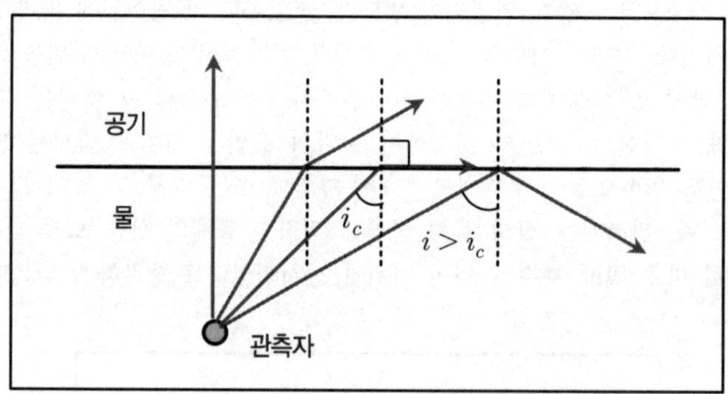

　따라서 물속에 있는 잠수부는 임계각 i_c 보다 작은 각 안쪽에 해당하는 원 부분을 통해서만 물 밖의 세상을 볼 수 있다. 입사각이 임계각보다 큰 부분에서는 물속의 풍경이 반사돼 보인다. 즉, 물속에서 하늘을 쳐다보면 우물 안의 개구리가 하늘을 쳐다 볼 때처럼 제한된 영역의 하늘만 보게 될 것이다.

학생 1의 답안	
논제 1-1	사막의 표면 부근에는 가열된 지구복사열 때문에 온도가 매우 높고 위쪽으로 올라갈수록 온도가 낮다. 특히 지표 부근에는 약간의 높이에 따라 온도차가 심하고 지표면에서 높은 곳에는 높이에 따라 온도차가 심하지 않다. 온도가 높으면 공기가 팽창하여 빛의 속도가 빨라지고, 반대로 온도가 낮으면 공기가 수축하여 빛의 속도가 느려진다. 따라서 온도가 높은 공기층과 낮은 공기층이 함께 있으면 빛은 온도가 높은 곳에서 낮은 곳으로 굴절된다. 관측자에게서 멀리 떨어진 ① 지점에 있는 물체에서 반사되어 나오는 빛 중에서 지표면 부근으로 내려오는 빛은 속도가 빠르므로 느린 위쪽으로 굴절된다. 따라서 ② 관측자에게는 위쪽으로 직진해 들어오는 빛과 아래쪽에서 굴절되어 올라오는 두 가지의 빛을 보게 된다. 이때 아래쪽에서 올라오는 빛을 보는 관측자는 마치 물체 앞에 호수가 있어서 호수에 반사되어 올라오는 빛으로 인식하게 된다. 이와 같이 빛의 굴절에 의해 물체의 허상을 보게 되는 현상을 신기루라고 한다.
첨삭 지도 내용	① 사막 위의 한 지점에 ② 관측자는
논제 1-2	"낮말은 새가 듣고 밤말은 쥐가 듣는다."는 속담에 숨은 과학적인 원리를 알아보자. 낮에는 ① 지표부근이 가열되어 지표면 부근의 온도가 위쪽보다 높아 지표면 주위의 공기는 소리의 속도가 빠르며 온도가 낮은 위쪽의 공기는 소리의 속도가 느리다. 따라서 소리는 전달속도가 빠른 아래쪽에서 느린 위쪽으로 굴절되어 새가 듣는다. 반대로 밤에는 ② 지표부근이 식어 지표면 부근의 온도가 위쪽보다 낮아 소리의 속도가 느리며 온도가 높은 위쪽의 공기는 소리의 속도가 빠르다. 따라서 소리는 전달속도가 빠른 위쪽에서 느린 아래쪽으로 굴절되어 쥐가 듣는다.
첨삭 지도 내용	① 지표면 부근의 공기가 빨리 가열되므로 위쪽보다 온도가 높아 소리의 속도가 빠르며 ② 지표면 부근의 공기가 빨리 식어 위쪽보다 온도가 낮으므로 소리의 속도는 느려지고
논제 2-1	광학의 원리에 "최소시간의 원리"가 있다. 이에 따르면 빛은 C경로를 택하는 것을 알 수 있다. 빛의 속도는 기체〉 액체〉 고체의 순으로 빠르다. 빛이 공기에서 물로 진행할 때 공기를 지날 때는 ① 빠르고 물을 지날 때는 ② 느려 그 경계면에서 굴절이 일어나게 된다. 이때 최소 시간의 경로를 따르므로 속도가 빠른 공기 속을 많이 가고 속도가 느린 물 속을 작게 가는 경로를 택할 것이다. 따라서 P에서 Q로 진행하는 시간이 가장 짧은 C경로를 빛은 택하게 된다.
첨삭 지도 내용	① 속도가 빠르고 ② 속도가 느려
논제 2-2	"우물 안의 개구리는"은 흔히 식견이 좁은 사람을 두고 하는 말이다. 빛의 성질을 이용하면 속담의 깊은 뜻을 알 수 있다. 물에서 하늘을 바라볼 때 밀한 매질에서 소한 매질로 빛이 진행하면 굴절각이 입사각보다 크게 된다. 이때 입사각을 증가시켜 굴절각이 90°가 되는 임계각 이상이 되게 하면 빛은 더 이상 굴절되지 않고 전반사 된다. 즉, 임계각보다 큰 입사각의 영역에서는 물 밖을 볼 수 없게 된다.

	따라서 관측자가 물속에서 밖을 볼 때 임계각까지를 ① 지름으로 하는 하늘만을 보게 되고, 그 밖의 부분은 거울처럼 물속의 모습만을 보게 된다.
첨삭 지도 내용	① 반지름으로 하는 원형의 하늘만을

학생 2의 답안	
논제 1-1	사막의 지표 부근에서는 조그만 높이 차이에도 온도차가 크게 나타난다. 공기의 온도가 높으면 빛의 속도가 빠르고 온도가 낮으면 빛의 속도가 느리다. 이런 속도의 차이로 인해 굴절이 생기게 된다. 즉, 사막의 한 물체에서 반사된 빛 ① 중에서 아래쪽으로 내려오는 빛은 속도가 느린 위쪽으로 굴절되어 관측자에게 도달한다. 따라서 관측자는 빛은 직진한다고 인식하므로 아래쪽에서 올라온 빛이 물체 앞의 수면에서 반사되어 자신에게 도달하였다고 느낄 것이다. 즉, 관측자는 위쪽에서 직진해 오는 빛과 아래쪽에서 반사되어 오는 빛을 동시에 보게 된다. 이와 같이 뜨거운 사막에서 실제 물체와 그의 허 물체를 동시에 봄으로써 호수가 있다고 착각하게 되는 이 현상을 신기루라 한다.
첨삭 지도 내용	① 중에서 온도차가 심하지 않은 위쪽으로 오는 빛은 직진하여 관측자에게 바로 도달하지만 아래쪽으로
논제 1-2	온도가 낮으면 소리의 속도가 느리고 높으면 빠르다. 맑은 날 낮에는 지표 부근이 빨리 가열되어 위쪽보다 온도가 높으므로 지표 부근에서 소리의 속도가 빠르고 위쪽에서는 느리다. 그러므로 소리는 ① 아래쪽에서 위쪽으로 굴절된다. 즉, 낮말은 위쪽의 새가 잘 듣는다. 반대로 밤에는 지표가 빨리 식어 지표 부근의 공기는 온도가 낮고, 위쪽의 공기는 온도가 상대적으로 높다. 그러므로 소리는 온도가 높은 위쪽에서 온도가 낮은 아래쪽으로 굴절된다. 즉, 밤말은 쥐가 잘 듣는다.
첨삭 지도 내용	① 공기의 온도가 높은 아래쪽에서 낮은 위쪽으로
논제 2-1	빛은 서로 다른 매질을 이동할 때 "최소 시간의 원리"를 따른다. 즉, 최소 시간이 걸리는 경로를 택하게 된다. 따라서 빛이 두 개의 다른 매질을 이동할 때 속도가 빠른 매질을 많이 이동하고 속도가 느린 매질을 짧게 이동해야 할 것이다. 따라서 제시문의 그림에서 공기가 물보다 소한 매질이므로 빛은 공기를 지나가는 거리가 더 길고, 물을 지나가는 거리가 더 짧아야 하므로 경로 C를 택할 것이다.
첨삭 지도 내용	① 속도가 빠르고 ② 속도가 느려
논제 2-2	빛이 밀한 매질에서 소한 매질로 입사할 때 입사각보다 굴절각이 더 크다. 빛을 굴절각이 90°가 될 때의 입사각인 임계각보다 큰 각으로 입사시키면, 빛은 밖으로 굴절되지 못하고 모두 반사되는데 이를 전반사라 한다. 따라서 물속에서 물 밖의 하늘을 올려다 볼 때도 위의 원리가 적용된다. 즉, 임계각보다 큰 각으로 입사한 빛은 밖으로 나갈 수 없으므로 ① 법선에서 임계각을 이루는 지점까지의 거리를 반지름으로 하는 원만큼의 하늘이 시야에 들어올 것이다.

첨삭 지도 내용	① 관측자의 머리 위 수면에서
총평	제시문에 출제된 단원은 빛의 굴절과 전반사에 대한 내용이며 고등학교 물리 I교과 수준이면 무난하게 소화할 수 있을 것이다. 그러나 속담과 관련된 문항은 대학의 구술면접 문항으로 자주 등장하는 것으로 세심한 주의를 기울이지 않으면 놓치기 쉽다. 다행히 논술에 응한 학생들이 문제를 정확히 분석하여 답안을 잘 쓴 것 같다. 그러나 굴절에 대한 내용이니만큼 스넬의 법칙을 언급하였으면 보다 나은 답이 되었을 것이다.

8. 과학과 논술 (3)

01 출제 의도

- 자연계열 특성에 부합하는 과학적 분석력과 논리적인 사고력, 그리고 기본적인 수리능력을 평가하고자 한다.
- 교과지식에 대한 암기위주의 지식평가를 지양하고 다양한 형식의 자연과학적인 글에 대한 이해력과 판단력을 평가하고자 한다.
- 지정된 시간에 제시된 분량의 글을 이해하고 분석할 수 있는 기본적인 학습능력을 평가하고자 한다.
- 자연과학 분야에 대한 다양한 형태의 제시문을 통해 획일화된 논술형식을 벗어나 통합적인 사고력을 평가하고자 한다.
- 물리와 화학교과에 나오는 평형의 개념을 정확하게 이해하고 있는지 평가하고자 한다.
- 실험으로 나타나는 현상을 정확하게 추론하고 그 결과를 명확하게 분석할 수 있는지를 평가한다.

02 배경 지식

- **힘의 평형**

(1) **병진운동에서의 평형** : 한 물체에 두 가지 이상의 힘이 작용하여 그 힘의 합이 0일 때, 물체는 힘의 평형상태에 있다고 한다.

① 두 힘의 평형 : 크기가 같고 방향이 반대이며, 동일 선 상에 작용하는 두 힘은 힘의 평형상태이다.

$$F \longleftarrow \bullet \longrightarrow F$$

② 세 힘의 평형 : 임의의 두 힘의 합과 나머지 한 힘이 크기가 같고 방향이 반대이며, 동일 선 상에 작용할 때에 세 힘은 힘의 평형상태이다.

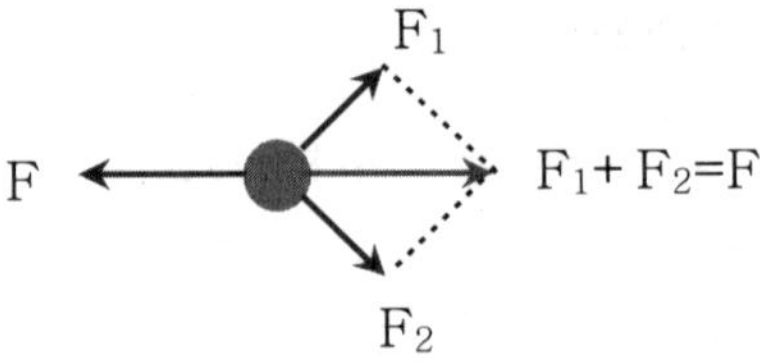

③ 여러 힘의 평형 : 한 물체에 작용하는 여러 힘이 평형을 이루고 있을 때에는 다음의 관계가 성립한다.

$$\vec{F_1} + \vec{F_2} + \vec{F_3} + \cdots = \sum \vec{F_i} = 0$$

(2) 회전운동에서의 평형 : 회전문의 손잡이에 힘을 가하면 문이 열리는데, 이때 문의 회전축에서 가한 힘의 연장선에 내린 수선의 길이($r_\perp$)와 문에 가한 힘의 곱을 토크라 하며 아래와 같이 나타낸다.

$$\tau = r_\perp \cdot F$$

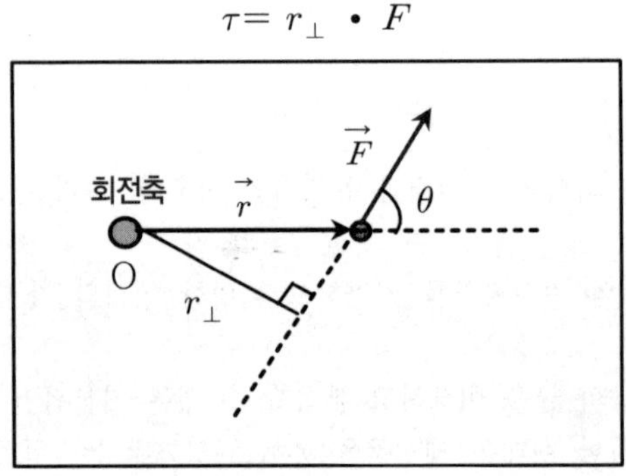

토크는 물체를 회전시키려는 작용(비틀림 모멘트)을 하며, 값이 0이 아니면 물체는 회전한다. 따라서 물체가 회전운동을 하지 않으려면 물체에 작용하는 토크의 합이 0이 되어야 한다. 즉,

$$\vec{\tau_1} + \vec{\tau_2} + \vec{\tau_3} + \cdots = \sum \vec{\tau_i} = 0$$

물체에 작용하는 토크의 합이 0이면 물체는 회전운동에 대하여 힘의 평형상태에 있다고 한다.

• 화학 평형

가역반응(可逆反應)의 진행이 평형에 도달한 때의 상태. 그러나 화학평형이 이루어졌다고 하여 반응이 끝난 것은 아니다. 원계(元系)에서 생성계로 진행되는 반응(정반응)의 속도와 생성계에서 원계로 진행하는 반응(역반응)의 속도가 균형을 이루고 있기 때문에 겉보기에 반응이 정지한 것처럼 보인다.

화학평형을 결정하는 인자는 다음의 두 가지 조건이며, 이 두 측면이 서로 경쟁하여 주어진 조건에서 균형을 이룰 때까지 자발적으로 반응이 진행되어 평형에 도달한다.

① 에너지 변화와 화학 반응 : 자연계에서 일어나는 화학 반응은 에너지가 낮아지는 발열 반응 쪽으로 자발적인 진행을 한다(비유 : 물은 높은 곳에서 낮은 곳으로 흐른다).

② 화학 반응과 무질서도 : 자발적인 반응은 무질서도가 증가하는 방향으로 진행하려고 한다.

가 물리적인 힘의 평형에 대한 제시문이다. 힘의 평형에는 병진 운동에 대한 힘의 평형과 회전 운동에 대한 힘의 평형이 있는데 고등학교 교과에서는 주로 병진 운동에 대한 힘의 평형을 다룬다.

<그림 1>의 경우는 병진 운동에 대한 힘의 평형을 나타내는 것이다. 줄에 작용하는 두 힘의 평형에 대한 문제이다. <그림 2>의 경우는 회전 운동에 대한 평형을 나타낸 것이다. 막대가 벽에 접촉한 지점을 회전축으로 가정했을 때, 이 축에 작용하는 토크의 합이 0이 되면 물체는 힘의 평형 상태에 있게 된다.

<논제>는 이 두 경우를 정확히 구분하여 설명할 수 있는가를 묻는 문제이다.

나 화학 평형에 대한 제시문이다. 적갈색의 이산화질소와 무색의 사산화이질소는 가역반응을 하는 기체이다. 즉, 이산화질소는 사산화이질소로 변하고(정반응) 사산화이질소는 이산화질소로 변하는 반응(역반응)이 끊임없이 일어나는데 이들 속도가 같아질 때를 화학 평형 상태라고 한다.

04 | **예시 답안**

논제 ❶

<그림 1>의 경우 밧줄은 크기가 같고 방향이 반대인 두 힘을 동일선상에서 받으므로 힘의 합력이 0이 되어 정지해 있거나 등속도 운동을 한다. 이를 병진운동에 대한 힘의 평형이라 한다. 두 개 이상의 힘이 작용하는 경우도 합력이 0이면 힘의 평형이 성립한다.

<그림 2>의 경우 물체에 작용하는 힘의 임의의 점에 대한 토크의 합이 0이면 물체는 회전운동에 대한 힘의 평형상태가 된다. 즉, 벽에 부착된 막대의 왼쪽 끝을 회전축으로 생각하면 줄의 장력의 수직성분 힘이 막대에 가하는 토크와 광고판과 막대의 중력이 막대에 가하는 토크의 합이 0이므로 막대는 회전하지 않고 힘의 평형상태를 유지한다.

여기서 토크의 크기는 회전축에서 힘의 작용선에 내린 수선의 발(거리)과 작용한 힘의 곱으로 나타내며 아래 그림에서,

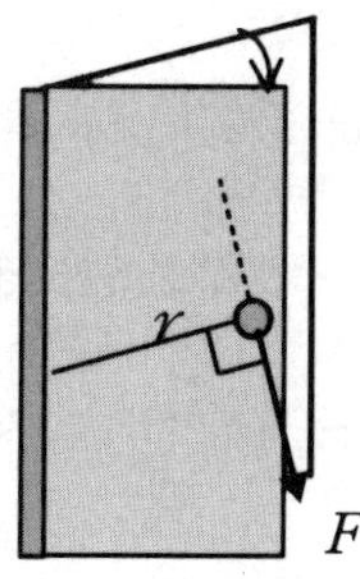

$$\vec{\tau} = \vec{r} \times \vec{F} \quad (\text{단위 : N·m})$$

로 나타낸다.

 화학반응을 크게 반응물질과 생성물질의 측면에서 살펴보면, 반응물에서 생성물이 생기는 반응을 정반응이라고 하고 반대로 생성물이 반응물로 돌아가는 반응을 역반응이라고 한다. 정반응과 역반응이 반응조건, 즉 온도·압력·농도에 따라 모두 일어날 수 있는 경우를 가역반응이라고 하고 반응조건을 변화시켜도 역반응이 일어나기 힘든 반응을 비가역반응이라고 한다.

 가역반응에서는 항상 정반응과 역반응이 동시에 진행되므로 반응 용기 안에는 반응 물질과 생성 물질이 함께 존재한다. 그리고 반응 조건이 일정하게 유지되면 반응 물질과 생성 물질의 양이 더 이상 변하지 않는 상태가 된다. 이것은 정반응 속도와 역반응 속도가 같아져서 정반응 쪽으로 이동하는 물질의 양과 역반응 쪽으로 이동하는 물질의 양이 같아지기 때문이다. 이처럼 겉보기에는 반응이 더 이상 일어나지 않는 것처럼 보이는 상태를 화학평형 상태 또는 평형 상태라고 한다. 아래 그림은 반응속도와 시간, 생성물질의 농도와 시간에 대한 그래프다.

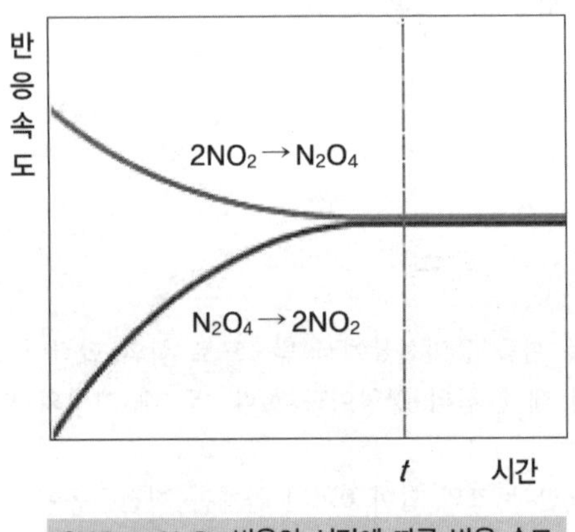

$2NO_2 \leftrightarrows N_2O_4$ 반응의 시간에 따른 반응 속도

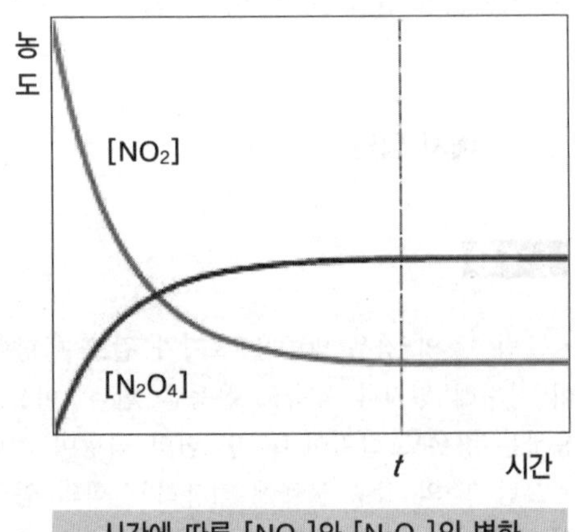

시간에 따른 $[NO_2]$와 $[N_2O_4]$의 변화

 왼쪽 그래프에서 정반응 속도와 역반응 속도가 같아지는 곳이 평형상태에 도달한 곳이며 오른쪽 그래프에서 이산화질소의 농도와 사산화이질소의 농도가 변하지 않는 곳이 평형상태에 도달한 곳이다.

 화학평형 상태의 일반적인 특징은 다음과 같다.

① 평형 상태에서 겉보기에는 반응이 진행되지 않는 것처럼 보이지만 실제로는 반응이 계속 진행되고 있으며, 정반응 속도와 역반응 속도가 같은 상태이다.

② 평형계에는 반응 물질과 생성 물질이 함께 존재한다. 반응 물질과 생성 물질이 존재하는 비율은 물질이나 온도에 따라 달라진다.

③ 외부에서 평형계에 영향을 주지 않는 한 평형계에 존재하는 반응 물질과 생성 물질의 농도, 압력, 온도 등은 일정하게 유지된다.

④ 화학 반응식에서의 계수는 반응하거나 생성되는 물질의 몰농도의 비와 같지만 평형계에 존재하는 각 물질의 농도와는 전혀 관계가 없다.

논제 1	[그림 1]의 경우 병진 운동에서의 힘의 평형을 보여주는 것이다. 즉, 한 물체에 크기가 같고 방향이 반대인 두 힘이 동일 선상에 작용하면 두 힘의 합이 0이 되어 물체는 힘의 평형 상태를 유지한다. [그림 2]의 경우 회전운동에 대한 힘의 평형을 보여주는 것이다. 벽에 부착된 막대의 끝 부분을 회전축이라고 놓았을 때 줄의 장력의 연직 성분이 축에 가하는 토크와 막대와 간판의 중력이 축에 작용하는 토크의 합이 0이 되어 막대와 간판 등은 힘의 평형 상태를 유지한다.
첨삭 지도 내용	병진평형과 회전평형의 개념을 잘 이해한 것으로 보인다.
논제 2	실험에서 적갈색의 기체인 이산화질소(NO_2)와 무색의 기체인 사산화이질소(N_2O_4)는 서로 가역반응의 관계에 있는 물질이다. 즉, 온도가 올라가면 NO_2의 농도가 증가하여 적갈색이 진해지고 반대로 온도가 낮으면 N_2O_4의 농도가 증가하여 무색으로 흐려진다. 이들 물질이 반응을 멈추면 농도가 변하지 않고 색깔변화를 일으키지 않을 것이다. 이와 같이 반응이 더 이상 일어나지 않는 것처럼 보이는 상태를 화학평형 상태라고 한다.
첨삭지도 내용	화학평형을 잘 설명하였지만 화학평형 상태에 도달했을 때 정반응 속도와 역반응 속도가 같아져서 평형 상태에 도달했다는 것을 명시했으면 더욱 좋았을 것이다.
총평	물리와 화학에서 평형의 개념을 묻는 문제를 제시하였는데 학생이 평형의 개념에 대해 잘 이해한 것 같다. 그러나 토크의 뜻에 대한 수식적인 언급이 있었으면 좋았을 것이다. 또한 화학평형에서 N_2O_4와 N_2O_4의 가역반응을 나타내는 화학반응식을 표기해주었으면 더욱 좋은 답안이 되었을 것이나 전반적으로 평형의 개념을 잘 설명하였다고 보여진다.

1. 인문사회계열

01 | 출제 의도

　문화의 다양성 속에는 문화의 핵심적이고도 불변의 속성들이 있다. 그 불변의 속성은 과거나 현재에도 유효하다. 가령 축제 가운데 나누는 행위는 지금도 유효하다. 나눈다는 축제는 개인적 욕심과 함께 공동의 문화를 만드는데도 의미가 있다. 개인의 욕심과 나눔의 축제는 종교에도 적용이 된다. 과거에도 문화는 나름대로 문화 속성을 지니고 있었지만, 과거의 문화가 점점 현대로 오면서 종교화되고, 이 종교화가 과학적 인식과 결부되면서 갈등이 야기되기 시작한 것이다. 과거의 문화가 혼재되었다면, 이 혼재된 문화가 점점 세분화되면서 종교화되었던 것이다. 이 종교는 과학과 이성의 문제에 봉착하게 되고, 종교의 합리성과 문화의 향유는 이기적 집단을 낳게 되었다. 문제는 종교, 문화, 과학도 이제는 이성을 중심에 놓고 해결하려고 한다. 그리하여 문화, 종교, 이성, 과학이 오늘날 인문사회의 시각에서 새롭게 정의되고 해석될 필요가 생겼다. 무엇보다도 이 문제를 이성을 중심에 해결하려는 노력이 필요한 시대가 된 것이다. 따라서 이 제시문의 출제 의도는 이러한 문제를 고민하고 해결하는 방안을 찾도록 하는 데 있다.

02 | 배경 지식

•「등신불」

　「등신불」은 1961년 『사상계』 101호에 발표된 김동리의 단편 소설이다. 김동리의 불교 사상을 보여주는 작품이다. 전체 줄거리는 다음과 같다.

　대정 대학 재학 중에 태평양 전쟁에 학병으로 끌려간 '나'는 중국의 남경에서 탈출한다. 대정 대학 출신인 불교학자인 진기수씨에게 식지를 잘라 혈서를 써 구원을 청한다. 그의 도움으로 '나'는 정원사(淨願寺)에 머물면서 불경을 읽고 중국어를 배운다. 그곳에서 등신대(等身大)의 결가부좌상(結跏趺坐像)인 금불상을 보고 미묘한 충격에 사로잡힌다. 이 등신불의 내력에 관한 기록을 보고, 원혜대사로부터 설명을 듣는다. 이 등신불은 만적이란 스님이 소신 공양(燒身供養)을 하다 굳어진 몸에 그대로 금물을 입힌 불상이다.

　만적의 속명(俗名)은 '기'다. 어머니 장씨가 사구라는 사람에게 개가를 했는데, 그에게는 '신'이라는 아들이 하나 있었다. '기'의 어미 장씨가 재산에 욕심을 내어 '신'의 밥에 몰래 독약을 넣는 것을 '기'가 보게 된다. 이 일로 인하여 '신'은 집을 나가버리고, '기'도 '신'을 찾아오겠다며 집을 나간다. '기'는 고뇌로부터 벗어나기 위해 불교에 귀의하고 '만적'이라는 법명을 얻는다. 그 후에 우연히 '신'을 만나는데, '신'은 문둥병이 걸려 있었다. 이를 보고 만적은 절에 돌아와 소신공양을 결심한다. 만적이 소신공양을 하자 홀연히 원광이 비치고, 모인 사람들이 모두 불은을 느끼고 병을 고치게 되니, 새전이 많이 쌓이었다. 새전으로 만적의 탄 몸에 금을 입히고 부처님이라 하였다.

이야기를 다 마친 원혜대사는 '나'에게 바른손 식지를 들어보라고 한다. '나'는 남경에서 진기수씨에게 도움을 청하기 위해 살을 물어 뗀 식지를 쳐들고 소신공양과 무슨 관계가 있는지 생각하게 된다.

• 살바도르 달리

달리[1904. 5. 11~1989. 1. 23] 1904년 5월 11일 피게라스에서 출생하였다. 14세 때부터 바르셀로나와 마드리드의 미술학교에서 공부하였다. 그러나 과격한 성품 때문에 1926년 퇴학당했다. 그는 보기 드문 조숙아로 일찍이 인상파나 점묘파·미래파의 특질을 터득하고 입체파나 형이상회화 등의 감화를 받으며 작풍편력(作風遍歷)을 하였다. 그러나 1925년경부터는 심기일전하여 정밀한 세부묘사로 향하고, S.프로이트의 정신분석학설에 공명, 의식 속의 꿈이나 환상의 세계를 자상하게 표현하기 시작하였다.

1928년 파리로 가서 초현실주의 화가나 시인들과 교유하였다. 이듬해 최초의 개인전을 열었고, 이때 A. 브르통에 의해 정식으로 이 파의 일원으로 인정되었다. 그 스스로 '편집광적·비판적 방법'이라 부른 그의 창작수법은 이상하고 비합리적인 환각을 객관적·사실적으로 표현하고자 한 것이다. 이것은 이중영상의 활용으로 말미암아 더욱더 기상천외한 이미지의 묘출(描出)로 발전하였다. 그러나 1937년 이탈리아 여행을 계기로 르네상스의 고전주의로 복귀하려는 욕구가 커졌으며, 초현실주의 화가 모임에서 제명당하면서까지도 원자과학이나 가톨릭의 신비성을 추구하여 왕성한 제작을 하였다. 한편 그가 친구 L. 부뉴엘와 합작한 전위영화 《안달루시아의 개》(1928)와 《황금시대》(1931)는 영화사에 독자적인 의의를 남겼으며, 가극이나 발레의 의상·무대장치 등 상업미술에도 큰 영향을 끼쳤다.

— ⓒ 두산백과사전 EnCyber & EnCyber.com

• 야스퍼스

야스퍼스 [Karl Theodor Jaspers, 1883. 2. 23~1969. 2. 26]

오르덴부르크 출생. 하이델베르크대학·뮌헨대학에서 법률을 공부한 뒤, 이어 괴팅겐 및 하이델베르크 대학에서 의학을 수학하였다. 1910년 하이델베르크대학의 심리학과 조교로 있으면서, 1913년 《정신병리학 총론 Allgemeine Psychopathologie》을 써서 여러 가지 심리학적 방법의 검토를 통해 종래의 독단론을 비판하고 상대화(相對化)된 과학적 인식의 방법을 제기하였다. 1916년 이 대학 심리학 교수로 승진되었고, 제1차 세계대전이 끝나자 《세계관의 심리학 Psychologie der Weltanschauungen》을 출간하였다. 이때부터 그는 심리학에서 철학으로 관심을 돌렸고, 스스로도 이 책을 '최초의 실존철학적 저작'이라고 주장하였다.

1921년 철학 교수로 전임한 뒤에 I.칸트, S.A.키르케고르, F.W.니체의 철학에 큰 영향을 받았으며, E.후설의 영향까지 곁들였다. 그는 더욱 철학에 진력하여 마침내 그의 최대의 저서인 《철학 Philosophie》(3권)을 펴내 '실존철학'을 체계적으로 전개하였다. 이 체계적 전개의 배경에는 《현대의 정신적 상황 Der geistige Situation der Zeit》(1931)에서와 같이 20세기 서구사회가 제기하는 기계문명, 대중사회적 사회, 정치상황, 특히 제1차 세계대전 후의 가치전환적인 사상적 위기에 대한 깊은 성찰이 기조를 이루었다. 또한, 그는 실증주의적(實證主義的)인 과학에 대한 과신(過信)을 경고하고, 근원적인 불안에 노출된 인간의 비합리성을 포착하여 본래적인 인간존재의 양태를 전개하는 '실존철학'을 시대구원의 한 방법으로서 제시하였다. 인간존재를 규명하는 철학적 사색은 그 전과 같이 세계의 조감도를 얻는 그런 단순한 추상적 사유가 아니라, 인간

존재의 근원에 파고드는 활동이며, 철학은 '철학한다(Philosophieren)'는 일이라고 생각한 것이다.

• 『문화의 수수께끼』—마빈 해리스 저

마빈 해리스는 미국의 대표적인 문화인류학자로 문화의 발전과정을 이해하려 하였다. 즉 생태학적 적응 양식을 통해 인간의 가족제도와 재산관계, 정치·경제적 제도, 종교, 음식문화 등의 진화 또는 발전의 원인과 결과를 이해할 수 있다는 것이 그의 주장이다. 그는 브라질, 모잠비크, 에콰도르 등지에서 현지조사를 행했고, 문화생태학적 측면에서 식민지주의의 영향, 저개발국가의 문제, 인종과 민족적 상호관계에 대한 비교문화를 연구했다.

『문화의 수수께끼』에서는 힌두교도는 왜 암소를 숭배하며, 유태인과 모슬렘은 왜 돼지고기를 싫어하는지, 원시인들에게 전쟁은 왜 일어나며 그 전쟁은 어떤 의미를 지니는지, 남녀불평등은 무엇으로 비롯되며 그 결과는 어떤 생활양식을 만드는지에 대한 우리들의 호기심을 해결해준다. 또한 경제적 불평등의 초기 단계에 나타나는 인간 상호간의 불평등한 지위를 해결하기 위한 여러 문화적 정치가 현대의 식민지적 상황에 의해 어떻게 변모되고 왜곡되어 가는가를 보여주며, 더 나아가 서구문명의 핵심인 기독교 문명이 지배자의 착취와 특권을 합리화하는 문화적 장치로 바뀌면서 민중을 얼마나 왜곡하고 신화화했는가를 적나라하게 설명한다. 이 책에서는 거룩한 어머니의 암소, 돼지 숭배자와 돼지 혐오자, 원시전쟁, 미개족의 남성, 포트래취, 유령화물, 구세주, 평화의 왕 메시아의 비밀, 빗자루와 악마의 연회, 대 마녀광란, 마녀의 복귀 등의 내용을 다루고 있다

03 | 제시문 분석

가 본 제시문의 마빈 해리스의 『문화의 수수께끼』 6장에 제시된 내용이다. 그는 이 책에서 암소 숭배, 돼지 숭배와 혐오, 미개족의 남성, 원시 전쟁, 유령화물 등을 통해 인류의 생활양식의 근거와 의식의 흐름을 인류학적 상상력을 가지고 이해하려고 하고 있다. 특히 '포트래취'에 대해서는 원시사회에서 경제적 불평등을 해결하는 문화적 장치를 호혜성의 원리를 가지고 설명하고 있다. 원시사회에서는 경제적 격차가 심해질 경우 사회는 계급적 갈등이 나타나고 이는 사회적 기본적인 통합을 해치는 요인이 될 수 있다. 이를 해소하기 위해서는 많이 가진 자들의 시혜가 필요하다. 포트래취는 이러한 시혜의 과정으로 사회적 존경을 위해 음식과 재물을 탕진하는 타인을 위한 호혜성의 행동이다.

하지만 위의 제시문에는 이러한 해리스의 탐구 내용을 전부 제시하지는 않았다. 다만 포트래취에서 나타나는 소비의 형태에 대한 일부의 내용을 발췌하였고, 이는 주로 개인들이 자신의 영예를 더 높이는 행위와 관련된 내용이다. 따라서 본 제시문을 분석할 때는 포트래취의 본래 목적인 경쟁적인 축제임과 동시에 지배 계급이 아직 완전히 확립되지 않은 부족들 가운데서 부의 생산과 분배의 구조라는 내용보다는 개인들이 자신의 명예를 위해 자신의 재산을 소비하는 형태로 해석하는 것이 바람직하다. 이는 논제에서 만적의 행위와 대비되는 내용으로 해석할 수 있는 부분이다. 즉 포트래취는 개인의 지위에 대한 명예욕이지만 만적의 행위를 타인을 지향하는 행위인 것이다.

나 만적은 부처님의 은혜에 보답하기 위해 소신 공양을 하였다. 그 결과 많은 사람의 병을 고치고, 만인의 존경을 받는 부처님이 되었다. 겉으로 드러난 문맥에는 만적이 '부처님의 은혜에 보답하기 위하여'

소신 공양을 하였다고 되어 있다. 하지만 전체적인 맥락으로 볼 때, 자신과 배다른 형제인 '신'을 죽이려던 어머니의 죄를 대신 사하기 위한 행동으로 보아야 한다. 즉, 다른 사람의 죄를 대신 속죄하는 대속의 의미가 담겨 있다. 또한 소신 공양을 함으로써 어머니의 죄로 인해 생긴 자신의 번뇌로부터도 벗어나니까, 자기 구원의 의미도 찾을 수 있다.

만적, 만적의 어머니, 사구, 사구의 아들 신 등 여러 인물이 나오지만, 중심인물은 만적이다. 따라서 만적의 행위에 초점을 맞추어 그 의미를 분석해야 한다. 만적의 행위를 분석하되, 종교 및 이성에 관련시켜야 한다. 만적의 어머니가 '신'의 밥에 독약을 넣은 것은 자신의 아들에게 재산을 많이 물려주기 위한 이기적인 논리적 사고에 따른 것이다. 또한 만적이 어머니의 행위를 보고 옳지 않다고 판단한 것은 이성적 사고의 결과이다. 그리고 집을 나가버린 '신'에 대해서 만적이 죄책감을 가지고 '신'을 찾아 헤맨 것도 이성적 판단에 의한 것이다. 그런데 문제의 해결책은 종교에서 찾고 있다. 만적이 불교에 귀의를 하고 소신 공양을 한 것은 이성의 잘못으로 교란된 삶의 질서를 종교로써 회복하고자 한 것으로 볼 수 있다.

다 이 그림의 제목은 '가을의 카니발니즘'이다. 사육제를 의미하는 '카니발'은 원래 '고기를 금한다'는 뜻인데, 이러한 금식 전통은 현대에 와서는 사라졌다. 오늘날의 사육제는 화려한 볼거리로 변했다. 사육제는 '기름진 화요일'에 절정에 이르러 끝나기 때문에 '기름지고 풍요롭게 먹고 마시는 날'이다. 이 그림에는 포크와 나이프로 서로를 먹는 모습이 그려져 있다. 또한 사람의 형상이 온전하지 않고 기괴하며 파괴된 형상이다. 그림의 배경 색조는 황금색으로 부드럽고 따뜻한 느낌이다. 따라서 세상은 겉으로 볼 때는 부드럽고 따뜻하고 풍요로운 것 같지만, 실상은 탐욕과 무절제한 식욕으로 인하여 파괴와 죽음이 일어나는 실상을 그린 것이라고 볼 수 있다.

라 제시문의 필자는 이성적인 사고로 종교적인 신념의 모순을 비판하고 있다. 종교적 신앙을 가진 사람들이 안락사와 조력 자살을 반대하는 것은 모순이라고 말한다. 사후 세계를 믿는다면 죽음은 다른 삶으로의 전이에 불과하고, 전이 과정의 고통이나 불쾌함은 줄일수록 좋은 것이기 때문이다. 논리적인 사고로서만 따진다면, 종교적 신념은 허점이나 모순이 매우 많다. 그러나 가만히 생각해보면, 세상에 태어나서 살다가 죽는다는 것은 태어나지 않은 것과 동일할 수가 없다. 두려움 또한 마찬가지다 아무리 논리적으로 죽음을 두려워할 필요가 없다는 것이 타당하더라도 살아있는 실체로서 죽음은 여전히 모르는 것이기 때문에 두려워하지 않을 수가 없다. 이러한 전제를 받아들인다면 죽음은 쉽게 정당화되지 않는다. 그리고 사후 세계를 믿는다 치더라도 사후 세계의 모습과 그 믿음의 정도가 다르기 때문에 죽음은 단지 전이의 과정에 불과한 것이 아니다.

마 이 글에서 필자는 종교적 해악에 대한 일방적인 비난을 실존적인 근거로 반박하고 있다. 종교의 해악을 비난하더라도 실증적인 근거에 따라야 하며, 유익한 결과로 보완해야 한다고 말한다. 그리고 과학과 이성의 업적만 인정한다면, 종교는 이성을 배제하지 않으며 지금까지의 내실 있는 평화와 질서는 종교인들이 이성의 도움을 얻어 성실과 믿음으로 실현한 것이라고 반론할 것이라며 종교의 유익함을 인정해야 한다고 주장한다. (마)의 필자는 종교와 이성은 서로 배제하고 대립하는 관계가 아니라, 서로 보완하는 관계로 보고 있다.

종교적 신념과 이성적인 사고는 일상생활의 모든 면에 늘 관련되어 있다. 어떤 일은 종교적 신념에 따라 어떤 일은 이성적인 사고에 따라 판단하고 행위에 옮긴다. 때로는 종교적 신념과 이성적 사고가 합일되기도 하고, 때로는 서로 충돌하기도 한다. 문제는 늘 어느 한쪽에 극단적으로 치우치거나, 어느 한쪽만 인정하려는 데서 발생한다. 종교는 이성의 한계를 보완해 줄 수 있다. 이성은 종교적 신념의 맹점을 보완해 줄 수 있다. 종교적 신념의 대부분은 이성적 사고에 의해 설계되어 있으며, 이성적 사고의 한계로 인한 문제는 대체로 종교적 신념으로 해결되고 있는 경우가 많다.

바 이 제시문은 미국의 독실한 천주교 집안에서 태어나 종교와 철학을 공부하던 중 하버드 대학원 재학시절 화계사 조실 숭산 스님의 설법을 듣고 감동을 받아 출가한 현각스님의 『만행−하버드에서 화계사까지』라는 책에 나오는 글이다. 스님은 2001년 현정사 주지로 시무하시다 현재는 화계사 국제선원장으로 재직 중이다. 이글은 윤리와 사상 교과서에 한국인의 종교관과 관용 정신이란 내용으로도 소개되어 있다.

현재 세계의 많은 분쟁의 원인이 종교와 관련 있다. 이러한 종교들은 다양한 문화 속에서 서로 다른 교리를 갖고 있지만, 인간의 근본적인 물음에 대해 보편적인 해답을 제공하는 기능을 갖고 있다. 즉, 세상과 인간의 존재 원인, 삶의 의미, 내세관 등이 그것이다. 그리고 무엇보다 윤리적 문제를 반드시 담고 있다는 공통점을 갖고 있다. 공자는 인(仁)을, 부처는 자비를, 예수는 사랑을 강조하지만 그 본질은 다르지 않다. 따라서 다른 종교에 대해 관용적인 태도를 가지고, 자기의 이익보다 인류의 평화와 미래에 관심을 가지는 자세가 필요하다.

03 예시 답안

논제 ❶

포트래취 시혜자는 추종자로부터 존경을 받기 위해서 잔치를 베풀고, 낭비와 파괴를 한다. 만적은 어머니의 죄를 대신 속죄하고 번뇌로부터 벗어나기 위해 소신 공양을 하고, 그 결과 많은 사람들이 추앙하는 부처가 된다. (다)의 그림은 물질에 대한 탐욕과 무절제한 식욕으로 인한 파괴와 죽음을 보여준다.

행위의 근본 동기가 자신이 아니라 남을 위해서라는 점과 파괴적이라는 면에서 포트래취 시혜자와 만적이 동일하다. 포트래취 시혜자는 자신이 가진 재산을 다른 사람에게 나눠주거나 파괴하여 줄임으로써 경제적인 평등을 실현하는 대가로 사회적인 존경을 얻는다. 반면에 만적은 자신의 몸을 파괴(공양)하여 어머니와 자신을 구원하고, 결과적으로 사회적 존경을 얻는다. 포트래취 시혜자는 살아서 사회적 존경을 획득하고 그것이 영구적으로 계속되기를 바라는 반면에, 만적은 살아서 사회적 존경을 기대하지 않았지만, 죽어서 영구적인 존경을 얻게 된다.

누구나 경제적인 부유함을 추구한다. 그리고 경제적 이익 추구의 중심에는 늘 물질적인 탐욕이 있다. 물질적인 것에 대한 과도한 탐욕은 파괴와 죽음을 초래한다. 만적 어머니의 탐욕은 가족 관계를 파괴하였고, 만적이 소신 공양을 하게 된 근본 원인이 되었다. 인간의 물질적인 욕구는 지나치지 않아야 하며 정당한 방법으로 추구되어야 한다. 또한 사람은 사회적 공동체 속에서 한 구성원으로서 살아가고 있음을 의식하고, 경제적인 정의가 실현되도록 힘써야 한다. 살아서든 죽고 난 뒤든 사회적인 존경을 얻으려고 하는 것은 중요하다. 이러한 사회적 존경에 대한 욕구가 자신을 엄격하게 만들고 사회를 건전하게 만들기 때문이다. 영구적인 존경을 바란다는 것은 자신의 후세에 미칠 영향까지 생각한다는 것이고, 역사적인 의식을 가지고 자신의 삶의 가치를 찾아가는 것이다.

　제시문 (나)와 (바)는 모두 종교적 깨달음에 관한 내용을 다루고 있다. 또한 다른 사람의 잘못을 대신하여 속죄하고, 종교적 신념에 따른 행위로 질서를 회복하려는 인물이 공통적으로 들어 있다. 그런데 (나)에서는 잘못된 이성적 사고로 인해 범한 죄를 종교적 신념으로 해결하려는 반면에, (바)에서는 종교적 신념으로 저지른 잘못을 이성적 사고에 따라 사죄하고 있다.

　제시문 (라)는 이성적인 사고로 종교적인 신념의 모순을 비판하고 있다. 제시문의 필자는 종교적 신앙을 가진 사람들이 안락사와 조력 자살을 반대하는 것은 모순이라고 말한다. 사후 세계를 믿는다면 죽음은 다른 삶으로의 전이에 불과하고, 전이 과정의 고통이나 불쾌함은 줄일수록 좋은 것이기 때문이다. 제시문 (마)는 종교적 해악에 대한 일방적인 비난을 실존적인 근거로 반박하고 있다. 종교의 해악을 비난하더라도 실증적인 근거에 따라야 하며, 유익한 결과로 보완해야 한다고 말한다. 그리고 과학과 이성의 업적만 인정한다면, 종교는 이성을 배제하지 않으며 지금까지의 내실 있는 평화와 질서는 종교인들이 이성의 도움을 얻어 성실과 믿음으로 실현한 것이라고 반론할 것이라며 종교의 유익함을 인정해야 한다고 주장한다. (마)의 필자는 종교와 이성은 서로 배제하고 대립하는 관계가 아니라, 서로 보완하는 관계로 보고 있다.

　제시문 (라)의 경우 논리적인 사고로서만 따진다면, 종교적 신념은 허점이나 모순이 매우 많다. 그러나 가만히 생각해보면, 세상에 태어나서 살다가 죽는다는 것은 태어나지 않은 것과 동일할 수가 없다. 두려움 또한 마찬가지다 아무리 논리적으로 죽음을 두려워할 필요가 없다는 것이 타당하더라도 살아있는 실체로서 죽음은 여전히 모르는 것이기 때문에 두려워하지 않을 수가 없는 것이다. 이러한 전제를 받아들인다면 죽음은 쉽게 정당화되지 않는다. 그리고 사후 세계를 믿는다 치더라도 사후 세계의 모습과 그 믿음의 정도가 다르기 때문에 죽음은 단지 전이의 과정에 불과한 것이 아니다.

　종교적 신념과 이성적인 사고는 일상생활의 모든 면에 늘 관련되어 있다. 어떤 일은 종교적 신념에 따라 어떤 일은 이성적인 사고에 따라 판단하고 행위에 옮긴다. 때로는 종교적 신념과 이성적 사고가 합일되기도 하고, 때로는 서로 충돌하기도 한다. 문제는 늘 어느 한쪽에 극단적으로 치우치거나, 어느 한쪽만 인정하려는 데서 발생한다. 종교는 이성의 한계를 보완해 줄 수 있다. 이성은 종교적 신념의 맹점을 보완해 줄 수 있다. 종교적 신념의 대부분은 이성적 사고에 의해 설계되어 있으며, 이성적 사고의 한계로 인한 문제는 대체로 종교적 신념으로 해결되고 있는 경우가 많다.

04 | 학생 답안

논제 ❶

학생 1	(가)의 포트래취 시혜자는 자신의 경쟁자보다 더 많은 소유물을 포기하여 자신이 경쟁자보다 더 존경받을 인물임을 증명하려고 한다. 이들 중 몇몇은 살아가기 위해 필수적으로 필요한 중요도가 높은 재산까지 포기하기도 한다. (나)의 만적은 신을 찾기 위해 중이 되었으나 자신이 도를 깨우칠 자가 아니라하여 자신의 몸을 불살라 부처게 바쳤다. (다)의 ① 그림은 살바도르 달리가 그린 '가을의 카니발리즘'이다. 그림의 2명의 인간들이 하고 있는 행위는 제목에 적혀있듯이 '카니발리즘' 즉 식인 행위를 하고 있다. 이들의 뒷배경에는

	푸른 대지가 있다. 분명 그곳에는 먹을 것이 있을 것인데 이들이 식인을 하는 이유는 배고픔이 아니 다른 이유라는 말을 해준다. 그러니까 이들의 행위는 본래의 목적을 벗어난 행위인 것이다. (가)의 포트래취 시혜자 또한 (다)의 식인 행위처럼 본래의 목적을 벗어난 행위를 하고 있다. 이들이 얻고자 하는 명예와 존경은 더 좋고 안락한 삶을 위해서 필요한데 그것들을 위해 삶의 필수적인 유지 수단을 포기하는 것은 본래의 목적을 망각한 행위이다. ② 만적의 행위 또한 본래의 목적을 망각한 것이다. 신을 찾고자 한 본래의 목적은 버리고 수단이었던 불교 귀의에만 힘썼다. 결국 제시문의 모든 행위들은 목적을 망각한 행위들이다.
첨삭 지도 내용	① 제시문 분석에서 (다)의 그림 내용이 너무 많다. 글의 개요를 잡는 과정에서 전체적인 비중에 대한 고려가 필요하다. ② (다)와 (가), (나)의 상관관계 분석에서 제시문 분석의 오류가 나타난다. (가)와 (나)를 같은 의미로 해석하고 있다. 하지만 개인 만족과 다수를 위한 희생은 다른 것으로 보는 것이 옳다.
총평	학생의 글에서는 우선 그림을 독창적인 해석이 돋보인다. 카니발리즘의 의미를 제시하며 뒷배경과 연관하여 분석하고, 식인의 행위까지 해석해내고 있다. 글의 구성면에서도 (가), (나), (다)의 기본적인 제시문 분석 후 (가), (나)의 (다)와의 상관관계 분석이 좋은 구성이다. 하지만 제시문에 대한 보다 깊이 있는 재해석이 필요하다.

	① 포트래취의 목적은 자신의 사회적 신분을 추구하는 것이다. 그러나 목표를 이루기 위해 사용되는 방법이 비이성적이다. 자신의 재산을 파괴하며 사회적 신분을 추구하기 때문이다. 또한 포트래취 시혜자는 자신의 위신을 높이기에만 급급하다. 반면 ② 만적의 경우에는 어머니가 바람직하지 못한 방법으로 사회적 지위를 추구하려하자 몸을 감추어 중이 된다. 종교적 믿음을 따라 부처님에게 자신의 몸을 공양하려 자신의 몸을 태운다. 이런 만적의 모습은 사람들이 크게 불은을 느끼게 하고 사재를 주어 죽은 만적을 등신불로 만들어 주어 우러러 보게 한다. 만적의 사회적 위신이 자연스럽게 높아진 것이다. ③ 가을의 카니발리즘은 두 사람이 서로의 몸을 먹는 장면으로 볼 수 있다. 포트래취의 시혜자와 같이 자신의 몸을 포기하면서 상대방을 다 먹어 치워 ④ 그림의 유일무이한 존재가 되어 자신의 사회적 지위를 높이려는 것이다. 포트래취와 가을의 카니발리즘은 사회적 지위만을 높이려는 목표가 파멸이라는 결과를 가져오지만 만적의 공양은 사회적 신분 상승이 자연스럽다는 면에서 서로 다르다.
학생 2 답안	
첨삭 지도 내용	① 서두의 구성에서 논제와 관련된 내용의 구성이 필요하다. ② 만적의 행위에 대한 내용이 너무 많고 제시문을 그대로 옮기고 있다. 글쓴이의 내용에 대한 재구성이 필요하다. ③ 내용이 중복되어 나타난다. ④ 주장하는 내용이 무엇인지 명확하게 나타나지 않고 있다.
총평	학생의 글은 전체적인 구성이 안정되어 보인다. 포트래취와 만적의 행위 그리고 그림에 대해 논의하고 결론의 구성으로 포트래취와 만적의 행위를 그림과 연계한 내용으로 구성한 것에서 내용의 흐름도 무난한 것으로 보인다. 그리고 결론에서 그림의 상관관계 분석도 논리적 연관

성이 충분히 확보된 논의라고 할 수 있다.

하지만 글은 제시문에 있는 그대로가 아닌 글쓴이의 생각과 생활 속에서 재음미되고 재구성된 내용으로 제시되어야 한다. 또한 서론에서 논제와 관련된 내용의 제시와 결론에서 본문 내용에 대한 제시가 좀 더 고려되어야 할 것이다.

논제 ❷

학생 1 답안	(나)에서 '신'을 죽이고 사씨의 재산을 얻으려한 만적의 어미의 행동은 신념이 다르다는 이유로 화계사를 공격한 (바)의 기독교인들의 모습과 비슷하다. ① <u>재산과 자신만의 신념이라는 욕망을 절제하지 못하고 분출하기 때문이다.</u> 그리고 신을 구하고 분신으로 대중에게 가르침을 전하는 만적과 광신도들의 만행을 대신 사과하는 신학 교수의 모습은 종교적 자비와 성찰을 보인다는 점에서 비슷하다. ② <u>특히 (바)에게는 종교인이 보여주는 상반되는 두 모습을 보여주고 있다.</u> 제시문 (라)는 이러한 종교의 부정적인 모습을 비판하고 있다. 지나치게 교리에 골몰해 안락사 등과 같이 다방면에서 고려해야 할 일을 원리주의적 입장에서만 생각해 무조건적으로 반대하는 모습을 비판하는 것이다. 그러나 나는 (라)에서 종교의 영향으로 안락사와 조력 자살을 금지하는 곳을 상대적으로 '덜 깨어 있는 곳'으로 표현하고, 종교인들의 사후관을 통해 종교인이 취해야 할 입장을 규정짓는 글쓴이의 의견을 옳지 않다고 생각한다. ③ <u>사후 세계를 믿는다는 점에서 죽음을 전이로 보고 전이를 마춰제를 통해 간편하게 행해야 한다는 것이 종교인이 취해야 할 입장이라는 글쓴이의 주장은, 종교인들이 안락사를 반대하는 까닭이 지금의 삶과 사후의 삶 모두 생명의 존엄성을 지켜야한다는 것임을 잘못 이해한 것이다.</u> 만약 글쓴이의 주장대로라면 사후 세계의 극락을 위해 현재의 삶을 독극물 등을 이용해 포기해버리는 일부 광신 종교인의 집단 자살도 종교적으로 옳다고 할 수 있을 것이다. 따라서 나는 종교와 이성이 상호 보완적인 관계를 가져야한다는 (마)의 의견에 동조한다. 종교는 이성이 생각해 낸 사후 세계에서의 안락을 위해 시작되었고, 종교의 교리는 이성의 객관 속에서 행해져야 한다. ④ <u>제시문처럼 광신도들이 벌인 성전들은 이성의 부재로 종교라는 미명 아래에 이루어진 것이다. 또, 종교적 자비와 아가페를 무시하고 이성만을 추구한다면,</u> 스스로의 안락만을 생각하는 풍조를 야기해 인간 소외와 빈익빈 부익부와 같은 사회문제를 일으킬 것이다. 그러므로 이성과 종교는 분리된 개체로 생각지 말고 서로의 보완과 공존 아래 추구해야 할 것이라고 나는 생각한다.
첨삭 지도 내용	① 재산과 신념의 공통점이 욕망이라는 점을 분명하게 밝혀야 둘의 공통점에 대한 논의가 될 수 있다. ② 이 문장은 사족일 수 있으며, 강조를 위한 내용이라면 상반되는 모습이 필요하다. ③ 제시문의 내용에 대한 반박이 개인적인 신념의 수준에서 이루어지고 있다. 논제 즉 이성과 종교와 관련된 내용으로 전환한 분석이 요구된다. ④ 상반되는 내용을 구성하면서 내용이 잘 이어지지 않고 있다. 그리고 이성과 종교의 보완에 대한 내용이 너무 안일하게 구성되어 있다.

총평	학생의 글은 체계성이 있고, 자기의 주장이 명확하게 드러난 글이다. 또한 제시문의 공통점 뿐만 아니라 차이점까지 정확하게 분석하였고, 종교와 이성의 관계에 대해서도 나름의 관점으로 분석하고 있다. 글의 시작과 마무리도 적절하게 이루어져 있다. 하지만 종교적인 신념에서 개인적인 의견을 강하게 표현하면서 (라)의 논박에 너무 많은 내용을 제시문에서 가져와서 합리화를 하고 있다. 반면 (마)의 의견에 대해서는 자신의 의견이 잘 나타나지 않고 있다. 오히려 (마)에서 자기 의견을 심도 있게 표현하는 것이 필요하다고 생각된다.

학생 2 답안	(나)의 만적은 자신의 어머니가 만적이 재산을 물려받게 하기 위해 배다른 아들인 신을 독살하려 한다. 만적은 떠나버린 신을 자신이 찾기 위해 떠남으로서 어머니의 죄를 자신이 짊어진다. (바)에서도 기독교인으로 추정되는 방화범을 대신하여 이웃 대학의 신학 교수와 학생들이 화계사를 찾아가 깊은 사죄의 뜻을 전했다. ① (나)와 (바)의 공통점은 자신이 저지르지 않은 죄임에도 죄인이 같은 공동체의 일원이기 때문에 죄인을 대신하여 죄값을 갚으려 하고 있다. ② 종교라는 방패막 아래 수 많은 죄악들이 일어났고 정당화되었다. 그렇기 때문에 종교에 의해 평화와 법 질서를 지킨다는 것은 믿음직스럽지 못하다. 종교를 대신하여 이러한 것들을 이행해 줄 수 있는 것이 이성이다. ③ (마)에서는 종교는 이성을 배제하지 않으며 가장 안정된 질서라고 반박한다. 하지만 (라)에서와 같이 이성적인 판단인 안락사를 배제하고 있으며 아직도 종교에 의해 테러와 전쟁으로 불안정함을 보여준다. 또한 (마)에서는 이성에 기초를 세우려는 시도에 허무와 혼돈이 급속히 뒤따른다고 한다. 하지만 ④ 제시문에서는 충분히 납득할 수 있는 구체적인 사례가 없어 신빙성이 적고, 역사적인 경험에 의한다면 종교에만 기초를 둔 질서는 혼돈과 암흑의 시대를 불러왔다. 물론 인간에게 있어 종교는 이성이 할 수 없는 자비와 사람 등을 퍼트릴 수 있다. (바)의 경우에서 이성의 판단으로는 자신의 죄가 아닌 이상 사죄의 뜻을 표현할 필요성을 느끼지 못한다. ⑤ 하지만 종교는 공동체의 일원이 일으킨 것에 대한 연대 책임을 느끼게 한다. 즉 종교의 역할 또한 무시할 수가 없다는 것이다. 정리하자면 종교만 의존하는 질서는 잔혹한 행위들을 저지르기 십상이다. 그러므로 이성에 의한 질서가 필요하다. 그리고 종교는 이성으로는 나타낼 수 없는 덕목들을 퍼트려주므로 종교 역시 필요하다. 즉 이성에 기초를 두고 종교가 뒷받침하는 질서가 필요하다.
첨삭 지도 내용	① 공통점을 앞에 두고 한 문단으로 구성하는 것이 좋을 듯하다. ② 앞 문단과 내용이 이어지지 않고 있다. 논제에 대한 언급으로 자연스럽게 할 필요가 있다. ③ (라)와 (마)를 분리하여 분석해야 보다 명확한 논지를 세울 수 있을 것이다. (라)의 논지 분석도 명확하지 못하다. ④ 제시문의 철학적인 논의에 대한 이해가 부족해 보인다. ⑤ 자기의 논지가 명확하지 못하고 혼돈되어 있다.
총평	학생은 전체적으로 안정되고 체계성을 갖춘 글을 작성하고 있다. 또한 자기 의견을 표현하기 위해 논리적인 근거들은 내세우려고 노력하고 있다. 내용을 정리하는 부분에서 이러한 것들이 잘 나타난다.

<table>
<tr><td>하지만 단락들 간의 단절이 있고, 내용에 따른 단락 구분도 약간 미비해 보인다. 또한 (바)의 철학적인 논의에서 구체적인 사례와 역사적 경험은 철학적인 논의를 자신이 현실에서 사례로서 찾아야 할 부분으로 오히려 글의 깊이 떨어뜨리는 내용으로 보인다. 그리고 결론에서 주장하는 이성과 종교의 관계가 본론에서는 잘 나타나지 않아 글의 일관성에서도 문제가 있어 보인다.</td></tr>
</table>

2. 수리과학계열

01 | 출제 의도

논제 ❶

대규모 정전으로 인해 엄청난 피해를 가져온 소재를 출제함으로써 전기에너지의 소중함을 일깨우고자 하였으며, 또한 전기에너지의 주된 생산방식인 수력, 화력, 원자력 발전을 대체할 수 있는 대체에너지 개발에 대한 지식을 어느 정도 가지고 있는지를 평가하고자 한다.

논제 ❷

IT산업의 대표제품으로 각광받고 있는 **LCD**와 **PDP** 관련 소재를 택함으로써 현대 산업계의 흐름을 잘 이해하고 있는지를 평가하고자 하였으며, 아울러 교과과정에서 잘 다루지 않는 **PDP**를 이루는 기본인 플라즈마의 기본 원리나 작용에 대해 얼마나 이해하고 있는지를 평가하고자 한다.

논제 ❸

제시문 분석에 비중을 둔 논제로 **PDP**와 **LCD**의 구동방식을 이해하고 **PDP**와 **LCD**의 정격소비전력의 차이를 분석할 수 있어야 한다. 이를 위해서 두 가지를 해결해야 하는데 첫 번째는 제시문 다)의 관점을 파악하는 것이다. 이는 **PDP**는 보는 화면에 따라 소비전력의 차이가 날 수 있으나 **LCD**는 화면에 상관없이 동일한 전력량을 소비한다는 것이다. 두 번째는 논제에 주어진 가정의 한 달간의 전기 사용량을 구하고 이를 바탕으로 전기 요금을 구하는 것이다. 두 가지 내용을 바탕으로 가정용 텔레비전을 구입할 때 소비전력의 차이가 중요한 선택 기준이 될 수 있는가를 논리적으로 결정할 수 있는지 평가하고자 했다.

02 | 배경 지식

• 전기에너지

우리의 일상생활에서 전기에너지가 차지하는 부분은 상상할 수 없을 정도로 크다고 할 수 있다. 아침에 눈을 떠는 순간부터 낮에 직장에서, 그리고 밤에 잠자리에 들 때까지 하루 일과를 지내는 동안 전기에너지와 얼마나 자주 부딪히는지 한번 생각해 보자. 아마 우리는 잠시도 전기와 눈을 뗄 수 없을 만큼 가까이에서 아니 전기에너지 속에서 살아간다고 할 수 있을 것이다. 가정에서나 직장에서 우리의 생활을 떠받쳐 주는 대부분의 물건들은 전기에너지로 작동되기 때문이다. 따라서 과학기술 문명이 발달할수록 전기에너지의 사용량은 그만큼 늘어날 것이다.

이것은 반대로 과학기술 문명의 발달로 인해 사람의 생활은 더욱 더 전기전자제품에 의존하고 구속 될 것이라는 것을 의미한다. 이는 곧 문명의 풍요로움에 익숙해 있던 사람이 전기전자제품을 이용할 수 없는 상황이 되었을 때 겪는 불편함이나 고통이 그만큼 더 커진다는 것을 의미한다.

만약 하루아침에 전기에너지를 사용할 수 없는 상황이 된다면 우리에게 어떤 불편함이 닥칠지 한번 생각해보자. 아마도 불편함이 너무 커서 상상하기도 싫을 것이다. 그런데 이러한 상황은 충분히 현실로 다가올 수 있다는 것을 명심해야 한다. 실제로 자연적인 재해이든 인위적인 재해이든 이런 사건이 세계적으로 가끔씩 일어나고 있다.

• LCD와 PDP

(1) LCD(Liquid Crystal Display)

액정 디스플레이 또는 액정 표시장치라 부르는 LCD는 액정(액체결정으로서 액체와 결정의 성질을 다 가짐)의 성질을 이용한 얇은 디스플레이 장치의 하나이다. 전력이 적게 소모되기 때문에 휴대용 장치에 많이 쓰인다. 하나의 픽셀은 두 개의 투명 전극이 연결된 액정으로 채워져 있고, 양쪽에는 서로 수직인 편광 필터가 있다. 평상시에는 편광 필터가 빛을 차단하지만 액정에 전압을 걸어주면 액정이 빛의 위상을 꼬아서 빛이 통과하게 된다.

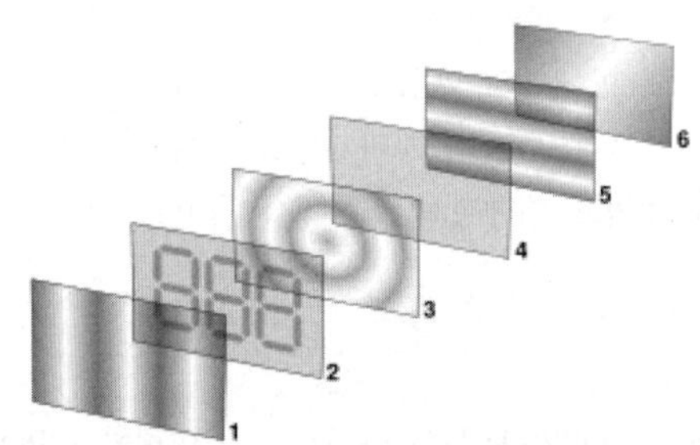

다음 그림은 반사형 TN(twisted nematic) LCD의 구조를 나타낸 그림이다. 각 부분의 구조를 설명하면 다음과 같다.

1. 빛을 편광으로 만들기 위한 수직 편광 필름
2. ITO 전극을 삽입한 유리 기판. 이 전극의 모양이 LCD를 켜거나 껐을 때 나타나는 모양을 결정한다.
3. 꼬인 네마틱(twisted nematic) 구조의 액정
4. ITO 전극을 삽입한 유리 기판
5. 빛을 통과시키거나 차단할 수 있는 수평 편광 필름
6. 보는 사람에게 빛을 내보내기 위한 반사판

요즈음 TV나 각종 모니터용으로 나오는 LCD는 TFT-LCD(Thin Film Transistor Liquid Crystal Display)로서 박막 트랜지스터(TFT) 기술을 이용하여 화질을 향상시킨 LCD의 변종이다. TFT-LCD는 평판 패널 디스플레이와 프로젝터에 사용되며 TV나 컴퓨터 모니터 분야에서 음극선관(CRT) 기술을 빠르게 대체하고 있

다. 얼마 전 까지만 해도 TFT-LCD는 주된 크기가 40인치 이하여서 40인치 이상 대형 TV에서는 PDP에 밀렸으나, 최근에는 80인치가 개발되어 PDP와 치열한 경쟁을 하고 있다.

(2) PDP(Plasma Display Panel)

흔히 벽걸이 TV라고 불리는 PDP는 기체방전(플라즈마) 현상을 이용한 평판 표시장치이다. PDP는 2장의 얇은 유리판 사이에 격벽으로 에워싸인 작은 셀을 다수 배치하고 그 속에 불활성기체(네온과 아르곤)를 넣은 다음 셀의 상하에 장착된 전극에 100~200 볼트의 전압을 가하면 불활성 기체의 방전으로 자외선이 방출되며 이 자외선을 형광체에 충돌시켜 가시광선을 얻게 된다.

PDP는 1927년 미국의 벨 시스템 사에서 개발된 단색 PDP가 세계 최초였으나 현재와 같은 PDP 개념의 원조는 지난 1964년 미국 일리노이대학에서 발표한 AC형 플라즈마 디스플레이다. 이 후 본격적인 연구개발이 시작돼 일본의 전자회사에서 91년에 21인치 컬러 PDP TV를 내놓았고, 지금은 국내의 한 전자회사에서 102인치 PDP를 개발하였다.

• 국세청의 누진제 vs 한국전력공사의 누진제

① 국세청에서는 아래의 표와 같이 과세 표준 금액이 많은 사람에게 더 많은 비율의 세금을 부과하는 누진제를 적용하고 있다. 그런데 과세 표준 금액이 999만 9900인 사람과 1000만 100원이 사람을 비교하면 과세 표준 금액은 200원 차이인데 세금은 200원의 여러 배를 더 내야 하기 때문에 불리하게 된다. 따라서 표의 누진 공제액만큼을 감하여 실제로 내는 세금이 연속함수가 되도록 하고 있다. 자세히 살펴보자. 과세 표준금액을 x, 납부해야 할 세금을 $y=f(x)$라 하면,

함수 $y=f(x)$는

$$f(x) = \begin{cases} 0.1x & (0 \le x \le 1000) \\ 0.2x - 100 & (1000 < x \le 4000) \\ 0.3x - 500 & (4000 < x \le 8000) \\ 0.4x - 1300 & (8000 < x) \end{cases}$$

세율표(금액은 만 원)		
과세표준금액	세율(%)	누진 공제액
1000 이하	10	0
1000 초과	20	100
4000 초과	30	500
8000 초과	40	1300

이다.

$x=1000$인 경우, $f(1000)=0.1\times1000=100$ 이고 $\lim_{x\to1000} f(x)=0.2\times1000-100=100$ 이다.

함수의 연속의 정의에 의해 $x=1000$ 에서 함수 $y=f(x)$는 연속이다. 같은 방법으로 함수 $y=f(x)$는 연속함수가 됨을 확인할 수 있다.

—우정호 외 5명, 『고등학교 수Ⅱ』

② 한국전력공사의 전기요금은 기본요금과 전력량요금으로 구성되며, 기본요금과 전력량요금의 합계에 전력산업기반기금과 부가가치세가 포함되어 청구금액이 결정된다. 기본요금 및 전력량요금 단가는 전기 공급 방식(고압, 저압), 계약종별(주택용, 일반용, 산업용, 교육용, 농사용 등)에 따라 다르다.

주택용 전력은 사용량에 따라 기본요금은 6단계, 전력량요금은 6단계로 구분하여 누진율을 적용한다.

전력량을 x, 납부해야 할 전기요금을 $y=f(x)$라 하면 전기요금 $f(x)$는 국세청의 세금과 달리 6개의 불연속 함수로 구성되어 있다. 자세히 살펴보자.

함수 $y=f(x)$는

$$f(x) = \begin{cases} 370 + 55.1x & (0 \leq x \leq 100) \\ 820 + 5510 + 113.8(x-100) & (100 < x \leq 200) \\ 1430 + 5510 + 11380 + 168.3(x-200) & (200 < x \leq 300) \\ 3420 + 5510 + 11380 + 16830 + 248.6(x-300) & (300 < x \leq 400) \\ 6410 + 5510 + 11380 + 16830 + 24860 + 366.4(x-400) & (400 < x \leq 500) \\ 11750 + 5510 + 11380 + 16830 + 24860 + 36640 + 643.9(x-500) & (500 < x) \end{cases}$$

(함수의 형태를 분석하기 위해 계산과정을 그대로 제시하였다.)

각 구간의 경계에서 함수는 불연속임을 알 수 있다. 이렇게 전기요금 $f(x)$가 불연속인 이유는 전기요금 체계의 기본요금 때문이다. 기본요금이 모든 구간에서 같다면 전기요금의 함수 $f(x)$ 역시 국세청의 세금함수와 마찬가지로 전 구간에서 연속인 함수가 될 것이다.

실제의 전기요금 계산은 아래와 같은 방법이나 문제화 하는 과정에서 계산이 지나치게 복잡해지는 이유로 ①, ②, ③의 과정만 계산하여 전력량 요금만 비교하는 문제로 수정하였다.

▶ 주택용 전력 전기요금 계산 예 : 225kW 사용 시
　① 기본요금 : 200kWh초과로 1,430원
　② 전력량요금 : 21,097원
　　　• 처음 100kWh×55.10원＝5,510원
　　　• 다음 100kWh×113.80원＝11,380원
　　　• 나머지 25kWh×168.30원＝4,207.5원
　③ 요금합계 (기본요금＋전력량요금) : 1,430원＋21,097원＝22,527원
　④ 전력산업기반기금 (요금합계×0.037원) : 22,527원×0.037원＝830원 (원미만 절사)
　⑤ 부가가치세 (요금합계*0.1원) : 22,527원×0.1＝2,253원 (원미만 절사)
　⑥ 청구금액 : 22,527원＋830원＋2,253원＝25,610원 (국고금단수법에 의해 10원미만 절사)

—『한국전력공사 (http://www.kepco.co.kr)』

03 │ 제시문 분석

가　이 제시문은 2003년 8월 14일 미국의 북동부 지역에서 갑작스럽게 발생한 정전에 대한 문제이다. 지역에 따라 대략 12시간에서 24시간 정도 정전이 되었는데, 정전지역 인구가 5천만 명 이상이었으며 정전으로 인한 경제적인 피해 규모는 무려 5조 4천억 원이었다고 한다.

나　LCD와 PDP의 화질은 상황에 따라 다르게 보일 수 있다는 것을 설명하고 있으며 어떤 상황에서 사용할 것인가에 따라 선택을 해야 한다는 내용이다.

LCD는 외부의 빛을 흡수하기 때문에 밝은 곳에선 화질이 선명하지만 어두운 곳에선 화면 뒤쪽에서 나오는 빛이 새어나와 화질이 흐릿하다. 반면 PDP는 화면을 구성하는 격자마다 빛을 내보내기 때문에 어두운 곳은 더 어둡고 밝은 곳은 더 밝은 영상을 만들어낸다. 즉, LCD는 밝은 곳에서 PDP는 어두운 곳에서 화질이 더 선명하다. 만약 극장 같은 분위기로 영화를 보려면 PDP를 선택하는 것이 좋으나 PDP는 LCD에 비해 전력소모가 많다는 단점 때문에 선뜻 구매하기가 쉽지 않다. PDP는 1시간 당 소비전력이 270W(와트)지만 LCD는 200W 수준이다.

다　PDP와 LCD의 구동원리에 대한 설명이며, 구동원리의 차이 때문에 PDP와 LCD의 정격소비전력이 실제 소비전력과 어떤 관계가 있는지 파악할 수 있어야 한다. PDP는 기체를 방전시켜 형광 물질에서 빛을 발산하는 방식으로 자체에서 빛을 내기 때문에 '발광형'(emissive)이라고 부른다. 자체에서 빛을 내는 발광형이기 때문에 인가전압에 이르지 못하는 cell에서는 전력소모가 없으며 따라서 제품에 표시되어 있는 정격소비전력은 소비전력의 최대값이 된다. 즉, 어두운 화면이라면 실제 사용되는 전력량은 정격소비전력보다 훨씬 적게 되는 것이다. 이와 반대로 LCD는 외부광원(Back Light)이 반드시 필요한 '수광형(non-emissive)'으로 분류된다. 이 때, Back Light는 전 화면을 비춰주고 있기 때문에 모든 Cell을 켜거나 모든 Cell을 끄거나 언제나 켜져 있는 Back Light 때문에 영상의 종류에 상관없이 소비전력은 항상 같다.

라　한국전력공사의 주택용 전기 요금표를 분석하고 활용하여 전기 요금을 계산할 수 있어야 한다. 주택용 요금은 에너지 소비절약을 유도하고 동시에 저소득층을 보호하기 위해 사용량이 증가함에 따라 순차적으로 높은 단가가 적용되는 누진제를 적용하고 있으며, 74년 1차 석유파동 이후 도입된 이래 현재는 6단계 11.7배의 구조로 되어 있다.

04 | 예시 답안

논제 ❶-1

① 가정에서 사용하는 모든 가전제품을 사용할 수 없게 된다.
② 지하철을 포함한 모든 교통시스템 작동중지로 인한 교통대란이 발생할 것이다.
③ 냉동/냉장/냉방 시설의 기능 중단으로 막대한 피해가 올 것이다.
④ 대부분의 공장 가동이 중단될 것이다.
⑤ 수돗물 오염. 정화 시설 가동중지 등 각종 공공시설 등의 가동이 중지될 것이다.
⑥ 부분적인 유·무선 통신 두절 및 인터넷 연결이 안 될 것이다.
⑦ 절도 및 강도 사건 빈발할 것이다.(실제로 미국의 경우 많은 피해가 발생했음.)

논제 ❶-2

석유, 석탄, 천연가스, 원자력 등을 대체하고 미래의 주력 에너지원이 될 수 있는 대체 에너지로 다음과 같은 신·재생에너지가 있다.

(1) 재생에너지

① 태양열 : 태양복사열을 이용하는 에너지
② 태양광발전 : 태양광을 전기에너지로 이용하는 에너지
③ 바이오매스 : 동·식물 등의 생물체(바이오매스)로부터 생성·배출되는 유기물에서 얻어지는 에너지
④ 풍력 : 바람의 힘으로부터 전기에너지를 얻음
⑤ 소수력 : 물의 유동을 이용하여 시설용량 10,000kW 이하의 전기에너지를 얻는 수력발전
⑥ 지열 : 땅속의 열에너지로부터 전기에너지를 얻음

⑦ 해양에너지 : 조력이나 파력으로부터 전기에너지를 얻음

⑧ 폐기물에너지 : 가연성 폐기물 중 에너지 함량이 높은 폐기물에서 고체 연료, 액체 연료, 가스 연료, 폐열 등을 생산하여 이용하는 에너지

(2) 신에너지

① 연료전지 : 산화에 의해서 생기는 화학에너지를 직접 전기에너지로 변환시키는 전지를 말하며, 대표적인 형태가 수소-산소 연료전지이다. 연료중 수소와 공기 중 산소가 전기 화학 반응에 의해 직접 전기에너지를 만든다.

② 석탄액화가스화

③ 수소에너지

논제 ❷

자외선을 방출하는 플라즈마의 예로 형광등이 있다. 형광등은 저압의 수은방전으로 방사된 자외선을 형광체에 의해서 가시광선으로 변환시켜 빛을 내는 방전등이다. 형광등의 스위치를 닫아 전원을 연결하면 먼저 글로스타트(일명 초크전구) 내에 글로방전이 일어나 바이메탈 금속이 가열되어 고정전극에 붙는다. 이때 전류가 흘러 형광등 내의 필라멘트 전극에 공급되면 열전자가 방출된다. 방출된 열전자는 형광등 내에 있는 수은(Hg)과 아르곤(Ar)가스와 충돌하면서 아크방전이 일어나며 이 방전에 의해 자외선이 방출된다. 방출된 자외선은 형광등 내벽에 코팅된 형광물질에 부딪혀 가시광선을 발생시킨다.

가시광선을 방출하는 플라즈마로 네온사인이 있다. 네온사인은 가늘고 긴 유리관으로 된 네온방전관의 양 끝에 원통형 전극을 설치하여 네온가스를 충전시킨 다음, 수천 내지 수만 볼트의 고압교류를 가하여 방전을 시키면 내부가스가 차례로 이온화하여 가시광선을 발생시킨다. 네온사인은 방전관 속에 봉입하는 가스에 따라 색이 달라지는데, 수은가스는 청록색, 아르곤은 자주색, 헬륨은 장미색, 질소는 황색, 산소는 오렌지색 등을 내며 또는 2종 이상의 가스를 혼합하거나 유리관을 착색하여 여러 가지 색채를 얻을 수 있다.

논제 ❸

LCD (200W)를 구매하는 경우에 추가로 사용하는 전력량은 100h×200W=20000Wh 즉, 20kWh이다. 따라서 총 전력량은 220kWh 이며 전기요금은 아래와 같이 계산할 수 있다.

① 기본요금 : 200kWh 초과로 1,430원

② 전력량요금 : 20,256원
- 처음 100kWh×55.10원=5,510원
- 다음 100kWh×113.80원=11,380원
- 나머지 20kWh×168.30원=3,366원

③ 요금합계 (기본요금 ＋전력량요금) : 21,686원

즉, LCD의 경우는 어떤 화면을 시청하든지 전기요금이 약 21,600원 정도 나오게 된다.

PDP (280Wh)의 경우는 전 화면을 white로 본다고 가정한다면 추가 전력 사용량이 28kWh 이고 따라서 총 전력량은 228kWh 이다.

① 기본요금 : 200kWh초과로 1,430원

② 전력량요금 : 약 21,602원

• 처음 100kWh×55.10원=5,510원

• 다음 100kWh×113.80원=11,380원

• 나머지 28kWh×168.30원=약 4,712원

③ 요금합계 (기본요금+전력량요금) : 23,032원

PDP를 사용하는 경우 전기요금이 약 23,000원 정도 나오게 된다. 그러나 전 화면을 white로 볼 경우는 거의 없고 분명히 일부는 전력이 소비되지 않는 black일 경우가 생기므로 실제의 전기 사용량은 더 줄어들 수 있다. 최대 전기요금을 생각해 보아도 전기요금의 차이는 1400원 정도에 불과하다. 50% 정도만 White인 화면을 본다고 가정하면 오히려 PDP를 사용하는 경우 전기요금이 더 적게 나오게 된다. 전기요금의 누진요율을 생각하면 기본 전력사용량이 많은 가정에서는 차이가 더 날 수 있겠지만 전기요금에 비해서 큰 금액이라고는 볼 수 없다. 즉, PDP 와 LCD 둘 중 하나를 구매하고자 한다면 단순하게 소비전력이 PDP가 높다고 해서 전기요금 또한 지나치게 차이가 날 것이라고 볼 수 없으며 이런 이유로 전기요금은 PDP와 LCD를 구매하고자 할 때 중요한 선택요인이 될 수 없다.

05 | 학생 답안

학생 1 답안	
논제 1-1	전기에너지가 개발되면서 인류의 생활은 급속도로 향상되었고 이제 전기는 우리 생활에서 없어서는 안 될 중요한 에너지가 되었다. 따라서 그 시간이 길든 짧든 한번 정전이 되었을 때 우리가 겪는 불편함은 이루 말할 수 없다. 우리가 가정에서 쓰는 제품의 대부분이 전기제품이므로 정전이 된다면 냉장고, TV, 에어컨, 엘리베이터, 컴퓨터, 오디오, 다리미, 전구, 휴대폰, 각종 충전용 배터리 등의 제품들을 못 쓰게 된다. 또한 국가, 사회적으로 막대한 경제적 피해를 입을 수 있고 정신적 피해도 만만치 않을 것이다.
첨삭 지도 내용	전기에너지의 중요성이 잘 언급되었고, 정전으로 인한 피해를 잘 나열하였다. 그러나 국가, 사회적으로 일어날 수 있는 피해를 구체적으로 언급했으면 더욱 좋을 것이다.
논제 1-2	우리가 사용하는 화석연료가 고갈되어감에 따라 대체에너지의 개발에 대한 <u>① 필요성이 대두되었고, 관심이 증대되어 많은 대체에너지들이 개발되고 있다.</u> 현재 개발되거나 주목받고 있는 대체에너지로는 태양에너지, 풍력에너지, 수소에너지, 조력에너지, 지열에너지, 바이오에너지 등이 있다. 태양에너지를 이용하는 방법은 태양광발전과 태양열발전이 있다. 태양광발전은 광전효과의 원리를 이용하여 태양광을 전기에너지로 변환하는 것이고 태양열발전은 집열판으로 빛을 모아 발전하는 것이다. 풍력발전은 바람의 힘으로 전기에너지를 생산하는 것이고 조력발전은 조수간만의 차를 이용하여 터빈을 돌려 전기에너지를 얻는 것이며 수소에너지는 물을 전기분해하여 얻은 수소를 이용하는 것이다. 또 바이오에너지는 생물체의 유기물에서 에너지를 추출하는 것이다.
첨삭 지도 내용	① 필요성이 증가하고 있으며, 그에 따른 대체에너지의 개발이 진행되고 있다. 대체에너지의 종류와 기본원리는 대체로 잘 기술하였다.

논제 2	플라즈마방전에서 자외선이 방출되는 경우는 형광등이 있다. 쵸크전구에 의해 전기에너지가 공급되면 형광등 끝의 니크롬선에서 열전자가 방출되며, ② 이것이 이온상태의 기체방전이 되어 자외선이 방출되고 이 자외선이 형광등 벽의 형광물질에 부딪혀 가시광선이 발생한다. 플라즈마방전에서 가시광선이 방출되는 경우는 네온사인이 있다. 네온관에 전기에너지가 공급되면 네온방전관 속의 기체가 이온화되면서 가시광선을 방출한다.
첨삭 지도 내용	② '이들이 형광등 내의 수은, 아르곤가스와 충돌하여 자외선을 방출하게 되고'로 수정
논제 3	텔레비전을 구입할 때 전기요금은 중요한 기준이 되지 못한다. LCD를 구입할 경우의 이 가정의 한달의 전기 사용량은 220kW이고 PDP를 구입하는 경우는 228kW가 된다. 한국전력공사의 가정용 전기요금표에 따르면 전기사용량이 200kW 초과 300kW 미만인 경우의 전기요금은 다음과 같이 함수로 표현할 수 있다. ③ 전기사용량을 x라 하고, 전기요금을 $f(x)$라 하면 $f(x)=168.3\,x-15340$ 이다. $f(220)=21686$, $f(228)=23032.4$ 이므로 전기요금의 차이는 약 1300원에 불과하다. ④ 단순히 경제적 차원에서 LCD가 140만원의 가격 차이를 극복하고 PDP보다 유리하게 되는 시점은 구입후 약 86년 이상이 지난 후이다. 따라서 가정용 텔레비전을 선택할 때는 용도나 가격이 중요한 기준으로 작용할 뿐, 전기요금이 중요한 기준이 되지는 못한다.
첨삭 지도 내용	③ 전기 사용량과 전기요금의 관계를 구체적인 함수식으로 표현하고 전기요금을 구한 부분이 돋보인다. ④ 비용차원에서 LCD가 PDP보다 유리하게 되는 시점을 계산한 것이 다른 학생들과의 차이점이지만 제시문 다)의 관점이 드러나지 않아 논제파악이 부족했다고 보인다.
총평	[논제 1], [논제 2]에 대한 학생의 답안은 대체로 논점을 잘 이해한 것으로 보인다. 그러나 [논제 1-2]에서 정부에서 육성하는 신재생에너지에 대한 언급이 있었으면 더욱 좋았을 것이다. [논제 3]에 대한 대부분의 답안은 위 학생과 같았다. 전기사용량과 전기요금을 충실하게 계산하여 전기요금의 차이가 별로 크지 않기 때문에 전기요금이 텔레비전 구매에 중요한 기준이 되지 못한다는 것이다. 논제에서 주어진 제시문 다)의 관점이 전혀 드러나지 않았기 때문에 논제 파악이 부족한 글로 보인다. 다만 ③에서 함수를 도입한 부분은 적절하게 수학적인 개념을 도입할 수 있다는 점에서 좋은 평가를 받았다.

학생 2 답안	
논제 1-1	공해가 없고 다른 에너지로의 전환이 쉬운 전기에너지의 영향력은 정전이 일어났을 때 쉽게 알 수 있다. 만일 정전이 일어난다면 가정에서 사용하는 모든 가전제품을 사용할 수 없을 것이며 대형건물의 엘리베이터나 자동으로 통제되는 각종 기계장치가 정지될 것이다. 또한 교통신호체계를 비롯한 교통시스템이 정지되며 교통통신수단이 마비되어 막대한 피해를 초래할 것이다. 각종 전산망은 물론이고 대부분의 공장도 정지될 것이다.
첨삭 지도 내용	① 정전으로 인한 피해를 잘 나열하였으나 사회적인 피해의 접근이 있었으면 더 낫지 않을까 싶다.

논제 1-2	대표적인 대체에너지로 태양광발전, 태양열발전, 연료전지, 수소에너지, 수소에너지, 풍력에너지, 파력에너지, 지열에너지, 바이오에너지 등이 있다. 태양광발전은 광전효과로 빛을 전기에너지로 전환하고 태양열발전은 열을 흡수, 저장, 열변환 등을 통해 전기에너지를 얻는다. 연료전지는 화학물질의 반응으로 전기에너지를 얻는다. 수소에너지는 물을 분해하여 얻은 수소를 에너지원으로 사용한다. 바이오에너지는 생물체의 유기물에서 에너지를 뽑아 쓴다. 대체에너지의 개발은 앞으로 더욱 활성화될 것으로 보이며 우리도 대체에너지 개발에 힘써야 할 것이다.
첨삭 지도 내용	② 대체에너지의 종류나 기본원리를 잘 나열하였으나, 그중에서 가장 유망한 대체에너지에 대한 언급이 있었으면 더욱 좋은 글이 될 것이다.
논제 2	플라즈마방전에서 자외선이 방출되는 것은 형광등이 있다. 전기에너지를 공급받은 필라멘트에서 가열된 열전자가 방출되면 형광등 속의 수은, 아르곤분자들과 충돌하면서 방전이 일어난다. 이 방전으로 자외선이 방출되고 ③ <u>빛도 같이 낸다.</u> 가시광선을 방출하는 제품으로 네온사인이 있다. 네온방전관의 양 끝에 고전압을 걸어주면 방전관 속의 기체가 이온화하면서 가시광선을 방출한다. 이때 방전관 속의 기체 종류에 따라 가시광선의 색깔이 결정된다.
첨삭 지도 내용	③ 이 자외선이 형광등 내벽의 형광물질에 충돌하면서 가시광선이 발생한다.
논제 3	대개 PDP가 LCD보다 전기료가 많이 나올 것이라는 생각에 PDP를 기피하곤 한다. 그러나 위 제시문처럼 비슷한 사양의 LCD와 PDP를 비교해보면 기본 가격은 460만원과 320만원으로 LCD가 월등히 비싼데, ④ <u>전기요금을 계산해보면 LCD는 기본 200kW에 추가 20kW로 한 달 전기요금은 약 21,700원이다.</u> 마찬가지의 방법으로 약 228k를 소비하는 PDP의 전기요금은 23,000원이다. 한 달에 약 천 원 정도의 전기요금의 차이라 할 수 있다. ⑤ <u>게다가 PDP의 경우 백라이트를 사용하는 LCD와 달리 화면의 밝기에 따라 소비전력이 달라진다. 그래서 PDP의 정격전력은 실제 사용 전력보다 크므로 실제 LCD와 PDP의 전기료 차이는 천원보다도 적을 것이다.</u> 그러므로 LCD와 PDP를 선택할 때 LCD에 비해 PDP의 소비전력이 높다는 것은 중요한 판단 기준이 되지 못한다.
첨삭 지도 내용	④ 정확하게 전력사용량과 전기요금을 계산하였다. ⑤ 제시문 다)의 관점이 드러난 좋은 문장이다.
총평	[논제 1], [논제 2]에 대한 학생의 답안은 비교적 잘 서술되었다. 그러나 [논제 1-2]에서 정부에서 육성하는 신재생에너지에 대한 언급을 하거나 [논제 2]에서 형광등과 네온사인의 구조에 대한 약간의 언급이 있었으면 더욱 좋았을 것이다. [논제 3]에서는 제시문 다)의 관점을 정확하게 파악하고 있으며 논제에 충실하게 답했다. 대부분의 학생들이 전력사용량과 전기요금의 계산만 한 것에 비해 PDP의 정격전력보다 실제 소비전력이 적다는 사실을 제시문 다)를 통해 분석하고 그 관점에서 답안을 작성한 점이 돋보인다.

1. 통합 교과 논술 (1) : 집중화 모형 – 휴대폰과 의사소통

01 | 출제 의도

21세기에 들어서 정보통신은 하루가 다르게 발달하고 있고, 우리들은 이에 많은 영향을 받고 있다. 만일 인터넷, 이동전화 등의 사용을 중단한다면 사회는 많은 혼란에 빠질 것이며 모든 일상은 멈춰버릴지도 모를 일이다. 그만큼 우리 사회는 정보통신기술(즉 인터넷과 이동전화)에 상당한 의존을 하고 있다. 이처럼 정보통신기술의 발달로 우리 사회는 많은 영향을 받으며 많은 이점을 누리는 반면, 많은 부작용도 함께 수용하고 있다.

국내 이동통신 서비스 가입자가 3500만 명에 이를 정도로 휴대폰은 남녀노소를 가리지 않고 전 국민의 생활필수품이 된지 오래다. 그만큼 휴대폰은 없어서는 안될 만큼 우리 생활 전반에 미치는 영향이 크고, 많은 편리함을 가져왔다.

논제 ❶

우리가 자주 사용하는 전자기기를 예로 들어 파동의 특성인 회절현상을 이해하고 실생활에 효과적으로 활용할 수 있는지 평가하고자 하였다.

논제 ❷

2G 이동전화 기존 국번호를 모두 010으로 통합하려고 할 때, 2G 010 전환 이후 국번호는 기존의 국번호를 유지하면서 새로운 국번호를 배정하는 것이 전제로 되어있다. 그럴 때, 최대한 국번호를 유지하면서 새로운 번호를 겹치지 않게 배정하는 것이 핵심이다.

논제 ❸

간단한 지수문제이지만 현실에서의 활용성을 확인할 수 있는 문제이다. 또한 현실에서의 지수문제는 그 변화율이 고정되지도 않고, 또한 계속 변하지도 않으며, 계산값 또한 정수값으로 떨어지지도 않는다. 제시문에서 누적가입자수는 늘어나지만 추가 가입자수의 증가는 점점 완화되고 있다. 그 시기가 언제가 되었던 이통사 가입률이 국민의 90%가 넘어간다는 것은 숫자를 넘어서는 의미를 가진다는 것을 생각할 필요가 있다. 요즘 젊은이들은 이통사에 등록된 핸드폰의 숫자가 2~3개인 경우도 있다고 한다. 새로운 세대는 또 다른 필요성으로 이통사에 가입하고 있으며, 이는 기존의 세대와는 다른 이유로 세상을 바라본다는 뜻이다. 어쩌면 국민의 120%가 이통사에 가입하는 일이 생길 수도 있다.

  배경 지식

• **파동의 회절**

(1) 다음 그림은 일상생활에서 볼 수 있는 회절의 예들이다.

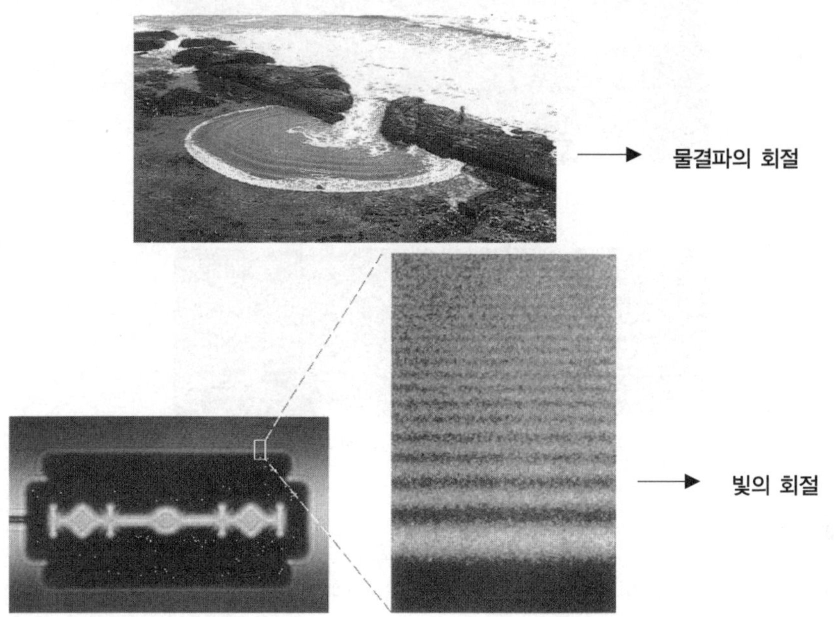

(2) 아래 그림과 같이 수면파가 진행하다가 장애물을 만나면 수면파의 가장자리에 파면이 휘는 것을 볼 수 있다.

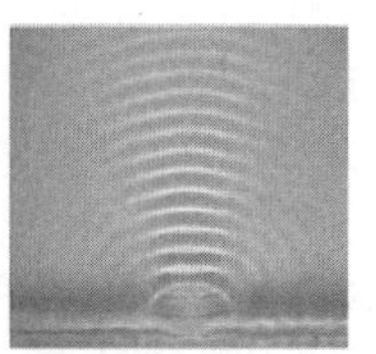

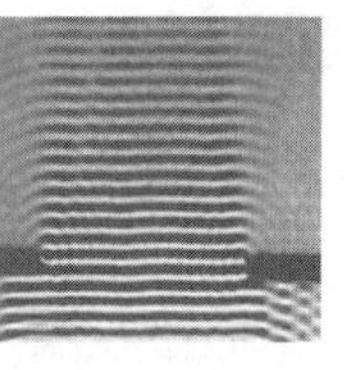

파장이 길 때　　　파장이 짧을 때　　　　틈이 좁을 때　　　틈이 넓을 때

위와 같은 현상을 파동의 회절이라고 한다. 파동의 회절은 슬릿의 폭과 파장에 따라 달라진다. 슬릿의 길이가 입사파의 파장에 비하여 매우 길면 회절은 슬릿의 양끝에서만 일어나지만 파장에 비하여 슬릿이 짧으면 회절은 전체적으로 일어난다. 또 파동의 파장이 짧을 때보다는 파장이 긴 경우 회절이 잘 일어난다.

벽을 사이에 두고 사람들이 이야기를 하는 경우, 음파가 회절 현상을 일으켜 담 너머에 있는 사람에게 들리는 것이다. 라디오 방송의 경우 파장이 긴 **AM**이 파장이 짧은 **FM**보다 회절이 잘 일어나 안테나가 없어도 일반적으로 수신 상태가 좋다.

태양 광선이나 레이저 광선은 파장이 아주 짧아서 회절이 잘 일어나지 않으므로 직진성이 강하며 이를 빛의 직진성이라고 부른다.

수면파의 실험과 같이 빛의 경우에도 회절실험을 할 수 있다. 단 빛은 파장이 매우 짧으므로 단일 슬릿의 틈새를 매우 좁게 하여야 한다.

아래 그림은 단일 슬릿을 통과한 빛의 회절 현상을 나타낸 사진이다.

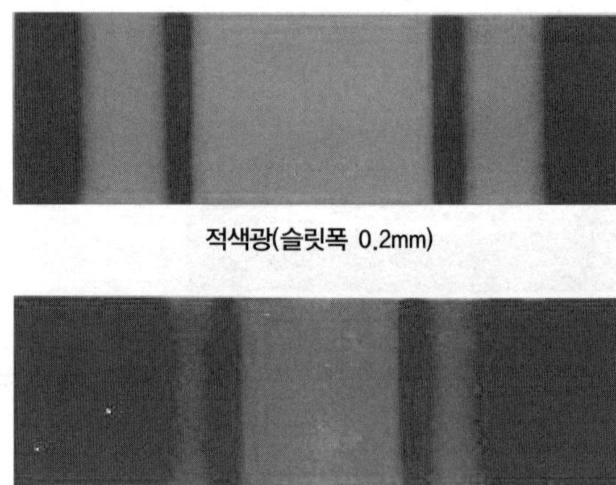

적색광(슬릿폭 0.2mm)

청색광(슬릿폭 0.2mm)

전기통신번호관리세칙 (8조 제5장 전기통신번호의 관리)에 의해 통신위원회 사무국장이 사업자에게 부여하거나 특정목적으로 지정하는 번호는 통신위원회 사무국장이 관리한다. 국번호는 이동전화역무별로 010-ABYY-YYYY 중에서 통신위원회 사무국장이 백만 단위로 부여한다. 이동전화사업자(셀룰러 및 개인휴대통신)의 010 국번호 신청 및 부여한다.

• 발자크와 한스카

1828~34년에 걸쳐 발자크는 멋쟁이 한량처럼 자신이 벌어들인 돈을 미리 받아 써버리면서 방탕한 생활을 했다. 남을 매혹시키는 말재주가 있었기 때문에 사교계에서도 좋은 대접을 받았다. 그러나 사교계 출입은 엄청나게 고된 창작생활에서 잠시 숨돌리는 휴식에 불과한 것이었다. 그는 수도사 같은 흰 실내복을 입고 끊임없이 블랙커피를 마셔가며, 거위깃 펜으로 하루 14~16시간씩 글을 써냈다. 그는 1832년 늙은 우

크라이나 지주와 결혼한 폴란드 백작부인 에블린 한스카와 사귀게 되었다. 한스카 부인은 다른 많은 여자들과 마찬가지로 발자크에게 편지를 써서 그의 작품을 좋아한다고 말했다. 이들은 1833년 스위스에서 2번 만났다. 제네바에서 2번째 만났을 때는 서로 깊은 관계를 맺었고 1835년 빈에서 다시 만났다. 그들은 한스카 부인의 남편이 죽으면 결혼하기로 맹세했고, 발자크는 그녀에게 계속 편지를 써보내 사랑을 표시했다. 이 편지들을 모은 것이 그가 죽은 뒤 발표된 <이국 여인에게 보낸 편지 Lettres à l'étrangère>(4권, 1889~1950)로, 발자크의 생애와 작품을 이해하는 데 중요한 자료를 제공한 원천이다.

— 브리태니커 온라인

• 이성복, 『편지』

1
그 여자에게 편지를 쓴다 매일 쓴다
우체부가 가져가지 않는다 내 동생이 보고
구겨 버린다 이웃 사람이 모르고 밟아 버린다
그래도 매일 편지를 쓴다 길 가다 보면
남의 집 담벼락에 붙어 있다 버드나무 가지
사이에 끼여 있다 아이들이 비행기를 접어
날린다 그래도 매일 편지를 쓴다 우체부가
가져가지 않는다 가져갈 때도 있다 한잔 먹다가
꺼내서 낭독한다 그리운 당신…… 빌어먹을,
오늘 나는 결정적으로 편지를 쓴다

2
안녕
오늘 안으로 나는 기억記憶을 버릴 거요
오늘 안으로 당신을 만나야 해요 왜 그런지
알아요? 내가 뭘 할 수 있다고 믿기 때문이요
나는 선생이 될 거요 될 거라고 믿어요 사실, 나는
아무것도 가르칠 게 없소 내가 가르치면서 세상이
속아요 창피하오 그리고 건강하지 못하오 결혼할 수 없소
결혼할 거라고 믿어요

안녕
오늘 안으로
당신을 만나야 해요
편지 전해 줄 방법이 없소

잘 있지 말아요
그리운……

나 전파는 전자기파의 일종으로 매질이 없어도 빛과 같은 속력(광속 $C = 3 \times 10^8$ m/s)으로 퍼져나간다. 한편 전파의 속력은 $V = C($광속$) = \lambda \times f$로 일정하지만 사용하는 종류별로 진동수가 다르므로 파장도 달라지게 된다. 따라서 진동수가 작은 셀룰러폰(800MHz(8×10^8Hz))의 파장이 진동수가 큰 PCS폰(1.8GHz(1.8×10^9Hz))의 파장보다 길어서 회절이 더 잘 일어나므로 산이나 건물과 같은 장애물이 많은 곳에서 연결이 더 잘 된다고 할 수 있다.

다 통신위원회에서는 기존 세 자리 국번호를 최대한 유지하면서 국번호를 네 자리로 만드는 것이 목표이다. 수학문제로만 해석한다면 각 이통사별로 국번호가 겹치지만 않도록 국번호를 배정하는 문제일 뿐이다. 그러나 수학문제이기도 하지만, 이통사 사이의 이익과 소 자리비자의 이익을 함께 고려한다는 것은 좀더 논리적인 방법을 요구하며 나아가 현실타협적인 방법을 요구할 수도 있다.

라 제시문 (라)는 언뜻 보면 전혀 맥락이 닿지 않을 듯한 애인 만들기와 문자 보내기를 연결하여 독특한 생각을 전개하고 있다. 휴대폰의 문자 보내기는 애인 만들기에 매우 적절한 수단이라고 주장한다. 적어도 마흔이 넘은 세대들에게 있어 '애인'이나 '연애'를 이야기할 때 떠오르는 것 중의 하나는 편지일 것이다. 그런데 필자는 편지에 비해 문자 보내기는 막연한 기다림의 시간이 없고, 배달 사고도 없으며, 소통을 망쳐놓을 만한 침묵의 시간도 없다고 말한다. 음성 전달에 비해서도 문자 보내기가 애인 만들기에 더 적절하다고 말한다. 전화에 비해 문자는 자신(주체)이 원하는 시간에 확인할 수 있고, 원하는 시간에 답할 수 있다는 것이다. 그래서 문자는 음성의 전달보다 '실시간적'이고 '현전(現前, presence)'에 충실하다고 말한다. 이 말은 쉽게 이해되지 않는다. 문자는 분명히 실체의 인간을 '대리'하는 것이고, 문자로 대신하는 만큼 실제의 만남은 없거나 '지체'되기 때문이다. 이 점에 대해 필자는 애인의 출현 자체가 근본적으로 간접성과 시간적 지체에 의존한다는 근거를 제시한다. 즉 어떤 사람이 필요로 하는 것을 대리함으로써만 그의 애인으로써 출현할 수 있다는 것이다. 이러한 주장을 옳다고 받아들인다면, 어떤 사람이 필요로 하는 것을 대리할 수 있는 것은 모두 '애인'이 될 수 있다. 휴대폰을 통해 보내는 문자는 '애인'을 대리하는 것이고, 그것은 곧 그가 필요로 하는 것을 대신하는 것이다. 따라서 휴대폰을 통해서 보내는 문자 그 자체가 곧 애인이고 연애가 되는 셈이다.

인간관계의 본질은 만남이고, 여러 가지 만남 중에 하나가 '연애'다. 일반적인 사람이 생각하는 참다운 연애는 직접 만나서 소통을 하거나 감정을 교류하는 것이다. 직접 만나지 못하는 사정이 있을 때 차선으로 편지를 하거나, 전화를 하거나 문자를 보낸다고 생각한다. 그런데 제시문의 필자는 이러한 일반적인 관념을 뒤집는다. 피와 살을 가진 인간이 실체로서 만나서 말을 하는 것보다 문자로 대리하는 것이 더 진정한 연애이고 애인 만들기라고 말한다. 필자의 주장을 비판하기 위해서는 그 핵심이 되는 근거를 살펴볼 필요가 있다. 필자가 내세우는 근거의 바탕은 '연애' 즉 사랑의 만남은 문자에 의해 '대리'된다는 점이다. 애인도 필요로 하는 것을 '대리'하는 것으로 정의한다. 한편으로 그럴듯하다는 생각이 들지만, 보통 사람들이 일반적으로 인식하고 있는 '연애'나 '애인'과는 거리가 있다. 특수한 조건이나 상황의 '연애'에 해당하는 의미이다. '연애'와 '애인'의 개념을 은밀하게 재정의하여 쓰고 있다고 볼 수 있다. '실시간적'이라는 말과 '현전'이라는 말의 개념도 다분히 자의적이다. '연애'도 인간관계 즉 만남의 한 형태이기 때문에 인간의 진정한 '만남'을 무엇으로 보느냐 하는 것이 관건이다. '만남'이라는 것의 본질은 소통이고 소통 수단의 주된 수단은 말이다. 그래서 편지도, 전화도, 문자메시지도 일종의 '만남'이라고 할 수 있다. 그런데 가장 온전한 만남은 피와 살이 있는 실체적 인간으로서의 만남이다. 그렇다면 가장 온전하고 참다운 '연애'도 피와 살을 가진 실체적 인간의 직접적인 만남으로 이루어지는 것으로 보아야 타당할 것이다.

04 | 예시 답안

논제 ❶

핸드폰은 공기나 진공 속을 빛의 속도(광속)로 진행하는 전파를 사용하여 무선으로 통신하는 기기이다. 전파는 동일한 매질에서는 직진하지만 매질의 경계면에서는 굴절하고 장애물을 만나면 반사와 회절현상을 일으킨다. 이와 같은 전파의 특성은 온갖 장애물로 가득한 지상에서도 무선으로 통신하는 것을 가능하게 한다.

또한 셀룰러(Cellular)폰과 PCS폰은 사용하는 전파의 주파수가 다르다. 사용하는 전파의 의 파장은 PCS폰은 약 0.17m이고 셀룰러폰은 약 0.38m이다.($V = C(광속) = \lambda \times f$) 따라서 평탄한 지형에서는 직진성이 좋은 PCS폰이, 산이나 장애물이 많은 곳에서는 파동의 회절성이 좋은 긴 전파를 사용하는 셀룰러폰이 조금 더 유리하다고 할 수 있다.

논제 ❷

현재 이통3사는 치열한 경쟁 속에서 가입자를 유치하기 위한 경쟁을 하고 있으며, 번호이동성 또한 주요한 경쟁의 이슈가 되고 있다. 이러할 때, 010 통합번호 추진은 매우 민감한 사안이며, 각 이통사는 자신들의 회사가 고객유치에 유리한 국번호를 가져가고자 노력을 할 것이다.

정통부에서는 이통사 간의 공정한 경쟁도 중요하지만, 소비자의 권리도 매우 중요하므로 가능한 범위에서 기존의 번호체계를 유지하기 위해 애를 써야 한다. 그러므로 다음과 같은 점에 유의해야 한다. 첫째, 최대한 기존의 번호와 비슷한 체계를 갖도록 한다. 새로이 국번호를 가지는 소비자도 있지만, 기존에 4개의 국번호를 가진 소비자들 중 자신의 번호를 계속 유지하는 사람도 있으므로 개인의 불만이 최소화되도록 배려하기 위해서다. 둘째, 이통3사 간에 균등하게 번호를 분해해야 한다. 국번호에 따라서 소비자들의 선호가 분명하므로 이통사들은 소비자들의 선호가 높은 번호를 서로 자사가 갖고 싶어 할 것이다. 국번호의 배분문제가 이통사들의 가입자 유치 경재으로부터 자유로워야 하기 때문이다. 이를 위해 미리 국번호 배분원칙을 세우는 것이 필요하다. 셋째, 새로 만들어진 국번호 체계에 빠지거나 겹치는 것이 없어야 한다. 그것이 새로운 국번호 체계를 가장 잘 활용하는 것이기 때문이다.

통신번호는 국가기간산업에 주요한 부분을 차지하는 요소이므로 이동전화 국번호 부여는 공정하면서도 공개적으로 진행되어야 하며, 사회의 통합을 해치지 않는 범위에서 합리적으로 해결해야 한다. 아래의 통신위원회 전기통신번호 부여현황(안)은 다양한 사업자들의 기존번호를 최대한 유지하면서 사업자별로 국번호를 공평하게 나누려는 노력을 한 것이다.

논제 ❸

<예시 답안> 생략

2G 이동전화 기존 국번호		2G 010 전환 이후 국번호	비고
011 3자리	011-200~499	010-5200~5499	
	011-500~899	010-3500~3899	
011 4자리	011-9000~9499	010-9000~9499	
	011-9500~9999	010-8500~8999	
	011-1700~1799	010-7100~7199	
017 3자리	017-200~499	010-6200~6499	
	017-500~899	010-4500~4899	
016 3자리	016-200~499	010-3200~3499	통신위원회 전기통신번호 부여 현황(안)
	016-500~899	010-2500~2899	
016 4자리	016-9000~9499	010-7000~7499	
	016-9500~9999	010-9500~9999	
018 3자리	018-200~499	010-4200~4499	
	018-500~899	010-6500~6899	
019 3자리	019-200~499	010-2200~2499	
	019-500~899	010-5500~5899	
019 4자리	019-9000~9499	010-8000~8499	
	019-9500~9999	010-7500~7999	

논제 ④

　제시문 (가)~(라)의 통계 자료와 추이로 볼 때 휴대폰 가입자와 사용자 수는 점점 늘어날 것이다. 머지않아 모든 사람들이 휴대폰을 사용할 것으로 예측할 수 있다. 통신 기술 또한 빠른 속도로 발전할 것이고, 이에 따라 휴대폰의 자체의 기능은 물론이고 다른 기기와의 연결된 기능들도 점점 다양해지고 복잡한 모습으로 나타나게 될 것이다.

　이러한 변화로 인하여 지금보다 휴대폰을 통한 의사소통의 비율이 증대될 것이다. 이에 따라 현재 휴대폰 사용으로 나타나는 문제들, 즉 진정한 의사소통의 부족·가족 관계의 소원함·정서적 불안·집중력 부족 등의 문제점들이 더욱 심화될 것이다. 휴대폰이 기술적으로 아무리 발전하더라도 이러한 문제가 해소되리라고 기대하기는 힘들다. 왜냐하면 이러한 문제의 근본 원인이 대리 만남에 있고, 휴대폰을 이용하는 한 이러한 한계를 벗어날 수 없기 때문이다.

　제시문 (마)의 '연애'처럼 특별한 경우에 대리적인 만남이 직접적인 만남보다 좋을 수도 있다. 하지만 휴대폰을 통한 대리 만남은 어디까지나 직접적이고 실체로서의 만남을 전제로 한 것이다. 대리 만남은 피와 살이 있는 실체적 인간으로서의 만남을 보조하는 부수적인 것이다. 이러한 대리 만남과 그것을 가능하게 하는 휴대폰에 의존함으로써 생기는 인간관계의 소원함, 정서 불안 등을 해소하기 위해서는 우선은 실체로서의 만남을 더 가치 있게 인식해야 한다. 다음으로는 대리 만남의 단점을 최소화하는 방안을 찾아야 한다.

　구체적으로 일정한 시간이나 공간을 설정하여 지정된 시간과 공간에 한해서는 휴대폰 등의 통신 수단을 통한 대리 만남을 통제하는 방법을 생각해 볼 수 있다. 또한 학교나 지역 사회 단위로 직접 만남의 행사를 통한 공동체 문화를 활성화하여 실체로서의 만남이 주는 기쁨과 가치를 체험하게 하는 방법도 좋을 것이다.

학생 1의 답안	
논제 1	휴대전화는 전파를 이용한 무선통신기기이다. 전파에는 여러 가지 특성이 있는데 그중 하나가 바로 회절 현상이다. 회절 현상으로 인해 전파가 장애물을 넘어가서 멀리 떨어져 있는 사람과 통화를 가능케 해 주는 것이다. ① <u>또한 전파의 속력은 파장의 길이와 주파수의 곱으로 나타낼 수 있는데,</u> 전파의 속력은 3×10^8 m/s로 일정하기 때문에 파장의 길이와 주파수는 서로 반비례 관계이다. 그리고 ② <u>주파수가 클수록 직진성이 강하고,</u> 파장이 길수록 회절 현상이 더 잘 일어나기 때문에 평원에서는 직진성이 강한 PCS폰을, 산이나 장애물이 많은 지형에서는 셀룰러폰을 사용해야 한다.
첨삭 지도 내용	① 문제의 핵심을 잘 파악하고 있습니다. 다만 수리과학논술의 특성상 간단한 수식을 사용하면 좋겠죠. 　$(V = C = \lambda \times f)$ ② 왜 직진성이 강한지 부연하고, 주파수의 크기를 제시하면 금상첨화겠죠.
논제 2	① <u>2G 010 전환 이후 국번호를 배정할 때 유의해야 할 점이 있다.</u> ② <u>통신사에서는 황금 번호를 판매를 한다.</u> 그렇기 때문에 국번호를 배정할 때 기존의 통신사가 황금 번호를 따기 위해 서로 노력을 할 것이다. 그러므로 배정을 할 때는 한 통신사 쪽으로만 유리하도록 배정되어서는 안 된다. 그리고 소비자들의 권리도 보장되어야 한다. 소비자들도 좋은 번호를 얻기를 원하기 때문에 소비자들의 입장 또한 고려해야 한다. ③ <u>마지막으로 번호를 겹치게 해서는 안 된다. 번호를 겹치게 하면 중복 통화가 되기 때문에 사용할 수 없다.</u>
첨삭 지도 내용	① 도입부분에 제시문이나 논제의 핵심적인 주장요약을 넣었으면 더욱 좋지 않을까? ② 논리적인 주장이 아니라 이후의 다른 주장들과 병렬관계를 이루지 못하고 있다. ③ 마지막 마무리가 글 전체의 내용을 요약하지도 않고, 주장을 정리하여 나타내지도 않는다.
총평	수학논제와 함께 제시되어서인지 수학문제 풀이를 하듯이 학생들이 답안을 내었다. 표를 완성하는 것과 별개로 논제에서 요구하는 것이 무엇인지, 제시문에서 어떠한 내용을 논제를 해결하기 위해 따올 것인지에 대한 고민이 요구된다고 하겠다. 답안이 너무 짧아 내용을 다 담지 못하였다.

학생 2의 답안	
논제 2	① <u>010 통합번호를 시행하는 과정에서 통신위원회는 기존 세 자리를 유지하면서 국번호를 4자리로 바꾸기 위한 방법들을 제시했다.</u> 먼저 기존 세 자리 국번호를 초대한 유지하면서 앞에 한자리를 추가하는 방법이다. 이 방법에서는 여러 기업들이 앞의 한 자리수를 골든 번호로 차지하기 위해서 치열한 경쟁을 벌일 것이다. 이에 대비해 ② <u>통신위원회에서는 각 기업에 번호 할당제를 추진하여 분란을 잠재워야 할 것이다.</u> 또 다른 방법으로 네 자리 국번호 앞자리를 바꾸는 방안이다. 여기서도 골든 번호의 독점을 막기 위해 할당제를 실시하거나 추첨제를 실시하는 것도 좋은 방법이다.

첨삭 지도 내용	① 학생 1에 비해서 논제와 답안을 연결하려 하였으나 이 답안에도 서론이 필요할 듯하다. ② 문제의식에 대한 나름의 해답이겠으나 단정적인 결론은 곤란하다.
총평	이 답안도 내용이 좀 더 보강되어야 할 정도로 짧다. 논리적인 전개와는 상관없이 단정적인 결론이 도출되어 있으므로 여러 입장을 가진 사람들과 타협을 할 수 있는 방향을 제시하고 있지 못하다.

	학생 3의 답안
논제 3	가입률이 3%씩 증가한다는 것은 전년 가입률에 ① 1.03을 곱해주면 되고, ② 90%가 넘어가는 것이 언제인지 알아보려면 79%에서 1.03을 몇 번 곱해야 90%가 넘어가는지 알아보면 된다. 다섯 번 곱하면 약 92%가 된다. 곱한 횟수와 소요되는 연도 수가 일치하므로 가입률이 90%가 넘어가는 것은 2005년에 비해 5년 후부터인 2010년부터일 것이라 전망된다.
첨삭 지도 내용	① 지수문제를 해결하는 전략을 잘 세웠다. ② 구하는 것이 무엇인지 정확하게 파악하였다.
총평	논제에서 요구하는 바를 정확하게 파악하고 올바른 계산을 통하여 전망을 내어놓았다.

			학생 4의 답안
			2G 010 전환 이후 국번호
논제 2	011 3자리	011-200~499	010-1200~1499
		011-500~899	010-1500~1899
	011 4자리	011-9000~9499	010-2000~2499
		011-9500~9999	010-2500~2999
		011-1700~1799	010-3700~3799
	017 3자리	017-200~499	010-7200~7499
		017-500~899	010-7500~7899
	016 3자리	016-200~499	010-5000~5499
		016-500~899	010-5500~5999
	016 4자리	016-9000~9499	010-5000~5499
		016-9500~9999	010-5500~5999
	018 3자리	018-200~499	010-8200~8499
		018-500~899	010-8500~8899
	019 3자리	019-200~499	010-9200~9499
		019-500~899	010-9500~9899
	019 4자리	019-9000~9499	010-0000~0499
		019-9500~9999	010-0500~0999

<table>
<tr><td rowspan="3">첨삭
지도
내용</td><td>① 각 통신사별로 국번호를 겹치지 않게 잘 나누었다.</td></tr>
<tr><td>② 단순히 이통사의 식별번호를 따서 국번호 앞 한자리를 추가함으로써 문제를 해결하였을
뿐이다.</td></tr>
<tr><td>③ 국번호 앞 한자리를 추가하는 것 이외의 다른 창의적인 방법이 보이지 않아서 안타깝다.</td></tr>
</table>

2. 통합 교과 논술 (2) : 과정화 모형—비행과 삶

01 출제 의도

제시문은 통합교과형의 논술 유형 중 과정화 모형에 근거하여 구성하였다. 여러 사람이 함께 비행기를 이용한 외국 여행을 계획하고 실제 비행을 하면서 겪게 되는 다양한 상황들을 구성한 것이다. 먼저 여행 목적 및 목적지와 관련하여 사회과(경제)에서 선택의 문제를 제시하였다. 다양한 상황에서 가장 합리적인 선택을 찾아가는 내용이다. 다음으로 비행기 내에서 여행자들의 서비스에 관련된 상황을 수학과에서 조합의 형태로 제시하였다. 수학적으로 가능한 조합을 선택하는 내용이다. 셋째, 비행기 내에서 비행의 원리와 관련된 역학의 내용을 과학과(물리)에서 구성하였다. 유체역학에 대한 기본적인 내용으로 구성하였다. 마지막으로 비행과 관련된 문학 작품을 국어과에서 구성하였다. 비행의 원리를 인생의 목적과 관련시키는 내용으로 구성하였다.

우리의 생활은 분과적인 학문의 영역처럼 분절되어 나타나지 않는다. 모든 학문의 영역은 생활 속에서 통합되고 그 자체가 생활이 된다. 생활에서는 편협한 개별 학문의 지식보다는 통합적인 지식이 요구되는 것이다. 본 논술에서는 이러한 모습을 '비행'이라는 생활의 요소와 연계하여 사회과, 수학과, 과학과, 국어과의 통합적인 접근을 시도하였다.

또한 논제도 통합의 기본 방향을 반영하였다. <논제 1>이 수학적 조합의 원리라면 <논제 2>는 이러한 조합과 관련하여 경제학의 게임이론에서의 보수행렬에 대한 논제를 출제하였다. 또한 <논제 3>은 물리학의 유체역학의 원리를 현실에 적용한 내용이라면 <논제 4>는 유체역학을 삶의 태도와 연계한 내용으로 출제하였다. 이처럼 제시문과 논제 모두에서 학문 간 통합의 기본 정신을 반영하였다.

02 배경 지식

제시문 (가)

- **경제학**

  (1) 경제학 : 선택에 대한 학문—희소성의 상황에서 가장 최선의 선택(소비자 : 효용 극대화, 생산자 : 이윤 극대화)

  (2) 경제학적 인간 : 합리적 선택을 하는 인간으로 가정(정보를 분석하여 가장 올바른 행동을 선택)—반

대 : 비합리적 소비(사재기, 모방소비, 과소비, 과시소비)는 경제학적 인간의 행동이 아님의 기본원리

(3) 이기적 인간 : 자신의 이익과 경제적 이윤을 추구하는 즉 경제적 유인에 반응하는 인간—'모든 선택에는 대가가 따른다', '사람들은 경제적 유인에 반응한다.'

• 경제학의 비용과 균형

(1) 기회비용 : 포기에 따른 비용+실제 사용 비용—'선택의 대가는 그것을 얻기 위해 포기한 것이다.'

(2) 균형 : 시장 균형(수요와 공급의 일치 지점)—다양한 요구들이 합치되는 지점
- 모든 정보의 공유 : 모든 경제 주체가 자신의 이익추구, 이익의 일치점 찾음
- 정보 불균형 : 많은 정보를 가진 사람 유리, 다른 사람 손해→시장 불균형

(3) 환율 : 환율이 내림(우리 돈의 가치 상승—평가절상),
환율이 오름(우리 돈의 가치 하락—평가절하)

• 경제학의 10대 원리(맨큐의 경제학)

(1) 모든 선택에는 대가가 있다
(2) 선택의 대가는 그것을 얻기 위해 포기한 그 무엇이다.
(3) 합리적판단은 한계적으로 이루어진다.
(4) 사람들은 경제적 유인에 반응한다.
(5) 자유거래는 모든 사람을 이롭게 한다.
(6) 일반적으로 시장이 경제활동을 조직하는 좋은 수단이다.
(7) 경우에 따라 정부가 시장성과를 개선할 수 있다.
(8) 한 나라의 생활수준은 그 나라의 생산능력에 달려 있다.
(9) 통화량이 지나치게 늘면 물가는 상승한다.
(10) 단기적으론 인플레이션과 실업 사이에 상충관계가 있다.

제시문 (나)

• 순열과 조합(서로 다른 n 개에서 r 개를 선택)

(1) 순서를 생각한다. 중복을 허락하지 않는다.$\Rightarrow$ 순열 $_nP_r = n(n-1)(n-2)...(n-r+1)$
$$0 \leq r \leq n$$

(2) 순서를 생각한다. 중복을 허락한다. $\Rightarrow$ 중복순열 $_n\pi_r = n^r$

(3) 순서를 생각하지 않는다. 중복을 허락하지 않는다. $\Rightarrow$ 조합 $_nC_r =_n C_{n-r} = \dfrac{_nP_r}{r!}$ $0 \leq r \leq n$

(4) 순서를 생각하지 않는다. 중복을 허락한다. $\Rightarrow$ 중복조합 $_nH_r =_{n+r-1} C_r$

(5) $_nC_r = \dfrac{_nP_r}{r!} = \dfrac{n!}{r!(n-r)!}$ $\quad _nC_0 =_n C_n = 1$

(6) $_nC_{n-r} = \dfrac{n!}{(n-r)!\{n-(n-r)\}!} = \dfrac{n!}{(n-r)!r!} =_n C_r$

(7) 분할(조편성) : 동수인 것이 n조일 때는 $n!$로 나눈다.

서로 다른 n 개의 물건을 p 개, q 개, r 개 (단, $p+q+r=n$)의 3조로 나누는 방법의 수는

1) p, q, r 이 서로 다르면 ${}_nC_p \times {}_{n-p}C_q \times {}_rC_r$

2) p, q, r 중 어느 두개가 같으면 ${}_nC_p \times {}_{n-p}C_q \times {}_rC_r \times \dfrac{1}{2!}$

3) $p=q=r$ ${}_nC_p \times {}_{n-p}C_q \times {}_rC_r \times \dfrac{1}{3!}$

• 베르누이의 정리 (Bernoulli's theorem)

점성(粘性)이 무시될 수 있는 완전 유체(流體)에서 그 밀도가 흐름을 따라 변화하지 않고(물은 이것의 전형적인 예이다), 더욱이 정상적으로 흐르는 경우 유선을 따라서 관계식,

$$H = p + (1/2)\rho v^2 + \rho\Omega$$

가 성립한다는 정리. 1738년 스위스의 수학자 D. 베르누이가 발표하였다. 여기서 p 는 정압, ρ 는 유체의 밀도, v 는 유속이다. Ω 는 유체에 작용하는 힘 F 의 퍼텐셜이다. 지구 위의 중력인 경우 Ω 는 $\Omega = gz$ 로 나타내진다. g 는 중력가속도, z 는 임의의 기준점에서 측정한 유체의 높이를 나타낸다. 베르누이 정리는 운동방정식을 적분하여 얻어진 것으로, 유선 위에서 유체의 에너지 H 가 보존된다는 것을 나타낸다. H 의 첫째항은 압력에 의해 축적된 퍼텐셜에너지, 둘째 항은 운동에너지, 셋째 항은 위치에너지를 나타낸다. 베르누이 정리는 여러 가지 유체 현상의 설명이나, 유량이나 유속이 측정기에 이용된다. 한편 베르누이의 정리는 보다 일반적인 유체에 관하여 확장시킬 수 있다. 유체의 밀도 ρ 가 압력 p 의 함수로서 나타내지는 경우는,

$$p = \int^p \frac{dp}{\rho}$$

를 이용하여 $H = p + (1/2)v^2 + \Omega$ 가 일정하게 된다. 흐름이 정상적은 아니지만 소용돌이가 없는 경우 흐름의 속도 v 는 속도퍼텐셜 Φ 로 나타낼 수 있다. 이 경우,

$$f(t) = \frac{d\Phi}{dt} + p + \frac{1}{2}v^2 + \Omega$$

는 소용돌이가 없는 전(全)영역에 걸쳐서 보존된다. 이것을 압력방정식 또는 일반화한 베르누이의 정리라 한다.

• 연속방정식

물이 관 속을 흐르는 경우 단위 시간에 흐르는 유량은 어느 단면적에서도 일정하다. 즉, 관의 어느 곳에서나 흘러 들어오는 물의 양과 흘러 나가는 물의 양은 같다. 연속 방정식을 공식으로 나타내면 다음과 같다.

$$A_1 V_1 = A_2 V_2$$

여기서 A_1, A_2 :관의 단면적, V_1, V_2 :유속

따라서 유체가 흐르는 단면이 축소되면 유속은 빨라지고, 그 반대의 경우 유속은 느려진다. 예를 들어 물이 흐르는 호스를 손으로 누르면 관의 단면적이 좁아져 물줄기가 멀리 나가는데 이는 연속 방정식을 이용한 것이다.

주인공 조나단 리빙스턴 시걸의 험난한 삶의 여정처럼 <갈매기의 꿈> 역시 처음에는 철저히 외면당해 열여덟 군데의 출판사들로부터 출간을 거절당했다. 하지만 서부 해안의 젊은 세대들과 히피들이 손으로 베껴 써 가면서 이 작품을 돌려 읽기 시작했고, 그것이 몇 해에 걸쳐 조금씩 퍼져가 이윽고 널리 읽히게 되었다. 뉴욕 맥밀란 출판사에서 처음으로 정식 출간되 뒤 1975년까지 미국에서만 7백만 부가 판매되었다.

책에 수록된 갈매기 사진은 예일 대학교 출신의 사진 작가 러셀 먼슨의 작품이다. 그 역시 어렸을 때부터 비행기 사진을 찍었으며, 평생에 걸쳐 비행과 사진에 관한 일을 해왔다. 그는 자신이 소유한 파이퍼 슈퍼 컵 경비행기를 타고서 이 책에 실린 갈매기 사진들을 찍은 것으로 유명하다.

책이 세상에 출간되자 성직자들은 신의 영역에 도전하는 오만의 죄로 가득한 작품이라고 비난했으며, 문학계에서조차 이 작품을 인정하지 않아 어떤 상도 수상할 수 없었다. 하지만 출간 몇 해만에 미국 문학 사상 최대의 베스트셀러였던 <바람과 함께 사라지다>의 판매 기록을 뛰어넘는 세계적인 작품이 되었으며, <타임>지는 리처드 바크를 커버 스토리로 다루면서 '지난 수십 년 동안 출판계의 가장 놀라운 기적'이라 평했다.

그의 이야기는 단순하고, 현란한 문학적 수사를 자랑하지 않는다. 하지만 그의 대표작 <갈매기의 꿈 Jonathan Livingstone Seagull>과 <환상 Illusions>, <소울메이트 The Bridge Across Forever> 등을 읽은 사람이라면 그 속에 담긴 메시지가 시대를 초월하고, 문화와 종교와 유행을 뛰어넘는다는 사실을 깨달을 것이다.

어느덧 불후의 명작이 된 이 작품들을 통해 리처드 바크는 수백만 명의 의식 세계에 크나큰 영향을 미쳤다. 그의 메시지는 의존보다는 자유를, 기존 질서에의 순응보다는 진정한 삶을 향한 껍질깨기를, 몇몇 선택된 자만이 위대한 인물이 아니라 인간 모두가 위대함의 가능성을 내면에 간직하고 있다는 깨달음의 소식을 담고 있다. 그의 작품은 과거와 미래의 대화, 시간과 공간의 초월, 유체 이탈, 영원의 다리를 건너는 만남 등으로 채워져 있다. 모든 존재가 가진 초월적 능력, 고통스런 비상 끝에 찾아오는 진정한 자아의 실현, 무한한 자유의 가능성을 일깨우고 있다. 단지 먹고 사는 것에 안주하지 말 것, '가장 높이 나는 새가 가장 멀리 본다'는 삶의 진리를 결코 잊지 말 것을 우리에게 요구하고 있다.

— 류시화, 「갈매기의 꿈」, p.103~105

03 | 제시문 분석

가 네 학생이 외국 여행을 계획하는 과정에 대한 내용이다. 여행지를 선택하기 위해서는 자신의 목적과 비용에 대한 고려가 필요하다. 따라서 각 학생들은 경제적 기본 원리에 따라 자신의 이익과 포기 비용에 대한 고려가 필요하다. 표에서 제시된 내용이 각자의 여행에 따라 이득을 나타낸 것이다. 이 때 올바른 선택은 포기하는 비용 즉 기회비용이 가장 작은 '독일'이 될 것이다. 하지만 이 때 여행 경비 즉 실제 비용을 고려하면 독일은 200만원의 손해가 날 것이다. 따라서 미국과 영국이 각각 100만원의 이익을 볼 수 있기 때문에 기회비용 면에서 좋은 여행지가 될 수 있다. 여기서 다른 조건으로 최근 환율의 변화를 제시하고 있다. 원화의 대비 달러 환율이 내려가고 있지만, 유로화에 대해서는 올라가고 있다. 따라서 여행자의 입장에서는 환율이 내려가는 미국을 선택하는 것이 여행 경비를 줄이는 선택이 된다. 따라서 경제학을 고려한 여행지로 미국을 선택하게 된 것이다.

본 제시문에 나타난 내용은 경제학적 선택의 기본 원리에 대한 것이다. 합리적인 선택을 위해서는 기회비용을 고려하는 의사결정 과정이 필요하다. 이것이 자기의 만족의 최대화하고 비용을 최소화하는 선택인 것이다.

[논제 2]는 기본적인 경제원리에 기초하여 각자의 이익을 추구하는 과정과 결과에 대한 내용이다. 두 화장품 회사는 자신의 이윤을 극대화하기 위해 광고를 할 것인가를 결정해야 한다. 이때 선택 조합은 4가지로 주어지고 각자 자신의 이익을 극대화하는 지점을 찾으려 한다. 이는 제시문 (가)에서 주어진 '경제적 유인'과 '이윤 추구' 및 '기회비용'의 개념을 통해 설명이 가능하다. 그리고 가장 좋은 경제학적 선택의 원리는 게임이론에서 찾을 수 있다. 경제학의 '균형'의 개념을 사용하여 각 회사는 다른 회사의 전략을 생각하여 광고를 하려는 선택을 할 것이다. 하지만 보다 나은 이득을 얻기 위해서는 협상을 통해 광고를 하지 않는 선택을 할 수도 있다. [논제 2]에서는 이러한 시장에서의 기본 원리와 균형을 찾아가는 과정에 대한 설명을 요구하고 있다.

나   선택할 수 있는 종류와 그 선택권이 나에게 주는 자유도를 알아볼 수 있다. 문화메뉴는 음악, 영화, 드라마, 뉴스, 잡지 5가지 중에서 2가지를 내가 선택하여 즐길 수 있다. 간식메뉴는 과일, 비스킷, 주스, 포도주, 차, 빵, 쵸컬릿 등 7가지 중에서 3개를 선택하는 자유가 있다. 이러한 선택의 과정은 인생의 과정과 비슷하다. 각자가 언제나 선택의 귀로에서 자신의 선택에 대해 책임을 지면서 살아가는 것이다. 여행을 떠나든, 떠나지 않든 혹은 돈을 쓰든, 쓰지 않든 우리는 언제나 선택을 하면서 살아간다. 인간은 자신이 선택하지 않은 것이 무엇인지 그 자유도가 얼마나 되는지에 민감하게 반응한다. 이런 것이 바로 삶의 질을 결정하는 요소이기 때문이다.

다   비행기와 같이 유체 속에서 운동하는 물체에게 작용하는 힘에 대한 문제이다. 베르누이의 정리와 양력을 잘 이해하고 있으면 충분히 풀 수 있으며, 이러한 원리가 적용된 자연현상은 주위에서 쉽게 경험할 수 있다. 즉, 유속이 느린 곳의 압력이 크고 유속이 빠른 곳의 압력이 작으므로 압력이 큰 곳에서 작은 곳으로 작용하는 양력에 대한 문제이다. 이 원리는 과학 잡지나 과학 서적 등에서 자주 등장하는 소재이다.

라   「갈매기의 꿈」에 나오는 인물은 갈매기들이다. 삶의 태도에 따라 '조나단'과 다른 갈매기들로 나눌 수 있다. 조나단은 혼자만의 비행 연습 속에서 행복을 느낀다. 다른 갈매기들도 먹이를 획득하는 일상 속에서 행복을 느낀다. 그러나 이들의 삶은 이상을 추구하는 태도와 현실적 욕구에 충실한 태도로 구별된다. 조나단의 삶은 현실에 만족하지 못하고 이상을 추구하다 세상과 불화하여 고독한 삶을 살게 되는 인간의 모습을 보여준다. 조나단 외의 사람들은 현실적인 이익과 욕구에 충실하여 안전하고 편안한 삶을 오래도록 유지하려 한다. 조나단의 행위는 인간 사회에서 이상을 추구하는 사람의 모습을 잘 보여준다. 조나단의 선택은 비합리적이고 비경제적이고 자신의 현실적인 이익과도 배치되며, 그것으로 인하여 그는 추방까지 당하게 된다. 하지만 그가 실현하게 되는 이상은 그 자신은 물론이고 그를 추방한 사회 전체를 한 차원 높은 세계로 끌어올리게 된다.

「갈매기의 꿈」은 등장인물이 갈매기들이기 때문에 일종의 우화라고 할 수 있다. 우화 또한 일종의 비유이다. 비유를 논술에서 활용하려면 유비추리에 대한 이해가 필요하다. 유비 추리는 비유를 이용한 추리이기 때문이다. 문학에서는 비유를 비교의 언어적 표현이라고 한다. 우리는 일상생활에서 늘 비유적 표현을 쓰면서 살아가고 있다. '불꽃같은 사랑'이니, '입시 지옥'이니 하는 표현들이 모두 비유에 해당한다. 즉 무엇엔가 비교를 해야 구체적으로 실감하게 되는 것이다. 이렇게 보면 인생은 끊임없이 비교 행위를 되풀이 하는 과정이라고도 할 수 있겠다.

'불꽃같은 사랑'이라고 하면 단순한 비유에 불과하다. 그런데 이것을 [사랑과 불꽃은 다르지만, 뜨겁다는 점에서 같다. 불꽃은 언젠가는 꺼진다. 따라서 사랑도 언젠가는 끝난다.]와 같이 말하면 유비 추리가 된다. 하나의 논증이 되는 것이다. 고등학교 국어 교과서에 나오는 '황소개구리와 우리말'에서도 좋은 유비 추리의 예를 볼 수 있다. 이 글의 필자는 먼저 황소개구리와 참개구리의 관계가 영어와 우리말의 관계와 같다가 전제한다. 그리고 황소개구리 때문에 참개구리가 수난을 당하거나 사라질 위험에 있다는 또 하나의 전제를 근거로 영어 때문에 우리말이 수난을 당하거나 사라질 위기에 처한다는 주장을 하고 있는 것이다.

「갈매기의 꿈」도 이런 식의 유비 추리로 정리해 볼 수 있다. 갈매기 조나단과 이상을 추구하는 사람은 먹고 사는 현실적인 욕구를 중요하게 여기지 않고 자신의 꿈을 실현하기 끊임없이 노력한다는 점에서 같다. 이러한 점을 근거로 조나단 갈매기가 겪게 되는 시련과 좌절, 그리고 꿈을 실현했을 때의 행복과 그것의 가치 등은 이상을 추구하는 인간의 그것과 비슷하다고 추리할 수 있게 된다. 유비 추리를 통한 논증은 증명적 논증이 될 수는 없다. 논리적인 타당성도 약한 편이다. 그러나 매우 참신하고 창의적이면서 통합 교과적인 발상을 가능하게 하는 면이 있다.

04 | 예시 답안

논제 ❶

비행기에서 수빈이에겐 승객으로서 3번의 서비스 선택권이 주어진다. 각 기회마다 문화와 간식을 선택할 수 있다. 이를 구조화한다면 (문화, 문화, 문화), (문화, 문화, 간식), (문화, 간식, 간식), (간식, 간식, 간식)의 네 가지 방법의 수를 가진다. 각 경우의 가짓수를 구하여야 한다. 문화는 $_5C_1=5$, 간식은 $_7C_2=21$ 이므로, 문화 및 간식을 매회 마다 다르게 선택할 때 각각 $_5C_3=10$, $_5C_2\times_7C_2=210$, $_5C_1\times_7C_4=175$, $_7C_6=7$ 이다. 따라서 수빈이가 누릴 수 있는 서비스의 가짓수는 402가지이다. 그렇지만 만약 중복해서 각 서비스(문화 혹은 간식)를 이용한다면, 각각 $_5\pi_3=35$, $_5\pi_1\times_7\pi_4=210$, $_7\pi_2\times_5\pi_2=420$, $_7C_6=924$ 이다. 따라서 수빈이가 누릴 수 있는 서비스의 가짓수는 1589가지이다. 비행기 승무원에게 이렇게 많은 선택권이 있다는 사실을 알고 있는지 물어볼 일이다.

논제 ❷

모든 경제적 주체는 최대한 합리적 선택을 하기 위해 노력한다. 이때 선택은 포기하는 비용인 기회비용이 작은 선택 즉 이익이 가장 큰 선택을 해야 한다. 특히 자본주의에서는 다양한 선택상황에서 경제적 유인이 큰 선택이 필요하다.

문제에서 나타난 '지성'과 '감성'의 두 화장품 회사도 자기 이익을 최대화하는 경제적 유인에 반응할 것이다. 이 때 각자가 선택할 수 있는 시장 전략은 '두 회사 모두 광고 포기', '지성 광고-감성 광고 포기', '지성 광고 포기-감성 광고', '두 회사 모두 광고'의 네 가지가 나올 수 있다. 이 때 광고비는 10억이고, 광고 효과는 다른 회사 시장의 40% 잠식 즉 20억의 이익이 된다. 따라서 각각의 선택에 따른 이익은 '지성 : 감성'에서 각각 '40억 : 40억, 60억 : 30억, 30억 : 60억, 50억 : 50억'이 될 것이다.

각 회사는 위의 보수행렬을 가지고 자신의 기회비용을 고려하여 선택을 하게 된다. 우선 가장 큰 이익은 자기는 광고를 하고 다른 회사는 광고를 하지 않는 경우이다. 하지만 다른 회사에서는 자기의 이익이 낮아지는 행위를 하지는 않을 것이다. 결국 시장 경제 상황에서 합리적 선택은 각자 자신의 이익을 추구하는 과정에서 광고를 하여 상호 시장을 잠식하지 못하고 10억씩의 광고비를 사용하여 각각 40억의 이윤을 가지는 선택을 할 것이다. 이 선택이 화장품 시장에서의 균형점이 될 수 있다.

하지만 이러한 선택은 두 회사에 각각 10억의 손해가 된다. 이러한 선택이 계속될 경우 결국 두 회사는 상호 협의를 통해 손해를 줄이려고 할 것이다. 즉 두 회사는 '담합'을 통해 광고를 하지 않고 각각 50억의 이윤을 취하는 것이다. 이때의 선택도 시장의 균형이 된다. 하지만 '담합'에 의한 균형은 시장 경제의 공정 경쟁의 원리에 어긋나는 행위이기 때문에 법으로는 금지하고 있다.

시장에서는 항상 선택의 문제가 놓여있고 인간은 자기의 이익을 극대화하는 선택을 하려고 한다. 이러한 자기 이익을 극대화하는 과정에는 타인의 선택에 대한 고려도 필요하다. 즉 시장 경제는 상호 연계된 선택들의 최선의 지점에서 '균형'을 찾을 수 있는 것이다.

논제 ❸

비행기가 하늘을 날 수 있는 이유는 비행기에 작용하는 지구 중력과 같은 크기의 양력이라는 힘이 날개에서 발생하기 때문이다. 양력이 발생하는 근본 원리는 뉴턴의 제3 운동법칙인 작용과 반작용의 원리와 베르누이 정리로 설명할 수 있다. 날개 주위를 흘러 지나간 공기는 날개 뒤에서 아래로 밀려나게 되는데, 이렇게 공기를 아래로 미는 반작용으로 날개는 양력이라는 힘을 발생시킨다. 이렇게 양력이 생기려면 비행기가의 속력이 빨라야 하는데 이륙하는 비행기는 속력을 얻기 위해 활주로를 힘차게 달리는 모습을 볼 수 있다. 또한 베르누이의 원리는 유체의 흐름이 빠른 곳에서는 압력이 낮아진다는 것이다. 날개가 공기를 내리누르는 자세(이륙)를 취하면 공기가 날개 윗면을 돌아서 지나가는 구간에서 속도가 매우 빨라져서 압력이 낮아지는 반면, 날개의 아랫면에서는 날개에 의해 눌려서 공기압이 높아져 상하 압력 차이만큼 위로 향하는 힘(양력 또는 압력)이 생긴다.

양력은 비행기가 나는 원리로 널리 알려져 있지만 양력의 예는 매우 다양하다. 항공기나 배의 프로펠러, 헬리콥터의 날개, 돛단배의 돛, 경주용 자동차의 날개, 풍차 등의 운동도 양력으로 설명할 수 있다.

논제 ❹

사람들은 궁극적으로 행복을 추구한다. 조나단은 혼자만의 비행 연습 속에서 행복을 느낀다. 다른 갈매기들도 먹이를 획득하는 일상 속에서 행복을 느낀다. 민재 일행이 여행에서 경제적으로 선택하는 것 또한 행복한 삶을 추구하는 행위다. 그러나 이들의 삶은 이상을 추구하는 태도와 현실적 욕구에 충실한 태도로 구별된다. 조나단의 삶은 현실에 만족하지 못하고 이상을 추구하다 세상과 불화하여 고독한 삶을 살게 되는 인간의 모습을 보여준다. 조나단 외의 사람들은 현실적인 이익과 욕구에 충실하여 안전하고 편안한 삶을 오래도록 유지하려 한다. 이러한 삶을 위해서는 가장 합리적이고 경제적인 선택을 하게 된다.

비행기가 날아오르기 위해서는 지상으로부터 분리되지 않을 수 없다. 그리고 양력을 일으킬 수 있는 일정 수준 이상의 속도를 확보할 수 있는 지속적인 추진력이 있어야 한다. 수많은 실패와 좌절을 이겨낸 끝에 비행기라는 교통수단은 그 이전에 비해 전혀 새로운 차원의 세계를 열어 보이고 있다.

이상을 추구하는 사람 역시 자신이 살고 있는 사회로부터 어느 정도 분리되는 것을 각오해야 한다. 또한 자신이 속한 사회의 저항을 견디고 이겨낼 수 있는 힘과 끈기가 있어야 한다. 이러한 힘과 끈기로 수많은 실패와 좌절을 이겨내야 꿈을 실현할 수 있다. 조나단의 행위는 인간 사회에서 이상을 추구하는 사람의 모습을 잘 보여준다. 조나단의 선택은 비합리적이고 비경제적이고 자신의 현실적인 이익과도 배치되며, 그것으로 인하여 그는 추방까지 당하게 된다. 하지만 그가 실현하게 되는 이상은 그 자신은 물론이고 그를 추방한 사회 전체를 한 차원 높은 세계로 끌어올리게 된다.

05 | 학생 답안

학생 1의 답안	
논제 1	① 우선 기회마다 문화와 간식을 선택하는 방법 가짓수를 구하면 문화는 $_5C_1=5$, 간식은 $_7C_{2=21}$이다. 이때, 메뉴를 고를 수 있는 기회가 3번 주어지는데, 각 기회마다 문화 중 1개, 혹은 간식 중 2개를 선택할 수 있다고 했으므로 4가지 선택 방법이 나온다. 첫째, 문화메뉴만 선택, 둘째, 문화메뉴 2번 간식메뉴 1번, 셋째, 문화메뉴 1번 간식메뉴 2번, 넷째, 간식메뉴만 3번 선택하는 방법이 있다. 각각 ② $_5C_3=10$, $_5C_1 \times _7C_4=175$, $_7C_2 \times _5C_2=210$, $_7C_6=7$ 이다. 총 경우의 수를 모두 더하면 402가지가 나온다. 따라서 ③ 수빈이가 누릴 수 있는 서비스의 가짓수는 402가지이다.
첨삭 지도 내용	① 논제를 해결할 때 무슨 이야기를 할 것인지를 간단하게 요약할 필요가 있다. ② 이 학생은 문화 혹은 간식을 선택할 때 중복해서 선택하는 것은 배제한 상태에서 전개하고 있다. ③ ②에서 중복해서 선택한 경우를 설명하면 더욱 좋은 답이 될 것이다.
총평	간단히 자신의 생각을 잘 요약하여 적었다. 그러나 논제가 요구하는 것이 무엇인지 곱씹을 필요가 있겠다. 선택을 할 적에 같은 것을 두 번 혹은 세 번 선택할 수도 있음을 고려하지 않았다. 만약 그렇게 된다면 훨씬 다양한 선택을 할 수 있을 것이다.

논제 2의 답안	
학생 1	두 화장품 회사의 선택 가능한 조합은 4가지가 있다. ① 두 회사 모두 광고를 하지 않는 경우, '지성' 회사만 광고를 하는 경우, '감성' 회사만 광고를 하는 경우, 그리고 두 회사 모두 광고를 하는 경우이다. 먼저 두 회사 모두 광고를 하지 않으면 50억씩 이윤을, 둘 중 한 회사만 광고를 한다면 광고를 한 회사는 50억－10억＋20억, 즉 60억을 이윤으로, 광고를 하지 않은 회사는 50억－20억, 즉 30억을 이윤으로 가진다. 두 회사 모두 광고를 할 경우에는 상대방 회사 시장 잠식이 의미가 없어지므로 이익에서 광고료를 뺀 40억 씩을 이윤으로 가진다. ② 이익은 두 회사 모두 광고를 하지 않을 경우가 균형적으로 높지만, 만약 모두 광고를 하지 않다가 한 회사가 광고를 해 버리면 시장의 균형이 깨진다. 따라서 두 회사 모두 광고를 해서 ③ 지속적인 균형을 유지하는 것이 좋은 선택이다.
첨삭 지도	① 4가지 조합은 행렬에 맞추어 맞게 구성되고, 이윤을 분석하는 과정도 논리적이다. ② 시장에 대한 분석 과정에서 경제학적 용어의 사용이 아쉽다

내용	③ 앞에서 제시한 지속적인 균형과 내용이 상반된다.
총평	학생은 주어진 문제를 정확하게 분석하는 글을 보여주고 있다. 선택의 조합과 계산을 모두 올바르게 이루어지고 있다. 하지만 본 논제에서는 제시문의 경제학적 논리를 이용하여 문제를 해결하도록 요구하고 있다. 학생의 글에서는 일반적인 문제 해결의 과정만 제시되고 경제적인 논리로서 '기회비용', '이윤 추구' 등의 개념이 사용되고 있지 않다. 또한 문제에서 제시한 게임이론의 과점 시장에 적용에 대한 이해가 부족하다. 즉 광고를 하지 않는 최선의 선택에 대해 중간 정도에서 언급과 달리 마지막에서 광고를 하는 것을 최선의 선택으로 보고 있는 것이다. 이는 이론적인 내용에 대한 이해 부족으로 보인다.
학생 2	두 화장품 회사 '지성'과 '감성'이 선택 가능한 조합에는 4가지가 있다. 두 회사 모두가 광고를 하지 않는 경우, '지성' 또는 '감성' 중 한 곳만 광고를 하는 경우, 마지막으로 두 회사가 다 광고를 하는 경우이다. ① 이 다양한 선택에 따라 두 회사가 취하게 될 이익도 ② 50억/50억, 60억/30억, 30억/60억, 40억/40억으로 다양하다. 두 회사는 모두가 보다 많은 화장품을 팔아서 최대의 이윤을 남기고자 광고를 할 것이다. 하지만 두 회사 모두가 광고를 하게 되면 결국 광고비만 총 20억을 지출하고 이윤은 광고를 안 했을 때 보다 이윤도 10억씩 감소하게 된다. ③ 두 회사가 이 모든 가능한 조합과 그에 따른 결과를 안다면, 그리고 서로 광고를 하지 않기로 어떤 약속을 한다면 최고의 선택이 될 것이다. 어느 한 쪽이라도 광고를 했을 경우 발생하는 광고비, 즉 기회비용도 없앨 수 있기 때문이다. ④ 서로 믿음 하에서 광고를 하지 않는 것. 이것이 이상적인 방법이지만 욕심과 이기적인 본성에 의해 결국을 모두 광고를 하고 말 것이라고 생각한다.
첨삭 지도 내용	① '이', '그' 등의 지시대명사는 구어적 표현이다. ② 상호 이익이기 때문에 '50억/50억' 보다는 '50억 : 50'억이 맞다. ③ 보다 간결한 문장으로 표현하는 것이 필요하다. ④ 심리 분석을 통해 게임이론의 기본적인 전략을 논의하고 있다.
총평	학생은 자기의 시각을 가지고 논제를 분석하였고, 제시문을 바탕으로 논제를 해결하고 있다. 또한 글의 전체적인 구조도 안정되어 있다. 결론 부분의 내용에서는 인간의 심리적인 부분까지 심도 있게 논의하고 있다. 하지만 선택의 과정에서 제시문의 경제학적 용어를 사용하지 않은 것은 논제에 충실하지 못한 서술이다. 또한 상황이 지속적으로 주어질 경우 새로운 '균형'을 찾아가는 시장에 대해서 논의가 부족하다. 이는 이론적인 내용의 보완 속에서 보다 나은 글이 될 것으로 생각된다.

논제 3의 답안

| 학생 1 | 비행기와 같은 무거운 물체가 하늘을 날 수 있는 원리는 양력이라는 힘을 받기 때문이다. 비행기 날개의 위쪽과 아래쪽은 모양이 서로 다른데 아래쪽은 직선에 가깝고 위쪽은 유선형이다. 비행기가 앞으로 나아갈 때 날개 위쪽을 지나는 공기는 날개 아래쪽을 지나는 공기에 비해서 더 긴 거리를 가야하므로 속력이 아래쪽 공기에 비해 더 빠르다. 베르누이의 정리에 의해 유체의 속력이 빠르면 압력이 낮아지므로 날개 위쪽의 공기는 압력이 낮아지고 반대로 아 |

206	래쪽의 공기는 압력이 높아진다. 따라서 날개는 아래쪽에서 위쪽으로 힘을 받는다. ① 위와 같은 원리로 설명되는 현상은 분무기에서 물을 뿜을 때와 축구공을 회전시켜 진로를 휘게 할 때 관찰할 수 있다.
첨삭 지도 내용	① 분무기나 축구공의 예를 들 때 적용되는 원리를 설명하였으면 더욱 좋지 않을까?
논제 2	베르누이의 정리에 의하면 유체는 속력이 빠를수록 압력은 감소한다. 비행기의 날개에도 이 원리를 적용할 수 있다. 비행기 날개는 아래쪽이 직선에 가깝고 위쪽은 유선형으로 볼록하게 되어있다. 따라서 공기가 날개의 위쪽을 지날 때는 먼 거리를 가야하므로 속력이 빠르고, 아래쪽을 지날 때는 짧은 거리를 가므로 속력이 느리다. 공기는 압력이 높은 아래에서 낮은 위쪽으로 ① 이동하므로 날개는 위쪽으로 힘(약력)을 받게 된다. 이와 같은 베르누이의 정리가 적용되는 현상으로는 청소를 할 때 고무호스를 꽉 움켜잡아 물의 속력을 증가시키는 것, 글라이더를 만들어 날릴 때, 원반던지기를 할 때, 축구에서 코너킥을 차서 공의 진로를 휘어지게 할 때 등이 있다.
첨삭 지도 내용	① 힘을 받으므로
총평	비행기가 날아오를 때 작용하는 양력이 왜 생기는지를 묻는 논제이다. 두 학생 모두 양력이 생기는 원리를 잘 이해를 잘 하고 있는 것으로 보인다. 같은 원리가 적용된 다른 예를 들 때 관련 원리와 함께 설명했으면 좋았을 것이다.

1. 2008학년도 서울대학교 모의논술(Ⅲ) – 인문

01 | 출제 의도

- 전형적인 통합 논술의 문제 유형이다. 논제 1에서 요약을, 논제 2에서 제시문 분석과 이해를, 그리고 문제 해결 가능한 반론 제시를, 논제 3에서 문제 해결 방안 및 자신의 의견 주장을 요구하고 있다.
- 단순히 자신의 주장을 일방적으로 전개하는 유형보다, 제시문에 대한 반론과 반론에 근거한 해결 방안을 요구함으로 보다 기존의 논술 문제보다 발전된 유형의 논제라 할 수 있다. 논제 2와 3의 해결을 위해서 학생들은 제시문의 정확한 분석을 통해 논거를 제대로 파악하는 일이 중요하다.
- 제시문 중 (나)와 (다)는 고등학교 도덕과 사회문화 교과서를 활용하였고, 주제 또한 정보화 사회에서의 이상적인 민주주의와 그 실현 가능성에 대한 모색으로, 교과서에서 다루는 익숙한 주제에 대한 이해의 폭과 비판적 사고력을 측정하는 문제이다.

02 | 논제 분석

논제 ❶

- 세 제시문의 공통적 주장의 요약을 요구하고 있다.
- 이를 위해 각 제시문의 논지와 논거를 제대로 파악한 후, 이를 바탕으로 공통적인 주장을 찾아 낸다.
- 요약시 주제와 중심 단어를 반드시 포함시키되, 문장을 옮겨서는 안되며, 자신의 주장 등 불필요한 요소가 들어가서도 안 된다.

논제 ❷

- 각 제시문의 핵심 주장을 파악해서 그에 대한 반론을 제시할 것을 요구하고 있다.
- 전체적인 주제는 정보화가 이상적인 민주주의에 기여한다는 내용이지만, 제시문마다 근거가 다르다. 따라서 각 제시문의 근거에 따른 반론을 펴야 한다.

- 논제 1과 2에서 논의된 바를 토대로 정보화 시대의 이상적인 민주화 방안 기술을 요구하고 있다.
- 논제 3의 해결을 위해 반드시 두 가지 요소가 포함되어야 한다. 첫째, 정보화 시대의 이상적인 민주주의에 대한 구상, 둘째, 정보화 시대 이상적인 민주주의를 위한 구체적인 방안이다.
- 이를 위해 논제 2에 드러난 민주주의와 관련된 정보화 사회의 문제점을 바탕으로 해야 한다. 그리고 그 문제점을 해결하는 방안을 기술하도록 한다.
- 논제 3은 반드시 논제 2와 일관성을 갖도록 유의한다.

03 | 제시문 분석

가   주장 : 정보통신 기술은 직접적인 주민 참여를 기초로 사실상의 직접 민주주의를 가능하게 할 것이다.

① 인터넷은 거리상의 문제와 제한된 의사소통이라는 문제를 해결했다.
② 인터넷을 통해 광범위하면서도 통제 받지 않는 쌍방향의 대화가 현실 정치의 중심이 될 것이다.
③ 자유롭고 평등한 분위기 속에서 여론 지도자들이 도처에 생겨날 것이다.

나   주장 : 가상공간에서 자유로운 표현은 많은 순기능을 한다.

① 가상공간에서 각자가 자신의 개성을 자유롭게 표현할 수 있으며, 그로 인해 자신의 역할 및 자아에 대해 깊게 인식할 수 있다.
② 가상공간에서의 자유로운 표현은 지적·감성적 개방성을 높이고, 포용력 있는 성향을 가지게 한다.
③ 가상공간에서 다양한 단체를 구성할 수 있다.
④ 가상공간에서 여러 민주시민의식을 기를 수 있다.

다   주장 : 정보통신 기술은 권력을 시민 사회에 분산시켜 새로운 민주주의가 실현될 것으로 전망된다.

① 개인 간의 연결망이 활성화되고, 새롭고 다양한 중간 계층이 형성될 것이다.
② 생산성과 효율성을 높여서, 그로인한 경제적 이익의 분배로 빈부 격차가 완화될 것이다.
③ 수평적인 사회 조직을 만들고, 정보에 대한 접근성을 증가시켜 권력차이를 감소시킬 것이다.
④ 주민자치를 활성화시키고 다양한 정치 참여의 기회를 열어준다.

04 | 논제 해결

세 제시문의 공통점은 '정보통신 기술의 발전은 민주주의 발전에 기여한다.'이며, 각 제시문마다 어떻게 기여하는지를 요약·정리해서 작성하도록 한다.

제시문 1	정보통신 기술은 직접적인 주민 참여를 기초로 사실상의 직접 민주주의를 가능하게 할 것이다.
제시문 2	가상공간에서 자유로운 표현은 많은 순기능을 한다.
제시문 3	정보통신 기술은 권력을 시민 사회에 분산시켜 새로운 민주주의가 실현될 것으로 전망된다.
공통주장	정보통신 기술의 발전은 민주주의 발전에 기여한다.

논제 ❷

각 제시문의 핵심 주장에 대한 반론을 제기한다. 제기할 수 있는 반론은 다음과 같다.

1) (가) 제시문 반론
   - 모든 사람들이 인터넷을 사용할 수 있는 것은 아니다. 예를 들어 노년층이나, 도서 벽지에 거주하는 사람의 경우 인터넷을 통한 참여가 어려운 경우가 많다.
   - 예를 들어 전세계 1억여명이 인터넷과 전화로 투표해 '세계 신 7대 불가사의'를 선정한 결과 앙코르와트가 있는 캄보디아 등 인터넷 보급률이 낮은 나라의 유적이 대부분 제외되었다.
   - 잘못된 정보로 여론을 호도할 수 있다.
   - 개인정보 유출 등 사생활 침해의 소지가 있다.
2) (나) 제시문 반론
   - 익명성으로 인하여 사이버 범죄, 사이버 폭력 등의 역기능이 있다.
   - 사이버상에서 무분별한 댓글 등으로 연예인 등이 피해를 보는 경우가 많다.
   - 현실과 다른 자아가 형성되어 사이버상에서 폭력적으로 변하는 등 정체성의 혼란을 겪는 경우가 있다.
3) (다) 제시문 반론
   - 정보 소유와 관련 새로운 빈부격차가 생길 수 있다
   - 정보가 자원이 되면서 정보 소유의 양극화가 나타날 수 있다.
   - 정보 접근 소외층의 경우 가난이 되물림될 가능성이 크다.

논제 ❸

논제 3은 논제 2와 연결된 문제이다. 논제 2를 바탕으로 정보화로 인한 이상적 민주주의 방해 요인과 해결방안을 제시하면 된다. 따라서 논제 3은 정보화 시대의 이상적 민주주의 모습, 이상적 민주주의의 방해 요인, 이를 해결하는 방안 등을 차례로 제시하도록 한다.

이상의 논제를 해결하기 위해 표로 나타내면 다음과 같다.

	주장	정보통신 기술은 직접적인 주민 참여를 기초로 사실상의 직접 민주주의를 가능하게 할 것이다.
1	반론	노년층이나, 도서 벽지에 거주하는 사람의 경우 인터넷을 통한 참여가 어려운 경우가 많다.
	대책	정보 소외 계층이 없도록 정부의 지원 등으로 도서벽지 등에 컴퓨터 보급 및 교육을 확대한다.
	주장	가상공간에서 자유로운 표현은 많은 순기능을 한다.
2	반론	익명성으로 인해 사이버 범죄, 사이버 폭력 등의 역기능이 있다.
	대책	정보통신윤리 교육을 강화하고 인터넷 실명제 등을 강화한다.

3	주장	정보통신 기술은 권력을 시민 사회에 분산시켜 새로운 민주주의가 실현될 것으로 전망된다.
	반론	정보가 자원이 되면서 정보 소유의 양극화가 나타날 수 있다.
	대책	카피레프트 운동 전개 등

05 | 학생 답안

논제 ❶, ❷, ❸

논제 1 답안	① 위의 세 제시문은 공통적으로 정보통신기술의 발달이 직접 민주주의를 가능하게 한다고 주장한다. (가)에서는 인터넷을 통해 직접적인 주민 참여가 가능하게 되었고, (나)에서는 정보화로 인한 가상 공동체 속에서 자유로운 자기표현이 가능해져, 민주시민자질 형성에 도움이 된다고 주장한다. (다)에서는 정보화가 권력을 시민사회에 분산하여 직접 민주주의가 실현될 것이라고 전망한다.
첨삭 지도 내용	① 제시문들의 공통점을 서두에 밝히고 각 제시문의 핵심단어를 중심으로 정확하게 요약하고 있다.
논제 2 답안	② (가)의 문제점은 모든 사람이 인터넷을 이용하지 못한다는 점이다. 벽지에는 아직 인터넷이 개통되지 않은 곳이 있고, 극빈층은 인터넷을 이용할 컴퓨터가 없는 경우가 있다. 게다가 인터넷 사용층이 아직 정치적 견해를 내세우기 어려운 10대가 많다. 또한, 인터넷 사용법을 모르는 노년층도 있기 때문에 인터넷을 통한 직접 민주정치는 아직 여건이 완전히 갖추어진 것은 아니다. (나)의 주장은 가상공동체 속에서 자유로운 의사표현이 민주시민 자질 형성에 도움이 된다고 주장한다. 하지만 인터넷에서의 익명성을 악용하는 사례가 늘고 있다. 흔히 논란이 되고 있는 악성 댓글이나 사이버 폭력 등이 그 예이다. 익명성을 이용하여 타인의 의견을 무시하고, 심한 욕설 등으로 인권을 침해하는 사례는 점차 증가하는 추세이다. (다)에서는 정보통신기술의 발달이 정보의 접근성을 높여 권력을 시민사회에 분산시킨다고 주장한다. 하지만 정보와 지식이 부가가치를 창출하는 현대사회에서는 정보를 더 많이 가진 자가 많은 부와 권력을 차지하게 된다는 문제가 발생한다. 결국 소수의 힘있는 기업에 정보가 집중되고 상업화하게 되면서, 오히려 정보로 인해 권력의 격차가 심해질 수 있다.
첨삭 지도 내용	② 핵심주장에 대한 반론을 먼저 밝히고, 그 근거를 제시하고 있다. (나)와 (다)에 대해서도 마찬가지이다. 주장과 근거의 구조가 논리적이다.
논제 3 답안	③ 정보화 시대의 이상적인 민주주의는 모든 이들이 인터넷을 통해 정치에 참여하되, 서로의 물리적 신원을 숨겨 사람의 지위가 아닌, 주장의 논리에 따라 수긍되는 사회이다. 또한 정보가 모든 이에게 분배되어 수평적인 사회 구조가 되어야 할 것이다. 이러한 이상적 민주주의가 실현되려면 3가지 요소가 필요하다. 직접 민주주의, 표현의 자유, 권력의 균등한 분배이다. 이것들은 정보통신기술의 발달로 가능해지려고 한다. 직접 민주주의는 과거에는 거리상의 문제 등으로 불가능했지만 인터넷의 등장으로 가능하게 되었다. 하지만 인터넷은 도서벽지 등 아직 개통되지 않은 지역이 있고, 노년층의 경우 사용

	법을 모르는 경우도 많다. 따라서 거의 모든 이들이 인터넷을 사용할 수 있도록 노년층에게 인터넷 사용법을 교육하고, 전국의 모든 곳에서 인터넷이 사용 가능하도록 정부가 지원해야 한다. 정보화 시대의 익명성은 물리적 신원을 알 수 없게 하여 가상공간 속에서 자유로움을 주었다. 하지만 이를 악용하여 상대방을 비하하거나 모욕하는 등 무책임한 행동을 하는 이들이 생겨났다. 이를 해결하려면 부분적인 실명제를 도입하고, 네티즌 윤리 강령 등을 학교 등에서 중요히 가르쳐야 한다. 마지막으로 권력의 균등한 분배는 정보통신기술의 발달로 정보화 시대의 힘인 정보가 균등히 분배되어 권력도 분배된다고 보았다. 하지만 실제 많은 정보를 국가나 기업들이 저작권을 독점하고 상업화하여 균등한 정보의 분배가 되지 않고 있다. 이를 해결하기 위해 카피레프트 운동과 국가에서 저작권을 사들여 배포하는 방법 등이 논의될 수 있다.
첨삭 지도 내용	③ 논제에 충실하다. 정보화시대의 이상적민주주의를 먼저 정의하고 다음 단락에서 문제점과 해결방안을 순서대로 논술하고 있다. 논술의 형식이 제대로 갖추어져 있다.
총평	세 가지 논제가 유기적으로 연결되어 있다. 정보통신기술의 발달이 민주주의 발전에 미치는 긍정적인 면과 부정적인 면을 이해하고, 이를 바탕으로 이상적 민주주의를 실현하기 위한 구체적인 방안을 제시해야 하는 문항이다. 대부분의 학생들이 제시문을 바탕으로 논제 1의 요약과, 논제 2의 반론에 대해서는 무리없는 답안을 작성하였다. 하지만 논제 3의 경우 논제에서 요구하는 바를 제대로 파악하지 못하는 경우가 많았다. 즉, 정보화 시대의 이상적인 민주주의의 모습, 이상적 민주주의의 방해요인, 이를 해결하는 방안 등 3가지가 모두 포함되어야 한다. 하지만 정보화 시대의 이상적인 민주주의의 모습에 대해서 제대로 언급하지 못한 경우가 많았다. 또한, 논제 2의 내용과 중복하여 기술한 경우도 많았다. 위 학생의 경우는 제시문을 잘 활용하여 논제를 해결하고 있다. 논제 3에서 논제가 요구하는 정보화 시대 이상적인 민주주의의 모습을 각 제시문에 언급되어 있는 직접 민주주의, 표현의 자유, 권력의 균등한 분배가 이루어지는 사회로 정리하고 있다. 그리고 논제 2의 반론을 활용하여 이상적 민주주의의 방해요인을 작성하였고, 각 방해요인마다 순서대로 해결방안을 모색하고 있어 구조적으로도 잘 정리되어 있다. 비교적 논제에 충실하고, 제시문을 잘 활용한 점, 핵심 요약과 반론, 해결 방안이 유기적으로 연관되어 있는 점이 돋보인다.

06 | 관련 교과서 내용 살펴보기

• 정보 사회의 민주주의에 대한 낙관적 전망

과학기술 발전에 따른 사무 자동화는 생산성 향상과 여가 시간의 확대를 가져온다. 그 결과 사람들은 풍요로운 생활을 누리게 되고, 늘어난 여가시간을 다양한 욕구를 충족시키는 데 활용하게 된다. 또 재택 근무가 확산되고 지적 활동이 중시됨에 따라 여성 및 장애인들의 사회·경제적 활동도 늘어난다. 정보 통신 매체를 이용한 시민의 정치 참여가 확대되고, 전자 상거래나 통신 금융 서비스가 확산된다.

— 고등학교 '사회'

자유 민주주의가 정착된 나라에서의 정보혁명은 자유를 실현하고 개인의 삶을 개선하며, 정치적 선택의 폭을 넓힐 수 있는 새로운 도구와 기회를 제공할 수도 있다. 정보 사회에서는 '유권자의 힘'이 인터넷 망을 통해 엄청난 힘을 발휘할 수 있게 된다는 것이다. 따라서 미래 사회에는 현재와는 다른 형태의 다양한 민주주의가 전개될 것으로 기대된다.

— 고등학교 '윤리와 사상'

인터넷은 여러 네트워크가 서로 자발적으로 연결돼 이루어졌기 때문에, 포괄적인 지배력을 가지는 특정한 관리자가 등장하기 어렵다. 따라서 인터넷에 의한 정보의 확산은 중앙 집권적이고 수직적인 조직 원리를 분권적이고 유연한 조직 원리로 나아가도록 촉진시킨다. 예를 들어 인터넷의 활성화는 중앙 정부에 집중돼 있는 권력을 분산시키고, 가상공간의 공동체와 시민사회의 영향력을 강화시킨다. 이처럼 정보화는 새롭고 다양한 인간관계의 형성을 가능하게 한다.

— 고등학교 '도덕'

• 정보 사회의 민주주의에 대한 비관적 전망

정보화로 인해 개인의 사생활이 침해될 가능성도 높아진다. 컴퓨터에 기록된 개개인에 대한 정보가 유출돼 부정하게 이용될 수 있기 때문이다. 또 정보화 사회에서는 사람들이 직접 얼굴을 대하면서 인간적인 관계를 맺는 경우보다 정보통신매체를 통해 간접적으로 접촉하는 경우가 늘어나게 되므로, 인간관계가 비인격적이고 피상적이 될 수 있다.

— 고등학교 '사회'

정보 사회에서는 누구나 접근할 수 있는 정보가 매우 많이 있지만, 실제로 그 정보를 누구나 똑같이 이용하지는 못한다. 이와 같이 정보 사회에 나타나는 정보에 대한 불평등을 일컬어 '정보 격차'라고 부른다. 정보 격차는 유익한 정보에 접근하고, 이를 이용하는 과정에서 계층 간, 지역 간, 세대 간, 성별 간에 나타나는 불평등 현상을 의미한다. 우리나라의 경우, 정보 격차의 심각성은 서울과 지방, 고소득층과 저소득층, 남성과 여성, 젊은이와 노인 사이에서 두드러지게 나타나고 있다.

— 고등학교 '시민 윤리'

미래의 정보 사회에서는 인터넷 망을 이용해 불가능할 것으로 여겨졌던 직접 민주주의를 가능하게 하는 기술적 수단을 제공함으로써 고대 그리스의 '아고라(agora)'를 부활시키리라는 기대에 찬 전망이 제시되고 있다. 그러나 다른 한편으로는 정보통신기술이 인간 사회를 보다 효율적으로 통제할 수 있으며, 사회 구성원들에 대한 감시와 조정 능력을 향상시킴으로써 옛날의 '판옵티콘'을 재현해 낼 것이라는 비관적 예측도 동시에 제기되고 있다.

— 고등학교 '윤리와 사상'

07 | 심화 읽기 자료

• 유비쿼터스 (Ubiquitous)

(1) 개념

유비쿼터스는 정보화와 관련 최근 보편화된 개념으로 사용되고 있다. 아파트 광고에서 쉽게 유비쿼터스 아파트라는 문구를 볼 수 있고, 유비쿼터스 도시 건설을 추진하는 일부 광역시도 있다. 유비쿼터스란 물이나 공기처럼 시공을 초월해 '언제 어디에나 존재한다'는 뜻의 라틴어로, 사용자가 컴퓨터나 네트워크를 의식하지 않고 장소에 상관없이 자유롭게 네트워크에 접속할 수 있는 환경을 말한다. 1988년 미국의 사무용 복사기 제조회사인 제록스의 와이저(Mark Weiser)가 '유비쿼터스 컴퓨팅'이라는 용어를 사용하면서 처음으

로 등장하였다. ―네이버 백과사전

유비쿼터스 전문가들은 유비쿼터스 시대의 핵심 기술로 '네트워크(Network)'와 '모바일(Mobile)'을 들고 있다. 이어 센서 기술, 대용량 데이터 관리 및 처리 기술, 보안기술, 인공지능기술(로봇) 등의 순으로 조사되었다. 이런 기술은 물류, 교통 등 사회간접자본부문과 의료 및 건강부문에서 파급효과가 클 것으로 전망했다.

우리 생활에서 쉽게 접할 수 있는 유비쿼터스 환경은 휴대폰, 무선인터넷, DMB, 내비게이션 등이 대표적이며, 고속도로의 무인요금 시스템인 하이패스 역시 이와 관련된 기술이다.

(2) 관련 읽기 자료 : 시민단체가 본 U사회

국내 시민단체들은 유비쿼터스 사회가 오면 공공부문의 투명성은 증대될 것으로 기대하는 반면, 개인정보나 사생활은 침해의 소지가 있다는 우려를 하고 있는 것으로 조사됐다.

20일 정보통신부와 한국전산원이 발표한 '5개 시민사회단체가 바라보는 유비쿼터스사회' 보고서에 따르면, 시민단체들은 '유비쿼터스사회의 전망'에 대해 대체로 부작용이 심화될 것으로 예측했다.

정보사회의 부작용이 강화돼 인간의 근본적 자유권과 선택권이 제한될 것이라는 우려를 표명한 것이다. 기술진보로 편리성은 증대하겠지만, 비대면 접촉 증가로 인간관계의 친밀감은 감소하며, 정보사회의 근본적인 문제가 그대로 심화될 것이라는 논리다.

또 유비쿼터스 사회는 새로운 개념이라기보다 산업사회와 정보사회의 연장선이라는 시각이 우세한 것으로 나타났다. 특히 유비쿼터스 사회는 제도와 문화의 선택에 따라 그 모습이 달라질 수 있으나, 현재의 추세대로라면 최근 보편적으로 논의되고 있는 유비쿼터스 기술이 그대로 도입, 보편화될 것이라고 전망했다.

5개 단체 중 4곳이 유비쿼터스 기술 및 서비스 도입에 따른 공공부문의 투명성 제고를 가장 큰 긍정적 효과로 꼽았다. 재난·재해 관리 등의 효과에 대해서도 순기능을 인정했다. 하지만 U차일드케어, U헬스케어 등 사생활과 밀접한 관련이 있는 분야의 유비쿼터스 기술 및 서비스 도입에 대해서는 5개 단체 모두 회의적 시각이었다. 이 경우 당사자의 합의에 대한 논의과정이 선행돼야 한다는 게 시민단체의 지적이다.

이들은 '유비쿼터스 사회 위험요인'으로 '감시사회에서의 프라이버시침해'를 가장 우려했다. 이어 '개인정보 침해' '사이버 범죄'를 위험요인으로 제시했다. 특히 개인간 감시형태는 사회적 합의를 만들어가는 과정으로 교육과 홍보가 중요하며, 국가권력에 의한 감시는 정부자체의 투명화가 중요한 것으로 나타났다.

또 개인정보 침해와 관련해 5개 시민단체 모두 '주민등록제도'를 개선해야 할 가장 큰 과제로 지적했다. 이번 보고서는 유비쿼터스 사회상에 대한 긍정적 효과와 위험요인, 정부 및 민간의 바람직한 역할 등에 대한 시민사회단체의 견해를 파악하기 위해 지난 9월 전산원이 포커스리서치에 의뢰, △진보네트워크 △함께하는 시민행동 △민주사회를 위한 변호사모임 △정보공유연대 △참여연대 등 5개 시민사회단체를 대상으로 설문 조사한 것이다. ―〈전자신문〉 2005. 10. 21

• UCC(User Created Content)

(1) 개념

UCC란 '사용자에 의해 만들어진 컨텐츠'를 의미한다. 이는 주로 신문, 방송국 등 기존의 제도권 미디어 조직에 속하지 않은 일반인이 비직업적으로 인터넷 사이트에 올린 저작물을 의미한다. UCC는 최근 카메라 기능 등 멀티미디어 기능을 갖춘 휴대폰의 등장, 인터넷 보급의 확대 등과 맞물리면서 급속하게 확산되고 있다. 주로 동영상을 의미하지만, 사진이나 문자도 포함된다.

2006년 11월 미국의 시사주간지 타임(Time)誌는 동영상 공유사이트인 유튜브(YouTube)를 '올해의 발명

품' 중 최고로 선정했다. 유튜브는 상상도 못했던 차원에서 수백 만 명에게 즐거움과 교육, 자극, 상호교감의 길을 열어놓았기 때문이라는 것이 선정 배경이었다. 이어 12월의 2006년 결산 특집호에서는 '2006년의 인물'로 '당신(YOU)'을 선정했다. 당신이란 UCC와 웹을 통해 다른 사람과 공유하고 능동적으로 세상을 바꿔가는 불특정 인물을 총칭한다. 당신이 정보화시대를 지배하기 때문에, 그리고 당신이 인터넷 정보의 수신자가 아니라 적극적인 참여자로 활동하면서 디지털 민주주의라는 새로운 사회현상을 만들어내었기 때문에 당신을 올해의 인물로 선정했다고 한다.

개그맨 지망생 ○○○(26)와 ○○○(25)는 한 인터넷 포털 사이트에 자신들이 만든 성대 모사 동영상을 올렸다. 이 동영상을 본 네티즌들의 반응은 폭발적이었고, 누리꾼들에 의해 퍼지며 화제가 되었다. 6일 동안 동영상을 본 네티즌의 수가 10만명을 넘었고 이들을 인터뷰한 기사는 조회수 20만을 기록했다. 생활비를 벌기 위해 밤에는 PC방 등에서 아르바이트를 했고 새벽에 모여 연습을 했다는 이들은 방송국 등 제도권 미디어가 아닌 UCC를 통해 단 며칠 만에 스타가 되었다. 한 개그프로그램의 '마빡이' 코너가 크게 유행한 것도 시청자들의 UCC가 크게 한몫했다.

이러한 UCC는 특히 정치, 선거와 관련하여 개인의 역할 비중을 상대적으로 높이는데 크게 기여하고 있다. 2006년 8월 미국 중간선거에서 조지 앨런 상원 의원이 유세 도중 자신을 귀찮게 촬영하던 인도계 청년을 향해 '마카카(원숭이를 뜻하는 인종차별적 발언)'라고 발언했다. 이 동영상이 퍼지면서 비난이 쏟아졌고 승리가 예상됐던 그는 낙선했다. 공화당 콘래드 번스 상원의원도 공청회 중 잠깐 조는 모습이 올라 농민들의 분노를 샀고 결국 낙선했다.

우리나라에서도 여러 정치인들을 패러디한 UCC를 쉽게 볼 수 있다. 하지만 중앙선거관리위원회에서 대선을 앞두고 법정 선거운동 기간 이전에 정치인 관련 UCC를 올리는 것을 금지하고 있어 논란이 되고 있다.

(2) 관련 읽기 자료 : UCC선거 이젠 현실이다.

2004년 미국 대통령 선거 초반에 민주당의 경선주자 중 가장 유력한 후보로 주목을 받았던 사람은 하워드 딘이었다. 그는 조지 W 부시 대통령의 이라크전쟁을 강력하게 비판하면서 한때 여론조사에서 선두를 달렸다.

다른 후보와 비교해 하워드 딘의 독특한 선거운동 방법은 인터넷이었다. 그는 인터넷 사이트를 활용해 대선자금을 모금하고 전국에 흩어져 있는 지지자를 하나로 묶었다. 선거운동 과정에서 하워드 딘의 캠프는 2년 전 한국의 대선을 주목했다. 세계에서 가장 과학적인 선거운동 방법을 주도했던 미국에서 '노사모'를 포함한 한국형 인터넷 선거 전략을 분석하고 응용했던 것이다.

지난 16대 대선에서 인터넷과 휴대전화가 절대적인 위력을 발휘한 것은 분명하다. 투표 하루 전날 정몽준 씨의 노무현 후보 지지 철회 선언으로 모든 상황이 예측 불허로 돌변했는데, 진보적 성향의 인터넷 언론과 휴대전화 문자메시지를 통한 젊은 층 사이의 투표 독려가 노 후보를 대통령에 당선시킨 일등공신이었으니 미국의 후보가 관심을 보인 것은 당연했다.

이번 대선에서도 인터넷과 휴대전화는 가장 중요한 홍보 수단이 될 것으로 보인다. 과거처럼 대규모 집회나 불법적인 선거운동이 발붙일 수 없는 풍토가 정착됐기 때문에 이들 매체를 활용한 선거운동의 비중은 더욱 높아졌다.

특히 주목을 받는 대상은 동영상이나 사진을 일반인이 직접 만들어 인터넷에 올리는 손수제작물(UCC·User Created Contents)이라는 새로운 형태의 콘텐츠다. 지난해 미국 중간선거 때 여러 지역에서 당락에 영향을 미칠 만큼 UCC는 새로운 사회적 소통 아이콘으로 등장했다.

한국에서도 요즘 인터넷에선 유력한 대선 후보와 관련된 UCC가 인기를 끌고 있다. 급기야 중앙선거관리위원회는 인터넷 포털 사이트 운영자에게 이들 UCC의 삭제를 요구했다. 또 미성년자의 선거 관련 UCC

제작 및 게시를 금지하고 성인의 경우도 법정 선거운동 기간에만 허용한다는 방침을 밝혔다.

UCC는 선거 분위기가 가열될수록 뜨거운 쟁점이 될 가능성이 높다는 점에서 이에 대해 미리 원칙을 밝힌 중앙선관위의 처지를 이해하지 못하는 바는 아니다. 누군가가 UCC의 내용을 악의적으로 조작하고, 소위 네거티브 선거 전략으로 이용한다면 예상치 못한 상황이 생길 수 있다.

그럼에도 불구하고 사회 구성원 사이에 소통의 장으로 자리 잡은 인터넷 공간을 막으려는 섣부른 시도를 하다가는 득보다 실이 많을 수 있으므로 신중히 해야 한다. 시사주간지 타임이 2006년 올해의 인물로 특정한 사람이 아니라 'You'라고 적힌 컴퓨터 화면을 선정할 정도로 누리꾼은 블로그나 UCC를 통해 복잡하게 얽힌 네트워크 구조 속에서 영향력을 키워 가고 있는 상황인데, UCC의 유통을 막겠다는 건 현실을 모르는 발상이다.

이미 인터넷의 다른 공간을 이용해 유력 후보자 간의 상호 비방이 거세지는 상황에서 경제적 문화적으로 많은 함의를 갖는 UCC만 규제하려고 든다면 웃음거리만 될 뿐 실효를 거두기 어렵다. 오히려 이번 대선을 건전한 선거 문화를 공고히 하는 계기로 삼으려면 UCC 게시를 무조건 금지하지 말고 선거법에 저촉되는 사례를 제시함으로써 누리꾼의 절제된 참여를 이끄는 방법이 바람직하다.

그런 의미에서 누리꾼 역시 이번 선거 기간을 좀 더 성숙하고 자율적인 인터넷 문화를 만드는 계기로 삼아야 한다. 어느 연예인의 자살을 놓고 누리꾼의 '악플'에 의한 타살이라는 극단적인 표현이 나올 정도로, 인터넷에서의 무책임한 행위는 부메랑이 되어 누리꾼 스스로를 옭아맬 수 있다.

—〈동아일보〉 2007. 1. 23. 사설

● 모바일 투표

12월 17대 대통령 선거를 앞두고 10월 대통합민주신당의 경선에서는 정치사상 세계 최초로 '모바일 투표'를 실시했다. 대한민국은 세계적인 IT강국으로 휴대폰 가입자 수가 4천만명이 넘고 초고속 인터넷 가입자 수는 국민의 75%(세계 1위)를 상회한다. 이러한 IT 인프라 환경이 모바일 투표를 가능하게 했다. 모바일 투표는 투표소에 가지 않고도 손쉽게 국민의 참여를 이끌어 낼 수 있다는 장점 때문에 그동안 가능성에 대한 논의가 지속되어 왔다가 이번에 최초로 실시되었다. 대통합민주신당의 모바일 투표는 투표소 선거인단으로 등록하지 않은 사람 중에서 본인 명의의 휴대전화를 소유하고 있는 국민을 대상으로 실시했다. 절차는 다음과 같았다. 국민경선 홈페이지에서 '휴대전화 선거인단'을 신청하고 성명, 주민등록번호, 주소를 입력한다. 또한 모바일 투표시 본인을 확인할 비밀번호를 입력한다. 곧 문자 서비스로 인증번호가 배달되고 인증번호를 홈페이지에서 입력한다. 며칠 뒤 전화가 오면 비밀번호를 누르고 자신이 지지하는 후보에게 투표하면 된다.

실제 이러한 모바일 투표는 기업에서 이미 시행된 바 있다. 지난 8월 열린 GM 대우 노동조합 사무지부의 대의원 선거와 노조 사무노위 해산의 찬반을 묻는 투표가 모바일로 시행되었다. 이 모바일 투표에서는 미처 투표하지 않은 유권자에게 독촉 메시지를 보내 투표 참여를 독려하기도 했다고 한다.

이러한 모바일 투표의 가장 큰 장점은 편리성과 선거에 대한 관심 제고외에도 국민 참여를 확대할 수 있다는데 있다. 실제 대통합민주신당의 경선에서 일반선거인단 지역투표의 평균 투표율이 고작 16.2%에 불과했던데 비해, 모바일 투표율은 무려 75%에 달했다는 점이 이를 증명한다. 하지만 모바일 투표가 갖는 문제점도 있다. 그것은 선거의 가장 기본 원칙인 비밀 투표, 직접 투표 요건을 훼손할 가능성이다. 누가 어떤 투표를 했는지 모든 결과가 서버에 기록으로 저장되므로 사실상 공개 투표와 다를 바 없다. 또한, 인위적 동원이나 대포폰 등을 통한 대리투표의 가능성 역시 높다고 하겠다.

그럼에도 불구하고 모바일 투표는 다음과 같은 점에서 전통적인 정치 구조를 와해시킬 조짐을 보여준다고 경희사이버대학교 NGO학과 민경배 교수는 주장한다.

첫째, 지역 공간 단위의 와해이다. 이것은 단지 투표장이 아닌 다른 곳에서 투표를 할 수 있다는 편리성 이상의 함의를 갖는다. 투표 행위가 소재 지역과 무관한 공간에서 이뤄지는 유비쿼터스 정치 환경에서 지역구라는 오프라인의 선거 경계는 유권자들 입장에서 의미가 크게 감소한다. 그렇다면 다가올 미래에는 국회의원 선거가 굳이 지역 대표를 선출하는 자리가 될 이유도 없다. 대신 직능별 계층별 대표를 선출하는 기능이 더 강화될 수 있을 것이다.

둘째, 정당 구조의 와해이다. 후보자 경선이라는 정당 내부 행사가 당원이 아닌 국민들의 참여에 의존해 치르는 것은 이미 일반적 상황이 되어 버렸다. 투표 참여율도 국민들이 훨씬 앞선다. 이는 한국 정치만의 현상이 아니다. 수 백 년의 역사를 자랑하는 유럽의 정당들도 진작부터 당원 수가 급격히 감소하는 추세여서 골머리를 앓는 중이다. 국민들은 굳이 당원으로 소속되지 않아도 인터넷과 모바일을 통해 얼마든지 정당의 의사결정에 참여할 수 있다. 그리고 정당도 이런 국민들의 참여에 점점 더 의존할 수밖에 없다. 근대 정치의 기초 단위인 정당이 존립 위기를 맞고 있는 것이다.

셋째, 대의 민주주의 체계의 와해이다. 국민들이 인터넷과 모바일로 정치적 의사결정에 직접 참여할 수 있는 영역이 지금처럼 대표자를 선출하는 일에만 국한되지는 않을 것이다. 점차 정책 결정 과정으로까지 참여의 영역이 확장될 것이며, 이는 곧 대의 민주주의의 축소와 직접 민주주의의 확산을 의미한다. 물론 그렇다고 당장 선출된 대표자들의 역할이 사라지지는 않을 것이다. 하지만 그들의 역할은 모든 결정권을 국민들로부터 위임받아 행사하는 것이 아니라 국민들이 직접 결정할 정책 아젠다를 추출하고 제시하는 일로 조정될 것이다. 모바일 투표 안에는 근대 정치 체제의 패러다임을 뒤흔들 수 있는 거대한 변화의 잠재력이 담겨져 있다. 우리는 이것을 주목해야 한다.

2. 2008학년도 서울대학교 모의논술(Ⅲ) - 자연

01 | 출제 의도

DNA의 구조라는 과학적 주제로 포장된 전형적인 수리 논술의 유형이며 단순 계산 능력이 아니라 좀 더 본질적인 수리적 사고력을 측정하는 문항이다. [논제 1]과 [논제 2]는 관련된 수리적 개념과 원리에 대한 이해와 분석능력, 주어진 정보로부터 결과를 추론하는 통합적인 추론 능력을 측정하는 문제로 구성되어 있다. [논제 3]과 [논제 4]는 문제의 행렬을 $n \times n$ 거울행렬 형태로 일반화한 뒤 새로운 상황에 적용하도록 소 논제를 구성한 것으로 다각적이고 심층적인 논의 전개 능력, 논리를 구성하는 능력 등을 측정하고자 했다.

논제 ❶

제시문 분석을 통해 인간의 DNA의 구조와 박테리아의 DNA의 구조의 차이점을 알고 인간의 DNA의 구조라는 관점에서 논제에 접근해야 한다. 주어진 행렬이 인간의 DNA조각의 염기서열 일치 여부에 대한 정보로부터 얻어질 수 없음을 논리적으로 설명해야 한다.

논제 ❷

모든 3×3 거울행렬은 인간의 염기서열 일치 여부에 관한 정보로부터 만들어 질 수 있음을 보이는 것으로 모든 3×3 거울 행렬에서 만들어지는 정보를 분석할 수 있어야 한다. 또한 [논제 1]에서 원형 염색체를 의미하는 행렬은 인간 염색체로부터 얻어질 수 없다는 정보를 이용할 수 있어야 한다.

논제 ❸

원형 염색체를 의미하는 행렬을 (i, j) 성분을 이용하여 $n \geq 4$ 인 정수에 대해서 $n \times n$ 거울행렬 형태로 일반화 시킬 수 있어야 한다.

논제 ❹

[논제 3]에서 제시한 형태 이외에도 DNA 조각들의 겹침 정보로부터 얻어질 수 없는 7×7 거울행렬이 존재 가능한지 묻고 있다. [논제 4]는 반드시 [논제 3]과 일관성을 갖도록 유의한다.

02 | 배경 지식

• DNA와 RNA

허시와 체이스가 1952년에 DNA는 유전 물질임을 밝혔고, 곧이어 1953년에는 왓슨과 크릭이 DNA의 구조를 밝혔다. 왓슨과 크릭은 많은 과학자들이 확인한 사실들을 기초로 하여 DNA의 구조에 대한 모형을 완성하였다. 이 때 기초가 된 사실 중의 하나인 핵산의 기본 단위에 대하여 알아보자.

핵산에는 DNA와 RNA가 있으며, 이것들의 기본 단위는 염기, 당, 인산을 각각 하나씩 합한 뉴클레오티드이다. 그러므로 DNA나 RNA를 구성하는 인산과 당과 염기의 비는 항상 1 : 1 : 1로 나타난다. 당은 디옥시리보오스와 리보오스로 각각 다르게 구성되어 있고, 인산은 무기 인산(H_3PO_4)으로 동일하다. 핵산을 구성하는 염기의 종류는 분자 구조가 큰 퓨린계 염기와 분자 구조가 작은 피리미딘계 염기로 나뉘는데, 퓨린계 염기에는 아데닌(A)과 구아닌(G)이 있으며, 피리미딘계 염기에는 시토신(C)과 티민(T) 및 우라실(U)이 있다. DNA의 염기는 A, G, C, T 로 구성되고 RNA는 T 대신에 U로 구성된다.

샤가프는 DNA를 구성하는 A와 T, G와 C의 양이 생물의 종류에 관계없이 1 : 1의 비를 유지하고 있다는 사실을 밝혔다. 윌킨스와 프랭클린은 DNA의 X선 회절 사진을 통해 DNA 분자는 나선형이고 염기들이 쌍을 이룬다는 근거를 제시하였다.　　　　　　　　　　　　　　　　　—조희형 외 4명, 『고등학교 생물 Ⅱ』

• 유전자 조작

우리나라에서도 많이 수입하는 유전자 변형 콩은 유전자를 조작하여 생산량이 많고 병충해에 강한 특성을 지니도록 만든 것이다. 옥수수도 유전자 조작으로 만들고 있으며, 이와 같은 유전자 조작 농산물의 재배 면적이 점점 늘어나고 있다. 어떻게 하면 한 생물의 DNA에 삽입된 다른 생물의 유전자가 발현될 수 있을까?

오늘날에는 대장균의 DNA에 사람의 인슐린 유전자를 삽입시켜 대량의 인슐린을 생산하고 있다. 이와 같이 다른 생물의 유전자를 포함하고 있는 DNA를 재조합DNA라 한다. 재조합 DNA를 만드는 과정에는 어떤 기술을 적용하고, 그 결과로 어떤 산물이 만들어지는지 알아보자.

재조합 유전자를 만드는 과정에서는 제한 효소, 운반체(벡터), 연결 효소(리가아제)를 이용한다. DNA 제한 효소는 DNA의 특정 부위를 잘라내며, DNA 연결 효소는 DNA 제한 효소에 의해 잘려진 부위나 특정 염기쌍을 연결하는 기능을 한다. 한편, 운반체는 재조합 DNA를 숙주 세포나 다른 생물의 세포에 운반하는 기능을 한다. 실제로 DNA를 복제하는 과정에서는 운반체로 플라스미드와 박테리오파지를 주로 이용한다.

재조합 DNA는 크게 두 가지 용도를 가진다. 첫째로, 그것은 유전자 분석에 이용한다. 생물학자들은 그 특성을 밝히려는 유전자를 대장균과 같은, 증식이 빠른 미생물에 집어넣어 짧은 시간에 많은 양을 얻어 이용하고 있다. 둘째로, 재조합 DNA는 부가 가치가 높은 펩티드나 단백질을 생성하는 데 이용한다. 제약 회사에서는 재조합 DNA를 이용하여 당뇨병 치료제인 인슐린과 바이러스 감염이나 암 치료에 이용하는 인터페론을 만들고 있으며, 생장 호르몬도 재조합DNA로 만들고 있다. ―조희형 외 4명, 『고등학교 생물 Ⅱ』

• 행렬

행렬은 수 또는 문자를 직사각형 모양으로 배열하여 괄호로 묶은 것으로, 수학 문제를 표현하고 해결하는 유용한 도구이다. 행렬을 이용하면 많은 수들의 배열을 하나의 기호로 나타내어 계산을 간편하게 할 수 있기 때문에 행렬은 '수학적인 속기술'이라고 불리기도 한다.

행렬을 영어로 matrix라고 하는데 그 어원은 라틴어의 matri로, 본래의 뜻은 '어머니'이지만 '그 안에서 무엇을 만드는 것'을 나타내는 단어로 사용된다. 어원에도 나타나 있듯이 행렬은 수학을 탐구하는 기본적인 도구라고 할 수 있다.

행렬은 수학의 중요한 분야의 하나의 선형대수학의 기초가 되며, 공학에서도 여러 가지로 응용되어 전기 회로망, 도로망, 생산 공정의 연결선 등을 표현하는 데 사용된다. 또한, 행렬은 컴퓨터를 이용하는 계산법과 관련되어 통계학, 선형계획론, 경제학 등의 분야에 폭넓게 응용되며, 최근에는 더 많은 사회과학 분야로 그 활용 분야가 확대되고 있다. ―우정호 외 5명, 『고등학교 수학 Ⅰ』

행렬을 이루는 각각의 수 또는 문자를 그 행렬의 성분이라 하며 성분의 가로줄을 행이라 하고, 위에서부터 아래로 제1행, 제2행, …이라고 한다. 또, 성분의 세로줄을 열이라 하고, 왼쪽에서부터 차례로 제1열, 제2열, …이라고 한다. 행이 m 개, 열이 n 개인 행렬을 $m \times n$ 행렬이라 하며 행의 개수와 열의 개수가 같은 행렬을 정사각행렬, $n \times n$ 행렬을 n 차 정사각행렬이라고 한다.

행렬을 한 문자를 사용하여 나타낼 때에는 알파벳의 대문자 A, B, $C\cdots$를 써서 나타낸다. 또, 행렬의 성분은 소문자를 사용하여 나타내는데 행렬 A의 제i행과 제j열이 만나는 위치에 있는 성분을 A의 (i, j)성분이라고 하고, a_{ij}로 나타낸다.

$$\begin{pmatrix} a_{11} & \cdots & a_{1j} & \cdots \\ \vdots & & \vdots & \\ a_{i1} & \cdots & a_{ij} & \cdots \\ \vdots & & \vdots & \end{pmatrix}$$

예를 들어, 3×2 행렬이라면 $\begin{pmatrix} a_{11} & a_{12} \\ a_{21} & a_{22} \\ a_{31} & a_{32} \end{pmatrix}$ 로 나타낼 수 있다.

제시문에서는 크게 두 가지의 내용을 분석할 수 있어야 한다. 첫 번째는 인간의 염색체와 박테리아의 염색체의 차이에 대한 내용으로 인간의 염색체는 한 개의 선형 DNA로 구성되어있는 반면 박테리아의 염색체는 한 개의 원형 DNA로 구성되어있다는 것이다. 두 번째는 유전체 DNA의 염기 서열을 알아내기 위해 인간유전체 사업에서 사용하는 방법에 대한 것으로 잘라낸 DNA의 조각의 염기서열 일치여부에 대한 정보를 바탕으로 행렬을 만들 수 있고 이 행렬식으로부터 S_1, S_2, S_3의 배열상태를 알 수 있다는 내용이다.

04 | 예시 답안

논제 ❶

$\begin{pmatrix} 1101 \\ 1110 \\ 0111 \\ 1011 \end{pmatrix}$ 의 행렬에서는 다음과 같은 네 가지 정보를 알아낼 수 있다.

① S_1은 S_2, S_4와 염기서열 끝 부분이 서로 일치한다.
② S_2는 S_3와 염기서열 끝 부분이 서로 일치한다.
③ S_3는 S_4와 염기서열 끝 부분이 서로 일치한다.
④ 나머지 경우에는 염기서열 끝 부분이 서로 일치하지 않는다.

먼저 ①, ②의 정보에 따라 제시문에 나타난 배열상태로 만들어 보면 [그림 I]이 된다.
①, ③, ④의 정보에 따라 S_3은 S_1과는 염기서열 끝 부분이 일치하지 않으나 S_2, S_4와는 서로 일치해야 한다. 따라서 가능한 배열상태는 박테리아의 염색체처럼 원형 배열 상태[그림 II]가 되어야 한다. 하지만 인간의 염색체는 선형 DNA로 구성되어 있기 때문에 인간의 염색체에서 얻어진 DNA 조각 S_1, S_2, S_3, S_4 의 염기서열 일치 여부에 관한 정보로는 논제에 제시된 것과 같은 행렬을 만들 수 없다.

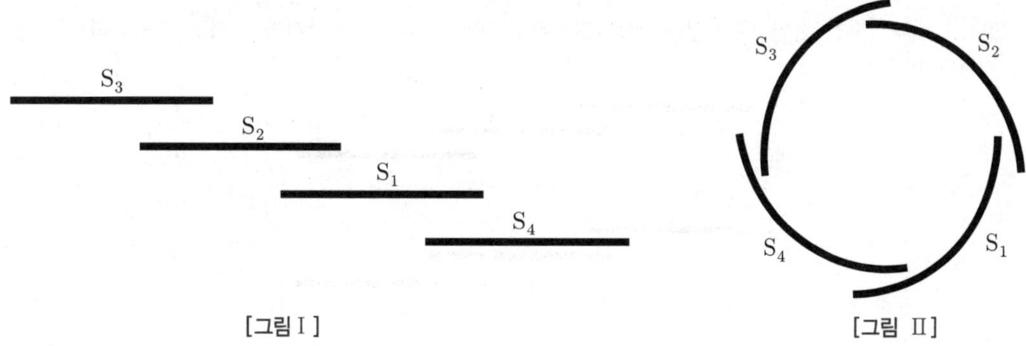

[그림 I]

[그림 II]

염기서열 일치 여부와 관련된 3×3 거울행렬은 다음과 같다.

$$\begin{pmatrix} 1 & a & b \\ a & 1 & c \\ b & c & 1 \end{pmatrix}$$ (단, a, b, c는 0 또는 1이다.)

a, b, c는 0 또는 1이므로 가능한 행렬은 모두 8가지이다.

인간의 같은 염색체에서 얻어진 **DNA** 조각을 각각 S_1, S_2, S_3라 하자.

① a, b, c가 모두 0인 행렬 $\begin{pmatrix} 1 & 0 & 0 \\ 0 & 1 & 0 \\ 0 & 0 & 1 \end{pmatrix}$은 S_1, S_2, S_3의 염기서열 끝 부분이 모두 일치하지 않는다는 것을 의미한다.

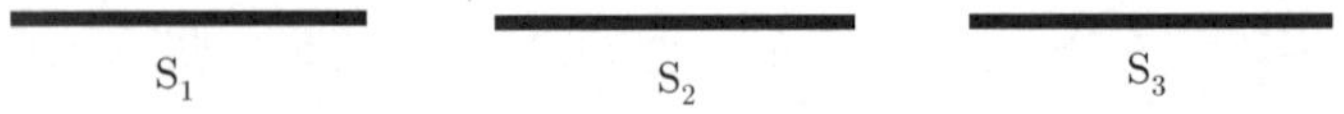

② a, b, c 중에서 하나만 1이고 나머지 둘이 0인 행렬 $\begin{pmatrix} 1 & 1 & 0 \\ 1 & 1 & 0 \\ 0 & 0 & 1 \end{pmatrix}$, $\begin{pmatrix} 1 & 0 & 1 \\ 0 & 1 & 0 \\ 1 & 0 & 1 \end{pmatrix}$, $\begin{pmatrix} 1 & 0 & 0 \\ 0 & 1 & 1 \\ 0 & 1 & 1 \end{pmatrix}$은 S_1, S_2, S_3 세 개의 조각 중 두 조각은 염기서열 끝 부분이 서로 일치하고 나머지 한 조각은 어느 것과도 일치하지 않는다는 것을 의미한다.

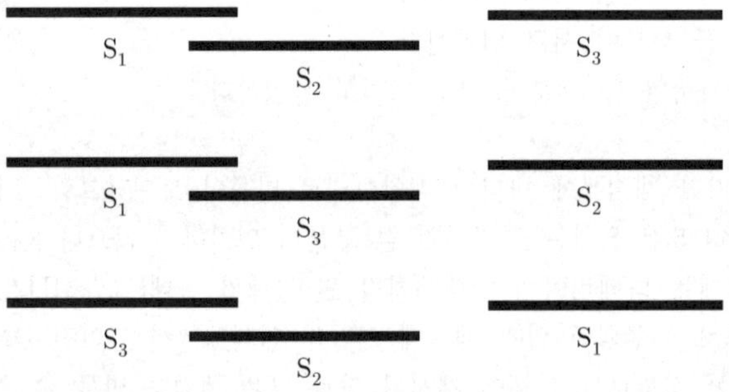

③ a, b, c 중에서 두개는 1이고 나머지 하나만 0인 행렬 $\begin{pmatrix} 1 & 1 & 1 \\ 1 & 1 & 0 \\ 1 & 0 & 1 \end{pmatrix}$, $\begin{pmatrix} 1 & 0 & 1 \\ 0 & 1 & 1 \\ 1 & 1 & 1 \end{pmatrix}$, $\begin{pmatrix} 1 & 1 & 0 \\ 1 & 1 & 1 \\ 0 & 1 & 1 \end{pmatrix}$ 은 S_1, S_2, S_3 중 한 조각은 다른 두 조각과 염기서열 끝 부분이 서로 일치하고 이때 남은 두 조각끼리는 서로 일치하지 않는다는 것을 의미한다.

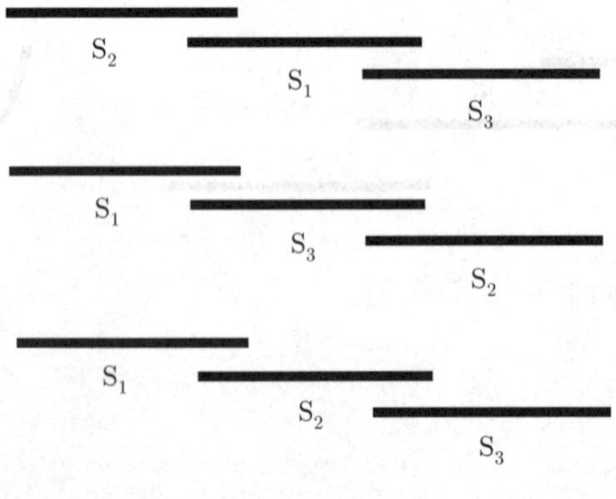

④ a, b, c가 모두 1인 행렬 $\begin{pmatrix} 1 1 1 \\ 1 1 1 \\ 1 1 1 \end{pmatrix}$ 은 S_1, S_2, S_3 세 조각 모두 염기서열 끝 부분이 서로 일치한다는 것을 의미할 수도 있고 S_1, S_2, S_3가 모두 동일한 조각이라는 것을 의미할 수도 있다.

만약 S_1, S_2, S_3의 끝 부분이 서로 일치한다면 [그림 Ⅲ]의 원형배열의 형태가 될 수도 있고 [그림 Ⅳ]의 선형배열의 형태가 될 수도 있다.

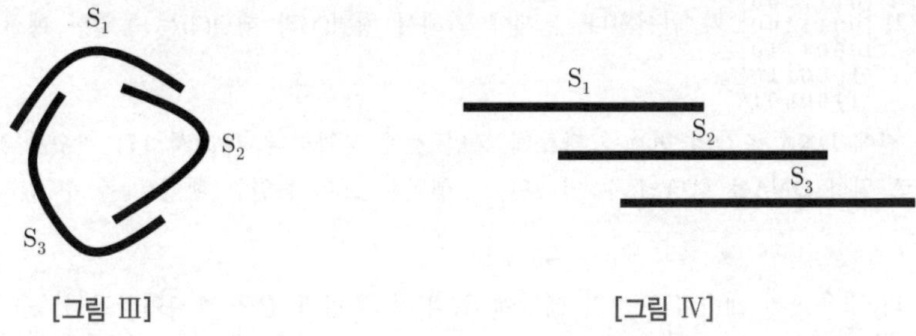

S_1, S_2, S_3가 동일한 조각이라면 아래 [그림 Ⅴ]처럼 해석할 수 있다.

즉, $\begin{pmatrix} 1 1 1 \\ 1 1 1 \\ 1 1 1 \end{pmatrix}$ 행렬은 [그림 Ⅳ]처럼 선형배열의 형태로도 해석할 수 있다.

위와 같이 3×3 거울 행렬로 만들 수 있는 8가지 모두 DNA 조각 S1, S2, S3의 선형 배열이 가능하다.

논제 ❸

$n(n \geq 4)$개의 DNA조각 S_1, S_2, S_3, $\cdots$, S_n을 이용해 만들 수 있는 행렬은 $n \times n$ 거울행렬이다.

$$\begin{pmatrix} 1 1 0 \cdots 0\,0\,1 \\ 1 1 1 \cdots 0\,0\,0 \\ 0 1 1 \cdots 0\,0\,0 \\ \vdots \quad \vdots \\ 0 0 0 \cdots 1\,1\,0 \\ 0 0 0 \cdots 1\,1\,1 \\ 1 0 0 \cdots 0\,1\,1 \end{pmatrix} \quad (i,\ j)\text{성분} = \begin{cases} 1\ (i=j, \quad 1 \leq i \leq n, 1 \leq j \leq n) \\ 1\ (i=j+1, 1 \leq j \leq n-1) \\ 1\ (j=i+1, 1 \leq i \leq n-1) \\ 1\ (i=1,\ j=n \text{ 또는 } i=n,\ j=1) \\ 0\ (\text{그 외 모든 성분}) \end{cases}$$

위의 거울행렬은 모든 행과 열에서 주대각선 성분을 포함하여 3개 성분이 1로 이루어지는 것으로 이것이 가지고 있는 정보는 S_1과 S_2, S_2와 S_3, $\cdots$, S_{n-1}과 S_n과 S_1의 염기서열 끝 부분이 서로 일치한다는 것이다. 이 거울행렬의 $n=4$인 경우가 [논제 1]의 행렬에 해당한다. 연결 상태가 박테리아의 DNA처럼 원형배열상태가 되기 때문에 인간의 염색체에서 얻어진 정보로 만들어 질 수 있는 행렬이 아니다.

답안 1) [논제 3]에서 얻은 행렬의 $n=7$ 인 거울행렬(1) $\begin{pmatrix} 1100001 \\ 1110000 \\ 0111000 \\ 0011100 \\ 0001110 \\ 0000111 \\ 1000011 \end{pmatrix}$ 의 1행과 7행을 바꾸고, 1열과 7열

을 바꾸면 행렬(2) $\begin{pmatrix} 1000011 \\ 0110001 \\ 0111000 \\ 0011100 \\ 0001110 \\ 1000110 \\ 1100001 \end{pmatrix}$ 가 얻어진다. 논제에 의해서 행렬(1)과 행렬(2)는 동일한 행렬로 볼 수 있으

며 이것은 실험 전에 DNA 조각의 번호를 다르게 붙인 것에 불과하다. 따라서 1의 개수가 3개인 거울행렬에서 얻은 정보로 원형 DNA를 나타낼 수 있다면 그 행렬은 모두 동일한 행렬로 볼 수 있다. 그러나 행렬

(3) $\begin{pmatrix} 1100011 \\ 1110000 \\ 0111000 \\ 0011100 \\ 0001110 \\ 1000111 \\ 1000011 \end{pmatrix}$ 의 경우 1의 개수가 다르기 때문에 위의 두 행렬과 같은 행렬이라고 볼 수 없다.

행렬(3)이 의미하는 정보는 DNA 조각이 다중으로 연결되었다는 것이며 아래 [그림 Ⅵ]과 같이 이중 원형 DNA의 구조로 나타낼 수 있다.

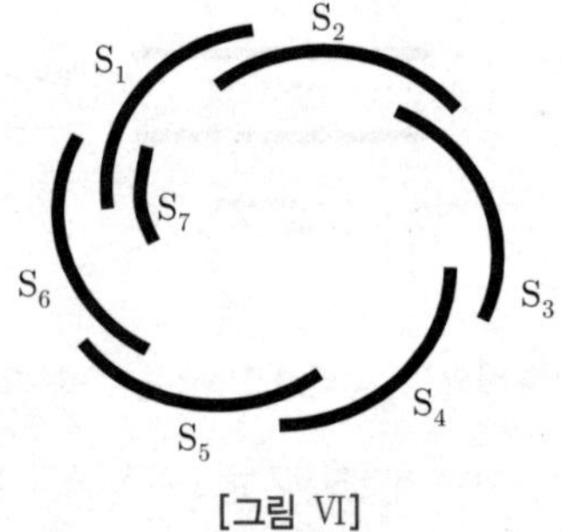

[그림 Ⅵ]

이런 방법을 사용하면 인간의 염기서열의 일치 여부에 관한 정보로부터 만들어질 수 없는 거울행렬을 [논제 3]의 형태와 다르게 여러 가지 만들 수 있다.

답안 2) 인간의 염색체에서 얻어진 DNA 조각 S_1, S_2, S_3, …, S_7의 염기서열 일치 여부에 관한 정보로부터 만들어질 수 없는 거울행렬이 존재한다는 것은 DNA 조각 S_1, S_2, S_3, …, S_7을 선형 배열할 수 없다는 것이다. 이런 경우 중에서 박테리아와 같은 원형배열상태에 대해서만 생각해보자.

[논제 3]에서 얻은 행렬의 $n=7$인 거울행렬(행렬1)과 $n=6$인 거울행렬(행렬2)이다.

$$\begin{pmatrix} 1100001 \\ 1110000 \\ 0111000 \\ 0011100 \\ 0001110 \\ 0000111 \\ 1000011 \end{pmatrix} \qquad \begin{pmatrix} 110001 \\ 111000 \\ 011100 \\ 001110 \\ 000111 \\ 100011 \end{pmatrix}$$

(행렬1)   (행렬2)

위의 두 행렬 모두 원형배열의 형태로 인간의 염색체에서 얻어진 DNA 조각의 염기서열 일치 여부에 관한 정보로부터 만들어질 수 없는 행렬이다.

아래의 행렬3을 살펴보자.

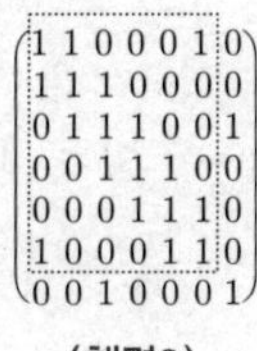

(행렬3)

행렬3은 행렬2를 부분행렬로 포함하고 있으므로 S_1, S_2, S_3, $\cdots$, S_6이 원형배열의 형태이며 S_7이 S_3와 염기서열 끝 부분이 일치하는 형태가 된다. 이 경우 역시 선형배열의 형태로 나타낼 수 없으므로 인간의 염색체에서 얻어진 DNA 조각의 염기서열 일치 여부에 관한 정보로부터 만들어질 수 없는 행렬이다. 즉, 위와 같은 방법을 사용하면 인간의 염기서열의 일치 여부에 관한 정보로부터 만들어질 수 없는 거울행렬을 [논제 3]의 형태와 다르게 여러 가지 만들 수 있다.

05 | 학생 답안

논제 ❶, ❷, ❸, ❹

	학생 1의 답안
논제 1	주어진 행렬을 이용해 염기 서열의 일치여부를 조사해보면 S_1과 S_2, S_2와 S_3, S_3와 S_4, S_4와 S_1은 끝부분이 서로 일치하고 S_1과 S_3, S_2와 S_4는 끝부분이 서로 일치하지 않는다. 이것을 그려보면 아래 그림의 형태가 된다. 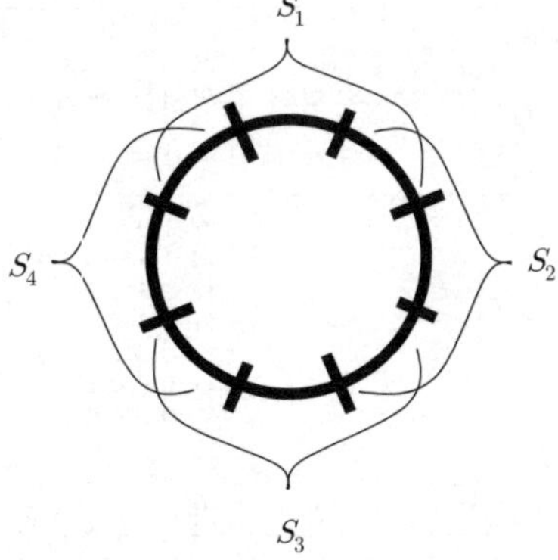 이것은 ① 박테리아의 원형 DNA와 흡사함으로 인간의 선형 DNA에서는 이런 행렬은 만들어질 수 없다.

첨삭 지도 내용	① 인간의 염색체와 박테리아의 염색체의 차이를 파악하여 주어진 행렬이 원형의 형태로 배열되기 때문에 인간의 염색체가 될 수 없다는 사실을 정확하게 설명하였다.
논제 2	3×3 거울행렬은 S_1, S_2, S_3 세 종류의 DNA 조각에 의해 만들어 진다. ② 이 세 종류의 DNA 조각으로 아래 7가지의 선형배열을 만들 수 있다. 이 7가지가 3×3 거울행렬로 만들 수 있는 모든 경우이며 모두 인간의 DNA의 형태이다. 즉, 3×3 거울행렬에는 인간의 염기서열의 일치 여부에 관한 정보로부터 만들어 질 수 없는 행렬은 없다. 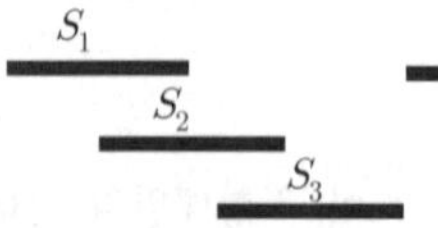 그림① 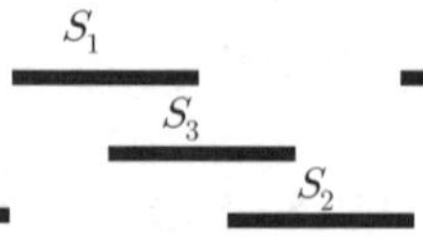 그림② 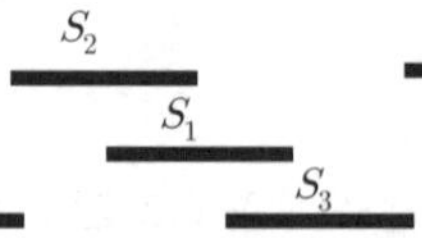 그림③ 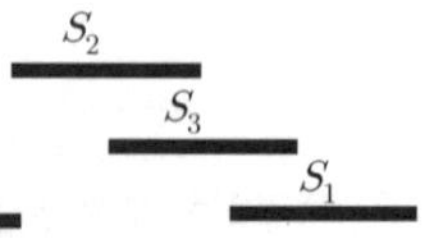 그림④ 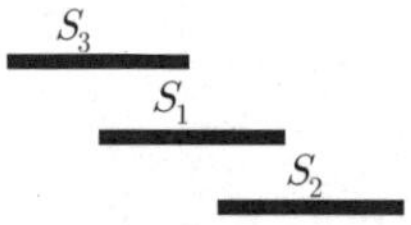 그림⑤ 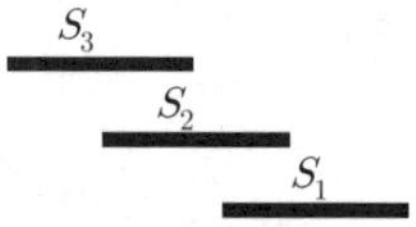 그림⑥ 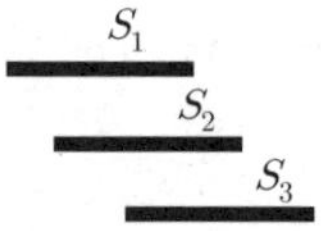 그림⑦
첨삭 지도 내용	② 3×3 거울행렬로 만들 수 있는 행렬은 8가지이며 학생이 제시한 7가지의 행렬도 정확하지 않다. 이것은 3×3 거울행렬로 만들 수 있는 8가지의 배열 중 단 4가지의 배열만 나열한 것이다.
논제 3	$\begin{pmatrix} 1&1&0&0&1 \\ 1&1&1&0&0 \\ 0&1&1&1&0 \\ 0&0&1&1&1 \\ 1&0&0&1&1 \end{pmatrix}$ ③ 위의 행렬은 5×5 거울행렬 중 하나로 논제 1에서의 행렬과 마찬가지의 원형배열상태를 만들게 된다. 따라서 이 행렬은 인간의 DNA의 염기서열 일치여부로부터 만들어질 수 있는 행렬이 아니다.
첨삭 지도 내용	③ $n \times n$ 거울행렬 (단, $n \geq 4$)을 (i, j)성분을 사용하여 표현하는 문제이다. 일반화된 형태로 제시하는 것이 중요하다. $n=5$와 같은 특수한 상황의 행렬을 제시하라는 질문이 아니었음을 상기할 필요가 있다.
논제 4	$\begin{pmatrix} 1&1&0&0&0&0&1 \\ 1&1&1&0&0&0&0 \\ 0&1&1&1&0&0&0 \\ 0&0&1&1&1&0&0 \\ 0&0&0&1&1&1&0 \\ 0&0&0&0&1&1&1 \\ 1&0&0&0&0&1&1 \end{pmatrix}$ ④ 이 행렬을 배열해보면 논제3과 마찬가지로 원형의 형태가 된다. 따라서 인간의 염기서열 일치 여부에 관한 정보로부터 만들어 질 수 없는 거울 행렬이 존재한다.
첨삭 지도 내용	④ 논제 3에서 제시된 형태와 다른 형태를 행렬을 제시해야 한다. 결국 $n=7$ 같은 형태를

	제시한 것이다.
총평	[논제 1]에 대해서는 대부분의 학생들이 인간의 염색체와 박테리아의 염색체의 차이를 파악하여 주어진 행렬이 원형의 형태로 배열되기 때문에 인간의 염색체가 될 수 없다는 사실을 정확하게 설명하였다. 위 학생 역시 같은 방법으로 잘 설명하였으나 [논제 2]에서 제시문 파악이 부족했음을 보여주고 있다. 3×3 거울행렬로 만들 수 있는 7가지가 모두 선형으로 배열되기 때문에 인간의 염기서열의 일치여부에 관한 정보로부터 만들어 질 수 없는 행렬은 없다고 주장한다. 그러나 실제 만들 수 있는 행렬은 8가지이며 학생이 제시한 7가지의 행렬도 정확하지 않다. 예를 들어 그림 ①과 그림 ⑥은 동일한 선형배열이며 행렬 $\begin{pmatrix}1&0&0\\0&1&1\\0&1&1\end{pmatrix}$ 로 표현할 수 있다. 결국 이 학생이 제시한 그림은 3×3 거울행렬로 만들 수 있는 8가지의 배열 중 단 4가지의 배열만 나열한 것이다. [논제 3]에서는 $n \times n$ 행렬로 나타내는 문제 즉, 일반화하라는 문제를 단지 [논제 1]의 행렬을 $n=5$인 경우로 확장하는 데 그쳐 논제 파악이 부족했음을 보여준다. [논제 3]을 해결하는 과정에서 일반화된 답안을 작성하지 않았기 때문에 [논제 4]에서도 $n=7$인 경우의 거울행렬을 같은 방법으로 제시하고 말았는데 이 학생은 결국 [논제 1]과 [논제 3], [논제 4]를 같은 문제로 본 것이다. 실제로 대부분의 학생들이 이 학생과 비슷한 형태의 답안을 작성하였다.

학생 2의 답안

논제 1	주어진 행렬을 해석해 보면 ① S$_1$의 끝부분은 S$_2$, S$_4$와 일치하고 S$_2$의 끝부분은 S$_1$, S$_3$와 일치한다. 마찬가지로 S$_3$는 S$_2$, S$_4$와 일치하고 S$_4$는 S$_1$, S$_3$과 일치한다. 우선 S$_4$를 제외하고 분석된 내용대로 배열해보면 <그림 1>이 된다. 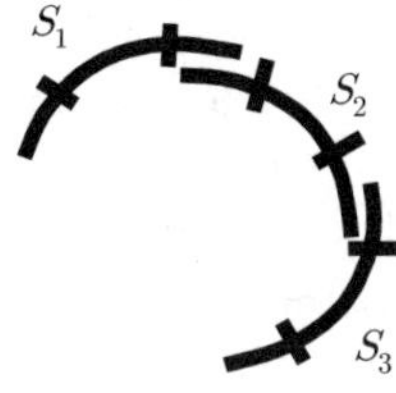[그림 1] 이 상태에서 S$_4$에 대한 정보를 추가하면 <그림 2>의 형태가 된다. 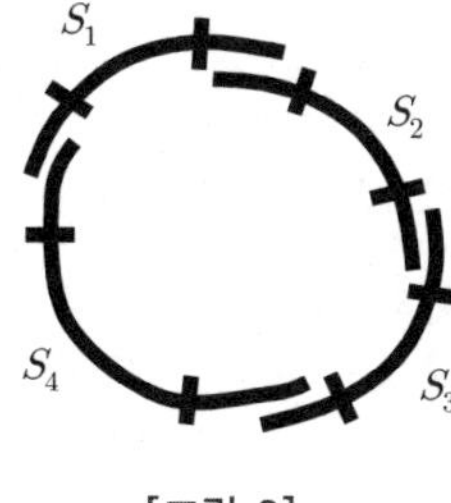[그림 2]

	하지만, 위의 경우는 ② 박테리아의 DNA의 형태가 되므로 이런 행렬은 존재하지 않는다.
첨삭 지도 내용	① 주어진 행렬을 정확하게 분석했다. ② 사람의 DNA에서는 이런 행렬을 만들어 낼 수 없다는 내용을 추가하면 좋은 답안이 되겠다.
논제 2	3×3 거울행렬은 다음과 같이 표현할 수 있다. $$\begin{pmatrix} 1 & a & b \\ a & 1 & c \\ b & c & 1 \end{pmatrix} \ (a,\ b,\ c는\ 0\ 또는\ 1이다)$$ 이 경우, a, b, c의 값을 순서쌍으로 표시하면 아래와 같다. (1, 1, 1), (1, 1, 0), (1, 0, 1), (0, 1, 1), (1, 0, 0), (0, 1, 0), (0, 0, 1), (0, 0, 0) ③ 8가지의 경우를 배열해보면 모두 선형배열이 가능하다. 따라서 3×3 거울행렬의 모든 경우는 인간의 염색체에서 얻어진 DNA조각의 염기서열 일치여부에 관한 정보로부터 만들어 질 수 있다.
첨삭 지도 내용	③ 선형배열이 가능한 이유를 구체적으로 설명하는 것이 필요하다.
논제 3	④ $1 \leq i \leq 5,\ 1 \leq j \leq 5$ 인 $i,\ j$에 대하여 $$\begin{pmatrix} 1 & 1 & 0 & 0 & 1 \\ 1 & 1 & 1 & 0 & 0 \\ 0 & 1 & 1 & 1 & 0 \\ 0 & 0 & 1 & 1 & 1 \\ 1 & 0 & 0 & 1 & 1 \end{pmatrix} \quad (i,\ j)성분 = \begin{cases} 0 & (|i-j| = 2\ 또는\ 3) \\ 1 & (|i-j| = 0\ 또는\ 1\ 또는\ 4) \end{cases}$$ 위 행렬은 S_1과 S_2, S_2와 S_3, S_3와 S_4, S_4와 S_5, S_5와 S_1는 끝 부분이 서로 일치하고 나머지 경우에는 일치하지 않는다는 것을 의미한다. 이 정보를 바탕으로 S_1, S_2, S_3, S_4, S_5를 배열하면 박테리아의 것과 같은 원형의 형태가 된다. 따라서 위의 행렬은 인간의 염색체에서 얻어진 DNA 조각의 염기서열의 일치여부에 관한 정보로부터 만들어질 수 없다
첨삭 지도 내용	④ $i,\ j$ 성분을 사용하여 잘 표현했으나, $n \times n$ 행렬로 일반화 하는 과정이 필요하다.
논제 4	인간의 염색체에서 얻어진 7개의 DNA 조각의 염기서열 일치여부에 관한 정보로 만들어질 수 없는 거울행렬이 존재한다면 그것의 형태는 원형이 될 것이다. ⑤ 따라서 논제 3과 같은 방법으로 거울행렬을 만들 수 있다. $$\begin{pmatrix} 1 & 1 & 0 & 0 & 0 & 0 & 1 \\ 1 & 1 & 1 & 0 & 0 & 0 & 0 \\ 0 & 1 & 1 & 1 & 0 & 0 & 0 \\ 0 & 0 & 1 & 1 & 1 & 0 & 0 \\ 0 & 0 & 0 & 1 & 1 & 1 & 0 \\ 0 & 0 & 0 & 0 & 1 & 1 & 1 \\ 1 & 0 & 0 & 0 & 0 & 1 & 1 \end{pmatrix}$$
첨삭 지도 내용	⑤ 논제 3과 다른 방법의 행렬을 제시하는 문제였다. 그런데 같은 방법으로 거울행렬을 만들 수 있다고 답안을 작성하는 오류를 범했다.
총평	[논제 3]에서는 구한 거울행렬을 $(i,\ j)$성분을 사용하여 잘 표현하고 있으나 이 역시 일반화에 이르지 못하고 $n = 5$ 인 경우의 거울행렬을 제시하는 데 그쳤다. 아래와 같은 방법으로 일반화하고 이 행렬에서 얻은 정보로 선형배열이 불가능함을 보인다면 돋보이는 답안이 될 것이다.

$$1 \leqq i \leqq n,\, 1 \leqq j \leqq n \text{ 인 } i,\, j \text{에 대하여}$$

$$\begin{pmatrix} 1 & 1 & 0 & \cdots & 0 & 0 & 1 \\ 1 & 1 & 1 & \cdots & 0 & 0 & 0 \\ 0 & 1 & 1 & \cdots & 0 & 0 & 0 \\ \vdots & & & & & & \vdots \\ 0 & 0 & 0 & \cdots & 1 & 1 & 0 \\ 0 & 0 & 0 & \cdots & 1 & 1 & 1 \\ 1 & 0 & 0 & \cdots & 0 & 1 & 1 \end{pmatrix} \qquad (i,\, j)\text{성분} = \begin{cases} 1 & (|i-j| = 0 \text{ 또는 } 1 \text{ 또는 } n-1) \\ 0 & (\text{그 외 모든 성분}) \end{cases}$$

[논제 4]에서는 위 학생 역시 [논제 3]과 같은 형태의 거울행렬을 제시하고 말았는데 이 역시 [논제 3]에서 구한 행렬을 일반화 하지 못했기 때문이라 보인다. 결국 위 학생은 인간의 염색체와 박테리아의 염색체의 차이를 파악하여 [논제 1]과 [논제 2]는 비교적 정확하게 해결하였으나 [논제 3]에서 구한 행렬을 일반화 하지 못했고 때문에 [논제 4]에서도 학생 1과 같은 오류를 범하였다. 이는 논제파악이 부족했던 것으로 보인다.

3. 2008학년도 중앙대학교 모의논술 풀이 – 수리과학

01 | 출제 의도

논제 ❶ ~ ❸

사과나무 아래로 떨어지는 사과를 보고 만유인력의 법칙을 발견했다는 뉴턴의 주장을 과학적으로 어떻게 설명할 수 있는가를 제시문을 통해 추론할 수 있는지를 알아보는 문제이다. 이 문제를 통해 학생들의 논리적인 사고와 주어진 조건들을 활용하여 제시된 문제들을 해결하고 검증하는 능력을 평가하고자 하였다.

논제 ❶

사과와 같은 방향의 만유인력을 받는 달의 수평방향(접선방향) 속력의 크기가 점점 커질수록 사과와 같은 운동궤도(직선 낙하)에서 달의 운동궤도(지구주위 공전)로 변화해 간다는 것을 알려줌으로써 달이 지구 주위를 공전 운동하는 이유를 추론할 수 있도록 하였다.

논제 ❷

제시문 (나)에 주어진 몇 가지 사실을 종합하여 가설을 검증할 수 있는 방법을 설계함으로써 학생들의 과학적 사고 능력을 평가하고자 하였다.

논제 ❸

제시문 (가)와 (나)의 내용을 바탕으로 지구에서 일어나는 과학적 현상을 다른 세계에도 확장하여 적용할 수 있는 능력을 평가하고자 하였다.

X의 변화에 따라 Y가 어떻게 변하는지 알아보기 위하여 각 점끼리의 평균변화율들을 구한다. 이렇게 구할 수 있는 평균변화율들은 모두 10개이다. 이러한 방법의 타당성 논의가 자연스레 [논제 5]의 다른 방법 분석으로 이어진다.

논제 ❻

1차함수의 탐구에 이어 2차 곡선의 탐구로 이어지는데 곡선의 폭을 구하는 방법을 다양하게 구성해낼 수 있는지 알아보는 문제이다.

02 | 제시문 분석

가 사과와 달이 모두 지구로부터 같은 방향으로 끌어당기는 힘을 받지만 두 물체의 운동 상태가 다른 이유를 지구표면의 모양과 포탄의 예를 들어 이해하기 쉽게 설명하고 있다.

나 중력의 크기를 결정하는 자료들을 제시하고 이 자료들을 이용하여 지구와 달에서의 중력의 크기를 비교할 수 있게 하였다.

03 | 예시 답안

논제 ❶

달이 지구 주위를 계속해서 회전하는 원리는 포탄의 예에서 알 수 있듯이 일정한 시간동안 달이 지구중심을 향해서 떨어지는 거리와 곡면인 지구 표면이 같은 시간동안 지평선 아래로 내려간 거리가 같을 만큼의 충분히 큰 수평방향(접선방향) 속력을 달이 가지고 있기 때문이다.

또한 사과가 나무에서 떨어지는 현상과 달이 지구 주위를 회전하는 현상 사이의 공통점은 두 가지 현상 모두 지구의 중력에 때문에 지구 중심방향으로 떨어지고 있다는(구심력) 점이다.

그리고 사과가 나무에서 떨어지는 현상과 달이 지구 주위를 회전하는 현상 사이의 차이점은 사과의 경우에는 수평방향(접선방향) 속력이 전혀 없어서 지면으로 바로 떨어지지만 달은 매우 큰 수평방향(접선방향) 속력을 가지고 있다는 점이다.

논제 ❷

사과를 지구 표면으로 떨어뜨리는 힘과 달을 지구 주위로 회전하게 하는 힘이 같고, 그 힘은 바로 지구의 중력이라는 가설이 맞다고 가정한다면 Kepler법칙에 따라 사과와 달에 미치는 중력의 크기는 지구 중심으로부터의 거리의 제곱에 반비례 할 것이다. 그러므로 사과나 달이 처음 1초 동안 지구 중심을 향하여 떨어지는 거리도 지구 중심에서 사과나 달까지 거리의 제곱에 반비례 할 것이다. 따라서 위의 가설을 검증하기 위해서는 지구와 달 사이의 거리가 지구와 사과 사이 거리의 60배이므로 사과가 처음 1초 동안 떨어지는 거리(약 5m)가 같은 1초 동안 달이 지구 중심 방향으로 떨어지는 거리(약 1.4mm)의 60^2배가 되는지를 계산하여 비교해 보면 알 수 있다.

논제 ❸

초기의 많은 행성들 가운데 태양의 중심에 대하여 수평방향(접선방향) 속력이 없거나 충분히 크지 않았던 행성들은 태양의 중력에 끌려서 태양에 흡수되어 없어지고 비교적 안정된 궤도(원 궤도 혹은 타원 궤도)가 될 수 있는 충분한 수평방향(접선방향) 속력을 가지고 있었던 행성들만이 달이 지구 주위를 돌고 있는 것과 마찬가지로 태양 주위를 회전하면서 태양계를 형성하고 있다.

논제 ❹

10개의 평균변화율들을 구하면 다음과 같다.
$$S_{ij} = \frac{1}{2}, \ \frac{2}{3}, \ \frac{3}{4}, \ \frac{4}{3}, \ 1, \ 1, \ \frac{7}{4}, \ 1, \ 2, \ \frac{5}{2}$$
이 값들은 가능한 직선의 기울기들의 범위를 보여주고 있다. 물론 점들 간의 거리가 일정하지 않지만 주어진 조건에서는 $\frac{1}{2}$, $\frac{5}{2}$ 사이 값들 중에서 적절한 방법으로 선택하는 것은 자연스럽다고 볼 수 있다. 평균변화율을 이용하여 10개의 값을 구한 것처럼 이들의 평균값을 직선의 기울기로 잡을 수 있다.

논제 ❺

다양한 방법으로 해결이 가능하며 이 논제에서는 창의적인 문제해결력을 평가하고자 했다. 논제 4에서 구한 10개의 값들이 나타내는 범위의 중간값을 선택할 수도 있고, 최빈값을 선택하는 방법도 있다. 이러한 대표값들은 각각의 장단점을 가지고 있다. 적절하게 대표값을 선정했다면 대표성을 가지는 근거를 논리적으로 설명할 수 있어야 한다. 혹은 최소자승법을 이용할 수도 있다.

논제 ❻

각각의 점에서 임의의 곡선에 그은 거리의 합이 최소가 되도록 하는 방법이 있다. 혹은 원점과 같은 특정한 점을 지나는 간단한 곡선이 되는 것을 전제로 주어진 점들을 대입할 수도 있다.

학생 1의 답안
논제 4 · 갑이 제안한 내용은 주어진 5개의 점 중 2개를 선택했을 때 나오는 기울기들의 평균을 구하는 것이다. 이 값의 경우 분산이 크더라도 기울기들의 중간 값만을 취하는 것이므로 구하려는 직선과 점간의 분산은 고려하지 않은 값이 된다. 점들의 대체적인 변화 추세를 알기 위해선 분산 값이 작은 경우가 되어야 하므로 갑의 제안은 논리적으로 타당하지 않다.
첨삭 지도 내용 · 주어진 논제를 정확하게 분석했다.
논제 5 · 각 점에서 직선 $y = ax + b$ 로 그은 수선의 길이의 합은 최소가 되도록 하면 된다. 갑이 사용한 방법은 평균이며 이 경우 평균이 갖는 분산이 클 경우 오차가 커질 수 있다. 하지만 수선의 길이의 합을 최소가 되도록 하면 오차를 직접적으로 줄일 수 있다. 따라서 이 방법이 더 논리적이다.
첨삭 지도 내용 · 분산의 개념을 도입하여 논제를 분석하였다. 이 방법이 보다 논리적인 이유를 제시한다면 훌륭한 답안이 될 것이다. 미분계수를 이용하여 논제를 분석하였다. 이제 남은 것은 주어진 점과 새로이 2차 곡선에 대입할 점이 같은 점인지를 확인해야 한다.
논제 6 · $y' = 2cx$ $c = \dfrac{y'}{2x_k} = \dfrac{y'}{2x_k} = \dfrac{\frac{y_i - y_j}{x_i - x_j}}{2x_k} = \dfrac{y_i - y_j}{2x_k(x_i - x_j)}$ $S = \dfrac{y_i - y_j}{x_i - x_j}$ 이므로 S들의 평균을 구한다.
첨삭 지도 내용 · 자신이 논제 5에서 설명한 분산을 이용한 풀이도 함께 서술하였으면 훌륭한 답안이 되었을 것이다.
총평 · 논제 분석이 정확하고 다양한 해결전략을 제시한 답안이었다. 다만 논리를 전개한 과정을 지나치게 생략한 경향이 있다. 적절한 수식이나 도표 그림을 사용하는 것이 좋은 방법이나 수식만 나열하거나 그림만 제시한 경우는 좋은 평가를 받기 어렵다. 다양한 도구들을 사용하여 글쓰기의 형태로 답안을 작성하는 훈련이 필요하다. 혹은 식만이 아니라 글을 함께 써가면서 식을 전개하기를 바란다. 때로는 그림을 그리면서 논리를 전개하는 것도 좋은 방법이다.

학생 2의 답안
논제 4 · 다섯 개의 점의 변화 양상을 최대한 잘 설명하는 직선의 기울기는 구할 수 있는 기울기들의 평균으로 구할 수 있다. 구할 수 있는 기울기는 두 점의 좌표로 구하는 기울기이다. 서로 다른 두 점을 중복되지 않게 뽑는 방법의 수가 N이고, 그 두 점들의 기울기 구하는 식이 Sij 이다.
첨삭 지도 내용 · 주어진 논제를 정확하게 분석했다.

논제 5	각 점들을 이은 선 아래의 넓이를 이용할 수 있다. 총 넓이가 16이므로 y평균은 16/3이므로 $a=(16/3)/6=8/9$
첨삭 지도 내용	창의적인 아이디어를 내었다. 그러나 넓이를 이용하는 것은 기울기의 평균을 이용하는 것과 같은 내용이다.
논제 6	원점을 꼭짓점으로 하는 이차곡선을 생각할 때, 각 점이 이차곡선을 지날 때의 C값들의 평균을 구한다.
첨삭 지도 내용	논제를 간단한 문제로 고치고 자신이 구할 수 있는 수준에서 답안을 작성하였다. 계산식을 첨부한다면 보다 좋은 답이 될 것이다.
총평	논제를 정확하게 이해했다는 면에서 좋은 평가를 받았으나 수리논술의 경우 적절한 식을 함께 제시하면서 자신의 아이디를 전개하는 과정을 추가했다면 더욱 돋보이는 답안이 될 것이다. 논제를 바르게 이해하는 것도 중요하지만 간단하게 혹은 특이한 경우를 전제로 답안을 내는 것도 하나의 전략이라고 할 수 있다. 그렇지만 이 방법은 일반적인 해가 되지는 않을 수 있다.

참고 문헌

박종석, 『정상으로 통하는 논술』, 글누림, 2007.
정병기, 『사회 과학 글쓰기』, 서울대학교출판부, 2005.
사고와 표현 편찬 위원회, 『자연과학과 글쓰기』, 고려대학교출판부, 2005.

김태헌 외, 『고등학교 사회·문화』, 금성출판사, 2004.
정옥분, 『청년심리학』, 학지사, 2005.
오영수, 『32가 테마가 있는 경제여행』, 사계절, 1999.
마빈 해리스 / 박종렬 역, 『문화의 수수께끼』, 한길사, 2006.
앤서니 기든스 / 김미숙 외 역, 『현대 사회학』, 을유문화사, 2003.
그레고리 맨큐 / 김경환 외 역, 『맨큐의 경제학』, 교보문고, 2005.
에밀 뒤르케임 / 노치준 역, 『종교생활의 원초적 형태』, 민영사, 1990.

데보라 J. 베넷 / 박병철 역, 『확률의 함정』, 영림카디널, 2003.
대럴 허프 / 박영훈 역, 『새빨간 거짓말, 통계』, 더불어책, 2004.
래리고닉, 울코트스미스 / 전영택 역, 『세상에서 가장 재미있는 통계학』, 궁리, 2007.
마틴가드너 / 이충호 역, 『이야기파라독스』, 사계절, 2007.
조희형 외 4명, 『고등학교 생물Ⅱ』, 대한교과서, 2005.
아미르 D. 악젤 / 윤상운 역, 『기회를 만드는 확률의 법칙』, 북폴리오, 2006.
우정호 외 5명, 『고등학교 수학Ⅰ』, 대한교과서, 2002.
___________, 『고등학교 수학Ⅱ』, 대한교과서, 2002.

Jones Childers, 『일반물리학』, (주)북스힐, 2004.
김종권, 이강석, 『뉴하이탑 물리Ⅱ』, (주)두산동아, 2005.
이덕환 외 7명, 『고등학교 화학Ⅱ』, 대한교과서, 2007.

김영정, 『사고와 논술』, 한국교육방송공사, 2007.
_____, 『과학동아』, 동아사이언스편집부, 2007.
_____, 『다수』, 대성교육출판(주), 2007.
박봉상 외 5명, 『고등학교 물리Ⅰ』, 대한교과서(주), 2007.